山河纪

从地理看四川

刘乾坤 主编

GUANGXI NORMAL UNIVERSITY PRESS
广西师范大学出版社
·桂林·

山河纪：从地理看四川

SHANHE JI : CONG DILI KAN SICHUAN

图书在版编目（CIP）数据

山河纪 ： 从地理看四川 ／ 刘乾坤主编. -- 桂林 ：广西师范大学出版社，2025. 6. -- ISBN 978-7-5598-7964-6

Ⅰ. K927.1

中国国家版本馆 CIP 数据核字第 20258XC448 号

广西师范大学出版社出版发行

（广西桂林市五里店路 9 号　邮政编码：541004
网址：http://www.bbtpress.com）

出版人：黄轩庄

全国新华书店经销

桂林广大文化发展有限责任公司印刷

（广西桂林市中华路 22 号　邮政编码：541001）

开本：880 mm × 1 240 mm　1/32

印张：13.75　　字数：329 千

2025 年 6 月第 1 版　　2025 年 6 月第 1 次印刷

定价：98.00 元

自序

古人说，“读万卷书，行万里路。”我是反过来的——行万里路，读万卷书。我的大量阅读是在工作中被逼出来的，这种阅读，经历了从最初的痛苦到现在的愉悦，这一切，得从2007年开始。

时年5月，受《中国国家地理》杂志执行总编单之蔷老师邀请，我以特聘编辑的身份入职杂志社，从事地理科学的报道，其间陆续认识了不少地理方面的专家学者，同时开启了行摄之旅。这一年的夏天，源于对凉山州螺髻山的报道，与中国科学院山地所的冰川专家张文敬老师一起前往考察，让我感受到了地理学的魅力。三天的考察中，面对起伏的峰岭沟壑湖泊，张老师可谓知无不言，让我把所见的自然景观与那些以前基本没有接触过的专业名词——角峰、刃脊、侧碛堤、冰蚀冰碛湖等一一对应，原来，这些不同的地貌景观，都有专属于它们的名字。

盖将开物以成务，必先辨类而知名。我们与人打交道时，首先是自报家门，或是朋友介绍，这样彼此便于招呼交流。当我们面对自然万物、叙事状物时，同样须给客体一个准确的名字，以便于传播交流。因此，从螺髻山考察归来，我开始阅读与第四纪冰川有关的书籍。《中国国家地理》是国内具有相当影响的科学传媒杂志，报道的内容涵盖自然地理与人文地理，而且很多时候，都需要到现场考察，实践地理学的重要理念：用考察验证知识。然而对我来说，每一次考察，都远超我的知识积累，我既不能验证知识，还得阅读很多书籍，来弥补地理知识的不足。因此，每一次远行，都是一次阅读的开始。可能是论文，可能是专著，也可能是文化随笔。总之，每做一个报道，就得知其然并知其所以然，还要找到报道的亮点和知识点，只有这样，才能做出合格的报道。

在《中国国家地理》杂志的工作中，时而西北，时而东南，时而高原，时而滨海……在考察中，既欣赏了中国的大美风光，还见识了中华文明的异彩纷呈，同时也深深感慨庄子当年的思辨："吾生也有涯，而知也无涯，以有涯随无涯，殆已。"毕竟中国的版图太大，而且地貌变化之大、人文之盛，即便"再活500年"，也未必能探索穷尽！我开始慢慢思考自己业余时间的学习方向，无论是写作还是摄影，无论是考察还是阅读，总得找到自己的边际。是否喜欢这个地方？到达这个地方是否便捷？我对自己以后深入探究的空间作出了一个规划，把探究的地方限定在了我的家乡四川。

从哪个领域探究呢？由于工作的原因，从2000年开始摄影，我拍摄了大量有关四川的影像，有自然景观、古建筑、民俗风情、美食等多个领域，然而每一个领域又都需要投入大量精力来学习和梳理，这时我才理解了"选择大于努力"

的道理。

2021年，作家萧易的新书《寻蜀记》在成都三联韬奋书店首发，其间邀请我与地质专家李忠东做分享嘉宾，萧易给我们介绍了广西师范大学出版社的编辑邹湘侨老师，约请我写一两本书。写作是一件很辛苦的事，见我犹豫之状，萧易补了一句："你可以先写一些关于四川地理的文章，再约一些稿件，汇编成一本和四川有关的书。"于是，"从地理看四川"这样一个思路，就初步定下来了，正好与《寻蜀记》"从考古看四川"形成呼应。

看似比较轻松的事，在接下来的时间里可成了一个难题。

四川有非常丰富的景观资源，包括冰川、红层、岩溶、峡谷、平原等地貌，同时也是生物多样性大省，虽有了方向，但用怎样的方式来介绍四川呢？不至于一开始就说四川有九寨沟、黄龙和峨眉山吧？这本书从选题结构开始就遇到了这样一个难题。两年多来几易其稿，最后和地质专家李忠东反复讨论，最后决定采用三大类地貌单元分类，组成全书的结构：首先给读者介绍什么是四川盆地，然后讲围住盆地的盆周山区，最后给读者介绍四川西部的横断山脉，也叫川西高原。在介绍四川盆地时，发现四川盆地最高峰华蓥山还没有人从自然地理角度写过，而且讲述四川盆地便得从这座山开始，没有这座山，怎么体现四川盆地的地理特点呢？这个懒是偷不到了，我只好前往华蓥山考察，自己动笔把这一单元补上。在最后一次校订书稿时，又一个问题出现了：四川盆地分为三大部分，东部是川东平行岭谷，也就是华蓥山脉所在的地方；中部是川中丘陵；西部是成都平原。盆地中西部之间的分水岭、成都平原的东界是龙泉山，我没有找到现成的文章，便又开始提笔写作。

在编纂本书时，涉及的方位表述向如川东、川南，是指重庆从四川省分出之后，按新的行政区划来表述的。因此，在讲述四川盆地时，川东不再是指以前的重庆，而是指代重庆以西龙泉山以东的丘陵地区，称为川东丘陵（以前称为川中丘陵），意指四川盆地的东部大部分地区，而川东平行岭谷系以前命名的地貌名称，依然沿用，如果从“自然省”的角度，川东丘陵依然可以沿用川中丘陵的称谓——从“自然省”的角度，四川盆地包括今天重庆直辖市的重庆市、忠县、开江县等地方；而从行政区域上，这些地方已不属于四川省，因而本书中涉及川中丘陵的地方均改称“川东丘陵”。

当我们翻开这本书，既能看到四川盆地最高峰，也能了解四川最高峰贡嘎山。贡嘎山又是长江流域的最高峰，这座山峰与成都平原的相对高差达到了7000米，如此高落差的地貌，世所罕见，这也是自然赋予四川绝世景观的重要条件之一。当我们逐一开始欣赏四川的自然胜景时，可以从字里行间慢慢了解这些景观背后的“故事”：有的来自大洋底部，有的形成于岩浆喷发，有的被古冰川塑形，有的是因为地震……每一种景观，都带着亿万年的时间记忆，都印证着一个古老的词汇：沧海桑田。如何理解沧海桑田，可以在欣赏自然美景的时候，慢慢了解一些地球的故事。这些故事，可以从景观多元且无比美丽的四川开始，希望这些故事能伴随你走到更远的地方，让你更好地阅读地球上那些美丽的风景。

刘乾坤

2024年7月9日于成都

目录

CONTENTS

1

四川盆地 安逸而富饶 / 001

2 盆周山区 挡住风寒且美丽 / 122

3

西部高原 惊艳世界的横断山

四川
盆地

1

安逸而富饶

四川盆地经历了海盆、湖盆两个在水中的漫长时期，直到几百万年前，湖盆东部的三峡被切穿，湖水排干成为陆盆，成为中国四大盆地之一。与其他三处干旱的盆地不同，四川盆地适宜人居，自然生态良好，农耕发达。四川盆地地处我国第二级阶梯，东部是第三级阶梯往第二级阶梯的过渡地带，中部是第二级阶梯，西边是第一级阶梯，地势起伏大，相对高差也大，地貌多元，景观丰富。盆地东部是起伏的丘陵，西部是富饶的成都平原。成都平原上诞生了高度发达的古蜀文明，是华夏文明系统中与黄河文明并存的双子星长江文明的一部分。战国时期，李冰治水，水患从此远离成都平原，自此成都平原成为“天府之国”。

华蓥山：四川盆地最高峰

■ 撰文 / 刘乾坤

在四川盆地的东边，由北往南群山排列，如同舰队一样，向南航行，这是著名的川东平行岭谷。华蓥山位于川东平行岭谷最西端，在盆地东边拔地而起，蔚为壮观。从高空俯瞰，华蓥山就如同是丘陵组成的群海中，一只跃出海面的鲸背，逐浪沧海。在距今6600万年的新生代，四川盆地由于受到喜马拉雅造山运动以及青藏高原隆起的影响，也开始抬升，地层产生褶皱，逐渐形成现代地貌意义上的四川盆地。在这个过程中，又开启了陆地上的演化，三峡被切穿，二叠系和三叠系的碳酸盐岩和砂泥岩经历了岁月的洗礼，在今天呈现出千峰万壑的山岳景观。主峰高登山海拔1704米，是盆地最高峰，在盆地中一枝独秀。

岭槽相间，峰峦滴翠

数亿年前，还在海底的华蓥山西部发生过断裂沉降，基部与盆地分离。在距今1.9亿年前的印支运动，泛大陆开始解体，特提斯洋开始形成，这里还与大西洋相连，是一处海底盆地。7000万年前的燕山运动，让区域内上亿年的沉积岩层因为板块挤压开始隆升，盆地内部产生了一座山体。2000多万年前的喜马拉雅造山运动，使四川盆地由湖盆变成陆盆。数百万年前，四川盆地最东端的巫山一带被溯源侵蚀的长江切穿，湖盆中的水东流，华蓥山便屹立在盆地底部，成为盆地内部的最高山。华蓥山位于川东平行岭谷最西端，也是川东平行岭谷的主体山脉，它的西面是层峦起伏的川东丘陵，它的东面是一系列狭长而陡峭的东北—西南走向的山岭，这一系列东北—西南走向的岭谷最东端到达湖北恩施州利川的七曜山，华蓥山在地势上属于中国第二级阶梯。

华蓥山脉的最高峰是高登山，海拔1704米，位于四川省广安市华蓥市境内。站在高登山上眺望四周，峰峦竞秀，一列列岭脊峰丛如同海浪般此起彼伏。这些起伏的丘状山峰是典型的背斜山，也有一些是单面山和断块山。这些山岭上，有的地方是石灰岩与砂岩，顶上的灰岩被水侵蚀形成槽谷，形成一山三岭二槽或一山二岭一槽的地貌形态。这些山峦在亿万年的岁月中，被风雨侵蚀和滋养，已是翠绿无边。有不少地方可以观赏这些山景，最高峰高登山是较容易到达的一处。高登山位于华蓥山景区大门旁边，有一条碎石路通往山顶，石块与黄壤、红壤混杂在一起，遇上下雨天，路泥泞难走。

我们通常所见到的山，在地理学上，通常描述是背斜成山、向斜成谷，也有向斜成山的，高登山就是一处典型的倒置山——向斜成山。高登山没有明显的山峰，而是一大块平地，约1平方千米，上覆三叠系砂泥岩，这些砂泥岩露头之后，被风雨侵蚀解体，演化成红壤或黄壤，黏性极强。与之相间的是黑灰色或灰色质地坚硬的石头，就是二叠系灰岩。远古时期，高登山可能是一处岩溶洼地，被抬升之后，形成了山顶平缓的倒置山。

华蓥山呈东北—西南走向，绵延400多千米，有人把华蓥山形容

华蓥山宝鼎光明寺 （摄影/杨建）

高登山顶远眺川东平行岭谷邻水段。 （摄影/杨明军）

成一支分岔的毛笔，笔头在华蓥市境内的宝鼎光明寺，至此往南，像岔开的笔尖，分为三列背斜构造山——云雾山、缙云山和中梁山，余脉延伸至贵州的大娄山脉。这是因为在造山运动的过程中，板块挤压时，华蓥山发生了走向滑移现象，在宝鼎光明寺以南形成了这三条支脉。三条支脉在地理上属于华蓥山，行政区划上属于今重庆市，也是重庆主城区的最高峰所在。

云雾山、缙云山和中梁山支脉间是较为宽阔的谷地，这些谷地适宜耕作，很早就有人类活动。同时山脉中还形成了诸多峡谷，其中的金刀峡较为有名。我在2021年8月的朋友圈中看到一张照片，照片上到金刀峡避暑游览的游客摩肩接踵。对于有“火炉”之称的重庆市区来说，这个山水佳境离主城区这么近，既可以避暑，又可以赏玩，这里渐渐成为重庆人的“后花园”。

飞瀑跌水，暗藏珠玉

地球上地貌景观的形成，有三大主要外力作用：冰川作用、地震和流水。冰川作用形成的沟谷往往底部较为圆润，接近于U字形，被地质专家命名为“U形谷”，特点是宽缓。流水侵蚀的沟谷，外形接近于V字形，被地质专家命名为“V形谷”。这两种形态往往是判断谷地形成原因的依据。

华蓥山区有名的峡谷有两条，一条是属今重庆市的金刀峡，一条是位于四川省广安市邻水县的川东大峡谷，此前又名华蓥山大峡谷。

金刀峡位于华蓥山南端东麓，行政区划上归属重庆市北碚区，离市区距离仅85千米左右。金刀峡上峡口海拔约850米，位于金刀峡镇，下峡口海拔约600米，峡谷内水雾弥漫又凉爽宜人，酷暑时节，在有“火炉"之称的重庆，如此凉快的名胜是难以抵抗的诱惑。

金刀峡现在有三处入口，传统入口在峡谷中部，现在可以从下入口进入拾级而上，也可以从上入口进入往下走。金刀峡上段窄，中下段较宽，因此水流有急缓变化，时而奔流如出山猛虎，时而温顺如静默处子。沿溪行，两岸陡峭，时而露出的钙华沉积物挂在高高的山崖上，与附崖生长的蕨类植物、藤本植物和草本植物组合成别开生面的山水小景，一些地方还有水帘、水柱，透出一股空灵之气。

金刀峡最让人难以忘却的是上段的一线天，两壁之间最窄处仅1米左右，崖壁陡峭近乎90°，高达100米，向上观望，顶部的天空狭长，因此得名一线天。这里的水湍急如脱缰野马，而下段的水却柔顺如丝绸，形成了五潭七滩。沿潭踱步，总能想起柳宗元《小石潭记》，清风拂过，似又能感受王维诗“明月松间照，清泉石上流”的意境。

与金刀峡一样，川东大峡谷也位于华蓥山东麓，不同的是，这里瀑布众多。2020年6月，我们到川东大峡谷考察，沿着岸边的小径向谷底走去，在路边或对岸的山崖上，看到不少碗状的“石窝”，有的还盛满了水，这就是水蚀地貌中的壶穴地貌。这些壶穴原本在河床，被流水带来的石块不断地旋蚀形成，随着流水对河床的切割和地壳的抬升，这些壶穴就“悬”在了空中。壶穴较为集中的地方是石门关。

这些被悬在空中的壶穴是水的作品，大小不等的石块被流水带走，一些石块在坑洼处停留下来，一定的流速让这些石块在原地打转转，形成旋蚀力量，在漫长的岁月中，把坑洼磨蚀成锅穴状、桶状或盆状。在漫长的地质年代里，华蓥山一带仍在抬升中，在流水向下切割和地壳抬升的相向运动中，一些壶穴离开了水流，停止了“生长”，就永远悬在空中，成为一种微景观。

壶穴地貌与强大的水动力条件有非常密切的关系，这与华蓥山的地理位置有极大关系，东北—西南走向的华蓥山，正好挡住从三峡向西推进的东南季风，形成较多的降水，降水带来的地表水有的直接进入川东大峡谷，有的渗入地下以暗河的方式进入峡谷，有的以落水洞的方式汇入峡谷。大峡谷长年水流奔涌，形成较强的下切力，同时也形成了连续的瀑布群景观，最大的一条便是距景区入口不远的飞瀑迎宾瀑布，宽十余米，高数十米，从茂密的常绿阔叶林中突然跳出来，跌落潭池，水雾在空气中飘散，让人在盛夏的暑热中感到无比清凉。在6千米长的峡谷中，还有老龙潭瀑布、赤龙瀑布、千丈瀑布等二十几条瀑布，宽窄不一，大小有别，姿态各异，称得上是四川水域景观中瀑布最多的地方之一。

最为奇特的瀑布当数“洞中天河”，瀑布全长800余米，有上、中、下共三级，第一级瀑布从一个落水洞飞流直下，天光照射着瀑水，有银河坠地之感。

落水洞与天坑，都是地下暗河顶部塌陷所形成，只不过有的天坑没有地表水汇集，也没有瀑布景观。而这些汇集在洞中的水，有的沿暗河汇入其他江河，有的会在悬崖的半空中又形成一道瀑布，这种瀑布被称为悬瀑，也是喀斯特地区比较常见的一种景观。

溶洞：地下的奇妙世界

洞中天河所在的洞穴形成的时间已经很久远，洞中的钙华沉积物很丰富，已经形成石钟乳、石笋、石柱等奇妙的溶洞景观。

川东大峡谷谷口的迎宾瀑布　（摄影 / 刘乾坤）

川东大峡谷　（摄影 / 冉玉杰）

川东大峡谷之观龙峡 （摄影/冉玉杰）

石门关——悬在“空中”的壶穴
（摄影 / 冉玉杰）

暗河中流出的水形成的吟龙瀑布
（摄影 / 冉玉杰）

平缓的溪谷中会有秀美的跌水景观 （摄影 / 冉玉杰）

溶洞是喀斯特地貌中最为奇妙的一种景观，水溶蚀了地表或地下的灰岩中的碳酸钙，又将其带到别的地方，当水中的二氧化碳析出时，这些碳酸钙又会迅速沉积，形成钙华景观。最为著名的钙华景观是世界自然遗产黄龙风景区；在溶洞钙华景观中，国内有名的有贵州的织金洞和重庆武隆的芙蓉洞。华蓥山区的溶洞较多，最易到达的溶洞是石林景区中的两处溶洞，一处是没有命名的长约300米的溶洞，洞内有天窗，另一处叫生命根源洞，在钙华沉积和生长的过程中，大自然的鬼斧神工在洞中塑造了一处极似男性生殖器的石笋，被称为“生命之根”。

生殖崇拜广泛存在于各个民族的历史文化中，各地都有类似的生殖崇拜现象。进入当代，不少此类象形被作为景观向公众推广，最为有名的是广东韶关丹霞地貌中的阳元石，华蓥山也将“生命之根”作为特色景观进行推广。其实各种象形的钙华景观很多，在贵州织金洞中我见到过“石蘑菇”；在成都市龙门山区，我见到过溶洞内的钙华池群，如同梯田般层层叠叠，错落有致，称得上是微缩版的“地下黄龙景观”。

石笋是从洞顶滴落下来的水溅到洞底后水中的碳酸钙（$CaCO_3$）逐渐沉积起来形成的，形似竹笋，在缓慢向上“生长”的过程中，形成同心圆状构造，逐渐长高的同时由内向外逐渐长粗，有的高达十余米，与上部向下生长的石钟乳相连，这种上下连接为一体的地貌景观被称为石柱，大者盈尺，小者如臂。

石钟乳是形成这两种景观的源头，通常是地表水或地下水从洞顶渗出时，碳酸钙在洞顶的小水滴周围沉积而成。如果洞顶的裂隙均匀且渗水较少，石钟乳就以细而密集的形式出现，极似一支支鹅毛笔悬

洞中峡谷与洞中天河（摄影 / 冉玉杰）

挂在洞顶，较为有名的是光雾山—诺水河世界地质公园的龙湖洞（又名牛角嵌）的细小石钟乳群，排列有序，被形象地命名为“亿万鹅管”；如果洞顶裂隙较大，渗水量更大，那么形成的沉积物直径也会更大，这就是石钟乳。

在洞顶向下生长的钟乳石，还有其他一些形态，有的像帐幕一样徐徐展开，被称为石幔，如果有长年持续的风力作用，石幔会在风力作用下向一个方向生长，类似风中飘舞的旗帜，这就是石旗。

川东大峡谷内的溶洞有十余个，如三界洞、刺猪洞、巴人阴阳洞、天河落水洞等，有的还没有开发，有的还没有勘探，这些自然奇观，完全可以留给后人来做更好的规划开发，极具科研价值，希望能得到永久保护。

盆地内部罕见的石林景观

华蓥山国家地质公园的一处核心景区是漂亮的石林，除此之外还有溶洞、天坑和峡谷等地貌景观，是四川盆地内部少见的喀斯特景观。

在我国的喀斯特景观中，最早被人们认识的是云南的路南石林，在路南石林的景点中，有一块象形石被称为“阿诗玛”。导游会在这块石头前向游客讲述阿诗玛的动人传说，为路南石林带来了较高的声誉。路南石林和重庆武隆、贵州荔波两处喀斯特地貌联合申遗，于2007年被正式列入《世界遗产名录》。

华蓥山石林地处四川盆地腹地，四川盆地被称为“红色盆地”，是以侏罗系地层为主的盆地，盆地东缘的华蓥山成为川东著名的“溶蚀槽谷型岩溶地貌”，每年都会有科研工作者到这里调查研究。华蓥山出露的地层主要是二叠系和三叠系砂泥岩、灰岩，本应出露在表层的侏罗系和第四系地层并不是连续出露，这得回到地质年代中去寻找原因：华蓥山在二叠系时期，受盆地西部火山喷发影响，一次岩浆侵入，岩浆压力抬升导致二叠系灰岩破碎抬升，有的地方高耸成山，为形成现在的“盆景式石林”提供了物理空间。

喀斯特石林的形成需要多种条件，首先得有能形成石林的灰岩。华蓥山一带的灰岩厚度约400—1900米，石林的形成有水蚀和壤蚀两大原因，无论哪一种，都需要有丰沛降雨的古气候条件，和利于垂直溶淋的古地形。亿万年的侵蚀为华蓥山塑造了面积约20平方千米的石林景观，分布于不同的地方，最为集中的是高登山下的核心区，面积约5平方千米。由于这一带的岩性以灰岩、硅质灰岩、泥质灰岩为主，溶蚀性较弱，因此更利于岩溶地貌的发育，这里包含了几乎所有溶沟和石芽地貌的类型，在不同部位，分别发育了埋藏石芽、半裸露石芽和全裸露石芽。

整个石林背倚华蓥山最高峰高登山，北高南低，这些石林或连绵成画屏，或独立如峰，或起伏成林，姿态万千，被富有想象力的人们形象地称为“美女照镜”“罗汉排座”“金鸡报晓”“开山神斧”“老僧坐禅”“夫妻话别”等，步道就在这些惟妙惟肖的石林中穿行。

受东南季风的影响，华蓥山一带降水量超过周边地区，年平均降

水量在1300毫米左右，植被丰富，不少攀缘植物如葎草、常春藤就在石头上缠绕，一些木本植物被外力带到石头的顶部，顽强地发芽生根，仿佛为石头撑了一把大伞。林中有石，石中有树，因此华蓥山石林又被称为天然盆景。

石林景观　（摄影 / 杨建）

隐大林中的石林，藤蔓与苔藓疯长　（摄影 / 冉玉杰）

四川恐龙化石集中地

■ 撰文 / 李忠东

四川盆地是一个以红壤、红色砂岩为主体的盆地，被称为“红色盆地”，呈长方形。盆地西部平坦，是盆地内最为富饶的地区；东部丘陵起伏，也是暗藏珠玉，最具代表性的就是自贡：这里是整个四川盆地恐龙化石最集中的地方。专家推测，在远古恐龙消失的年代，洪水把这些巨兽遗骸搬运到了这里。依托这一得天独厚的宝藏，当地兴建了自贡恐龙博物馆，该馆是全球三大恐龙遗址博物馆之一，馆藏化石标本几乎包括了侏罗纪时期所有已知恐龙种类。

一枚牙齿化石，引发自贡恐龙发掘热潮

恐龙是生活在距今2.25亿—6600万年前的中生代爬行动物。从三叠纪中期（距今约2.25亿年）开始出现至白垩纪末期（距今6600万年）灭绝，恐龙在地球上生活了整整1.6亿年，成为中生代不可一世的地球“统治者”，因而中生代又被称为“恐龙时代”。

四川盆地四周群山环立，中部低平，中生代时期这里沉积了厚达1500—3500米的红色陆相地层，是著名的“红色盆地”。在这个盆地中，人们发掘出众多的恐龙化石，从而证明这里是当时恐龙最活跃、最繁盛的地区。自贡是四川盆地恐龙化石的集中产地，也是我国最珍

自贡恐龙博物馆的恐龙化石群像 （摄影 / 熊军）

贵的恐龙化石宝库，因而有“四川恐龙多，自贡是个窝”之说。

自贡恐龙的发现始于100多年前的一枚恐龙牙齿的发现。

1915年夏天，受当时的中央资源委员会之邀，美国地质学家劳德伯克带领一个地质调查组，长途跋涉来到中国的西南腹地——自贡。劳德伯克此行本来的目的是寻找石油和天然气，然而有心栽花花不开，无心插柳柳成荫。在一个偶然机会下，他在距离荣县东南3千米处的一个砂岩崖壁上，发现了一个类似牙齿化石的东西。考察结束后，劳德伯克将这枚化石带回了美国。20年后，美国的另一位古生物学家甘颇无意间看到劳德伯克采集的这枚破碎的牙齿，惊奇地发现这是一种生活在侏罗纪的巨型肉食性恐龙的牙齿化石。就这样，劳德伯克当年的偶然所得，竟然成了自贡地区恐龙化石的首次科学发现，并且也是四川盆地乃至整个中国西南地区恐龙化石的最早科学记录。一颗破碎的恐龙牙齿化石由此叩开了自贡恐龙化石宝藏的大门。

1936年春天，我国著名古生物学家杨钟健与从南非转道来华的甘颇教授，沿着劳德伯克当年行走的路线，来到自流井和荣县一带，试图找到劳德伯克当年采集化石的地点。虽说他们的寻找以失败告终，却意外地在距荣县城东约1千米的西瓜山发现了著名的“荣县峨眉龙”。它不仅是自贡地区发现的第一具较完整的恐龙骨架化石，也是自贡地区最早被科学家命名的恐龙化石。

36年之后，1972年8月的一天，驻扎在大山铺镇东侧的原地质部第七普查大队的地质助理工程师黄建国，晚饭后邀约同事出去散步。当他们走到大山铺镇北面的万年灯时，意外地在崖壁上发现一块恐龙骨骼化石，由此揭开了大山铺地下所埋藏的惊天秘密。在之后持续的系统挖掘中，一座“恐龙公墓”出现在世人面前。

大山铺成为中国重要的恐龙化石产地

大山铺恐龙化石群遗址是我国重要的恐龙化石产地，也是世界上最重要的古生物化石遗址之一。在已发掘的3000多平方米范围内就获得了恐龙及其他脊椎动物200多个个体、上万件化石标本，从中已鉴定出鱼类、两栖类、龟鳖类、鳄类、翼龙类、似哺乳爬行类等23个属27个种，包括14个新属、24个新种，其中有很多世界级的珍品。如世界上最原始、最完整的剑龙——太白华阳龙；世界上保存最完整的原始蜥脚类恐龙——李氏蜀龙；世界上最完整的小型鸟脚类恐龙——劳氏灵龙；世界上首次发现的蜥脚类恐龙尾锤——蜀龙和峨眉龙尾锤，以及20余个完整而特别珍贵的恐龙及其他脊椎动物头骨等化石。这些珍贵的化石标本对研究恐龙及其相关古动物的系统演化、生理特征、生活环境等具有十分重大的科学价值。由于众多的化石在这里出土，有关专家把大山铺称为“恐龙公墓”。

依靠大山铺众多的古生物化石，这里建立起了世界三大恐龙遗址博物馆之一的自贡恐龙博物馆。自此，恐龙成为这片土地的另一张名片（之前的名片是“千年盐井”），再次让自贡名扬天下。

自贡恐龙博物馆位于市中心东北9千米处，这座博物馆一直是中国恐龙迷们心目中的圣地。2008年，自贡地质公园被联合国教科文组织正式接纳为“世界地质公园”成员，它最核心的区域自然就是有“东方龙宫”之称的自贡恐龙博物馆。作为我国第一座专业恐龙博物馆、世界三大恐龙遗址博物馆之一，自贡恐龙博物馆占地面积7万多平方米，馆藏化石标本几乎包括了距今2.01—1.45亿年侏罗纪时期所有已知恐龙种类，是目前世界上收藏和展示侏罗纪恐龙化石最多的

高达十余米的马门溪龙骨架化石（摄影／刘乾坤）

地方，被美国《国家地理》杂志评为“世界上最好的恐龙博物馆”。

自贡恐龙博物馆主要分为馆藏厅、遗址厅和其他动物厅。馆藏厅主要陈列恐龙骨架。在高大宽敞的大厅里，多具骨骼完整的恐龙化石栩栩如生，其中天府峨眉龙是整个大厅中最醒目的庞然大物。除了天府峨眉龙外，大厅内还有一具凶猛的恐龙——建设气龙，别看它只有4米高，但它却是大山铺恐龙动物群中的一方霸主，更是天府峨眉龙的宿敌。展厅内还有原始性与进步性兼备的李氏蜀龙；身躯细小，两足行走的多齿盐都龙；世界上最原始的剑龙——太白华阳龙；等等。

遗址厅是自贡恐龙博物馆的精华所在，也是目前世界上可供观览保存最密集、最精彩的化石埋藏现场。在1000平方米的大坑内，散布着大量距今约1.6亿年、以恐龙为主的古脊椎动物化石。它们或首尾相连，或重叠交错，好似一个恐龙惨遭杀戮后被埋葬在这里的“万龙坑”。这个神秘的“恐龙公墓”，给人强烈的视觉冲击，令人叹为观止。漫步在“恐龙公墓”的观景平台和栈道上，你会发现脚下和四周那些恐龙遗骸仿佛触手可及，上亿年的时空就这样在这里交错。那么这些层层叠叠的恐龙是如何集中埋藏于此呢？专家认为，这些恐龙可能居住于上游河湖地区，在突发灾变中死亡后，被洪水带到这里，又被迅速掩埋。多期次的洪水带来多期次的恐龙尸体，从而形成了层层叠叠的“恐龙公墓”。作为化石埋藏现场的延伸，在中央大厅地下室，保留了一块面积约350平方米的化石埋藏现场。这里重叠堆积着17个恐龙个体的骨骼材料，所有的化石都保持着当初发现时的原始埋藏模样，代表着大山铺恐龙化石群的精华和核心。

2001年，凭借着恐龙化石和盐业遗迹，自贡成为我国首批11个国家地质公园之一，与其他10个国家地质公园一道，共同开启了我国地质公园建设的新纪元。2008年，这里被批准为世界地质公园，正式纳入联合国教科文组织支持的世界地质公园网络。

安德鲁斯和世界上第一窝被发掘的恐龙蛋
（摄影/J.B.Shackelford）

青龙山恐龙化石发掘现场 （摄影 / 刘乾坤）

再现地球王者的争斗场面 （摄影 / 向崎钢）

恐龙博物馆外观 （摄影 / 向崎钢）

埋藏厅 （摄影 / 熊军）

自贡：书写中国井盐的传奇

■ 撰文 / 李忠东

大约在2亿年前的三叠纪，自贡地区正处于由海至陆的转换时期，大量的盐卤、岩盐、天然气被埋藏于此，是四川盆地三叠系岩盐和卤水矿床的典型代表地区。

2000多年前，生活于此的先民偶然发现了2亿年前“埋藏”于此的盐卤，然后便开始了对这种稀缺资源孜孜不倦的挖掘。他们凿井取卤，从大口径盐井到卓筒井，最终穿越千米岩层，创造了农耕时期全

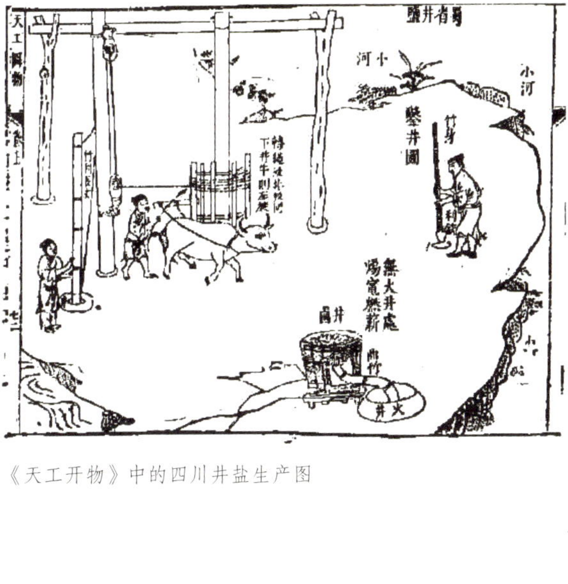

《天工开物》中的四川井盐生产图

世界钻井技术的最高成就。不仅如此，采盐业的发展与繁荣，还促进了中国资本主义的萌芽，并最终孕育了自贡这座城市，以及根植于这里的独特盐卤文化。

富世井：自贡第一口盐井

位于自贡市富顺县的富世井，被认为是自贡历史上第一口盐井，标志着自贡井盐业的开端。这口井的发现者是一位叫梅泽的夷人。据宋代王象之在《舆地纪胜》中记载，梅泽“本夷人，在晋太康元年因猎，见石上有泉，饮之而咸，遂凿石三百尺，盐泉涌出，煎之成盐”。东汉章帝年间（76－88），人们在梅泽发现盐泉（今富顺县城关镇）并开凿了这口盐井。

到了南北朝时期，富世井在蜀中已经闻名遐迩，因产量高、盐质好而使当地富甲一方，并促使政府在北周武帝天和二年（567）以富世盐井为中心设置了“富世县”，这是四川省内第一个因盐设置的县。隋唐时期富世盐井曾创下日产6100多公斤的纪录，一口井的赋税竟然占到蜀内盐井年税总额的两成有余。唐贞观二十三年（649），为避唐太宗李世民之“世”讳，改“富世县”为“富义县”，“富世盐井”亦改为“富义盐井”。到了宋代，同样因避讳改为“富顺县”。明正德末至嘉靖初年，随着盐卤资源的枯竭，这口连续生产超过千年的古盐井终被废弃。但因“富世盐井”而起的“富顺县（富世县）”却历经1446年而不变，成为自贡盐业史及自贡置市史上的传奇。

卓筒井：井盐开采的一次革命

四川井盐开采历史已有2300多年，但到了宋代，就算有着悠久开采历史的盐场和丰富采卤经验的盐工，也遇到了麻烦。当浅层盐卤资源已枯竭，对埋藏更深的三叠系盐卤，当时广泛采用的大口径浅井便无能为力了。但巨厚的岩层并不能阻挡人们对盐的追求，一种新的开采方式应运而生，这便是卓筒井。

“凿地植竹为之卓筒井”，这是一种利用当地特有的楠竹制作吸卤的盐井。它的原理现在看来十分简单，即利用古人舂米时的杠杆原理，通过足踏带动钻头上下运动，从而达到打井的目的，但这在当时已经是十分先进的凿井方式，是具有革命性的创新。

同时代的苏轼曾经对这种新型采卤技术有一段精彩的描述，他在《蜀盐说》中写道：“自庆历、皇祐以来，蜀始创‘筒井’。用圆刃凿如碗大，深者至数十丈，以巨竹去节，牝牡相衔为井，以隔横入淡水，则醎泉自上。又以竹之差小者出入井中为桶，无底而窍其上，悬熟皮数寸，出入水中，气自呼吸而启闭之。一筒致水数斗。凡筒井皆用机械，利之所在，人无不知。”精于文字的苏东坡用白描的手法，向我们传递了卓筒井的诸多信息。首先是肯定了“蜀始创”的四川专利权；其次是对卓筒井技术要点作了说明：圆刃凿井、大竹筒“套管护井”、小竹筒“单向阀门提捞法”；最后他还对这项“专利”的实用效果进行了调查——利之所在，人无不知。苏轼的《蜀盐说》恐怕是我国最早的“专利证书”。

卓筒井的出现，克服了传统大口径浅井的诸多弊端，人类第一次把触角延伸到前所未有的地表深度，第一次在既不能眼见又不可预测的地壳深处获取我们所需要的物质。这种被后来学者称为“冲击式(顿钻)”的凿井工艺，成为世界钻井技术的先驱。这一技术，使我们今天还能在自贡看到开凿于800年前的古井仍在工作。

燊海井：人类历史上第一口超千米的深井

中国的万里长城被国外人文学家称为“伟大的墙”，而自贡的遍地盐井则被国外学者称为“伟大的井”。德国当代著名学者沃基尔教授曾经以《中国伟大的井》为题给美国著名的科学杂志《科学与美国人》撰写过一篇关于自贡盐井的文章。在这篇文章中他写道：

> 一百七十年前在地球上的中国开凿成深达一千米的井来吸取卤水制盐……这口井是积八百年之久的凿井技术——“冲击式顿钻凿井法”所创造的顶峰，其成就堪称当时世界之冠，要领先欧洲技术四百年，这一凿井技术已成为中国人引以为豪的继造纸、印刷术、火药和指南针四大发明之外的又一大发明。

文中所说的，便是坐落在自贡市大安区的燊海井。

明清时期，盐井开凿技术已经在宋代卓筒井的基础上取得了重大突破，逐步形成相井地、开井口、下石圈、凿大口、下木竹、凿小口等较为缜密的技术规范。尤其是石圈、硬质木材、油灰等新型固井材料的使用以及大量凿井、打捞、治井工具的发明使用，使盐井开采中经常出现的“落难”(钻具、吸筒等落入井中)、井壁坍塌、井下出水等事故得以解决。乾隆时期富荣盐场的老双盛井深度便达到了513

至今仍在生产的农耕时代世界第一口深井——燊海井 （摄影 / 熊军）

米，嘉庆二十年（1815）的桂咸井深达799米，第一次将盐井凿到三叠系雷口坡组黑卤和天然气层位。道光十五年（1835），燊海井凿达1001.42米，“工巧匠智，令人莫测”的自贡人由此开凿了人类历史上第一口千米深井。10年后的1845年，美国人在卡诺地区创造了美国钻井的最高纪录，而井深仅仅为518米。

燊海井的开凿，不仅揭开了三叠纪嘉陵江石灰岩地层的秘密，而且带动了区域经济的快速发展，一时自贡地区呈现出天车林立、锅灶密布、笕管纵横、云蒸霞蔚的繁华景象。早在1980年，联合国教科文组织《博物馆》杂志便对燊海井进行专题报道，并认为19世纪初中国的钻井技术远远领先于西方国家。1985年，自贡市政府对燊海井进行了修复，按照“整旧复旧”的原则，保留了原来的格局和木质穿斗结构的建筑风貌，恢复了旧时大门、柜房和盐仓，对高18.3米的天车进行了重新捆扎，重修了碓房和灶房，碓房中陈列碓架、竹制吸汲卤筒等治井工具，加固了大车房以及天车等设施。

如今，这个保存了数百年的制盐古作坊，仍遵循古老的工艺流程，将千米之下的盐卤汲提出来，然后利用盐卤伴生的天然气熬制成

辊工捆扎天车
（供图 / 自贡盐业历史博物馆）

金流井天车 （摄影 / 缪自平）

食盐。这里也就成为自贡最真实的井盐生产地和盐业活化石，完整地再现了清末钻井、采气、制盐的生产场景。

最后的18座天车

卓筒井的广泛应用给自贡带来了两大变化。向下，我们穿越侏罗纪、白垩纪岩层，将盐井延伸到距今2亿多年前的三叠系雷口坡组和嘉陵江组地层，那里埋藏的优质黑卤成就了千年盐都。与此同时，地面上用于淘井、洗井、提取卤水的支架也随着开采深度的加深越架越高，这种由成百上千根质轻、耐腐蚀的杉木捆扎起来的建筑，有一个好听的名字——天车。这种特殊的建筑曾经密如森林般矗立于自贡的各大盐井，蔚为壮观，成为自贡的标志和象征。

据史书记载，自贡在近两千年的盐业生产过程中，遗存有一大批古井、天车。1914年仅自流井就有“水火两井共960眼”，而废井则有11800多眼，所以流传有“自流井盐井（天车）多如麻筛”的说法。1938年，抗战正酣之时，时任金陵大学教授，后来曾为张艺谋做摄影师的孙明经曾经携带一台16毫米特种柯达摄影机和一台120型蔡司依康照相机记录了自贡天车林立、盐井密布、笕管逶迤、灶房热气蒸腾的盛景，并最终以一部纪录片《自贡盐井》和一部以动画片为主的科考片《井盐工业》而轰动一时。他的这次自贡科考拍摄被我国地理学泰斗黄国璋先生称为“一次让无数人永远都可以看到的工业地理科考”活动。

就算是见惯了上海滩繁华高楼的孙先生，也惊讶于自贡天车的高大，这些仅用细杉木、竹条和麻绳捆绑而成的井架天车，有的竟比当时上海最高的国际饭店还高。盐井与天车，一个地下，一个地上，自贡一次次打破凿井最深纪录的同时，也一次次刷新我国木结构建筑的最高纪录。

然而，在岁月的荡涤中，数以万计的天车大多已坍塌、烧毁、拆除。2009年5月20日，一场突如其来的大火，将自贡有“迎客松”之称、位于内宜高速路旁的源通井天车烧毁。自贡市境内仅存的19座天车，只剩下18座仍倔强地屹立在天地之间，无比孤独与凄凉。

盛装历史的西秦会馆

“天下熙熙皆为利来，天下攘攘皆为利往。”盐商是当时自贡甚至全国最赚钱的行业，赚了钱的盐商为“炫耀郡邑，款叙乡情”，纷纷建立“同乡会馆”。会馆文化将外乡文化与本地文化融合在一起，成为自贡文化中的一道亮色。最著名的会馆有陕西商人修建的西秦会馆，湖北、湖南、江西的同乡会修建的禹王宫，贵州会馆霁云宫，福建会馆天后宫，广东会馆南华宫等。

位于自贡市中心的西秦会馆始建于乾隆元年（1736），经道光七年至九年（1827—1829）大规模扩建后，成为当时也是迄今为止自贡保留的盐业会馆建筑中规模最大、保存最完整的精品。西秦会馆因殿中供奉关羽神位，又称关帝庙，又因系陕籍盐商“款叙乡情”的同乡会馆，俗称“陕西庙”。

西秦会馆居釜溪河畔，背依龙峰山，坐北朝南于闹市之中，整个建筑群在平面上呈矩形，布局方整，轴线分明。主要建筑沿中轴线布置，依次为武圣宫大门、献技诸楼、大丈夫抱厅、参天奎阁、中殿、

自贡城里的瀑布，上面的桥是盐运古道——平桥 （摄影 / 熊军）

自贡盐业历史博物馆，是明清建筑的典范 （摄影 / 熊军）

正殿。两侧建阁楼和廨房，建筑之间以廊屋连接，组成多个既相通又独立的院落，四周以围墙环绕，形成封闭的空间。

若要说西秦会馆最与众不同之处，那便是奇特的复合大屋顶。屋顶造型有歇山式、硬山式、重檐六角攒尖式和重檐庑殿式，而且这些不同的造型在同一个建筑上重叠、配合使用。这种多檐的复合结构，在明清两代建筑中独树一帜，极为罕见。

西秦会馆的精彩还不仅仅在于它宏伟的形制、复合结构和疏密相宜的空间布局，它的细微处同样令人称道。木雕石刻藏在建筑的每一个角落，尤以木雕最为生动传神。木雕主要集中于献技、金镛、贲鼓的木栏上，内容以神话传说、历史故事、社会场景、花鸟静物以及秦腔造型为主，充满了生活的气息。著名美术史学家陈少丰在所著的《中国雕塑史》中这样写道："自贡西秦会馆的木雕装饰，则是清代民间建筑木雕的杰出代表。"足可见这里的木雕在中国雕塑史上的地位。

作为陕西盐商精神领地的西秦会馆，将关羽作为精神偶像，集忠勇仁义于一身的关老爷成为凝聚秦人、团结对外、共度时艰的精神象征，而献技楼、天街、月台，又是陕商们的商务活动、娱乐活动空间，至今我们仍不难想象彼时"会馆虽多数陕西，秦腔梆子响高低，观场人多坐板凳，炮响酬神散一齐"的热闹场景。而据说，当时四川各地的川剧戏班也皆以能到陕西会馆演出为荣，大有今天维也纳"金色大厅"之意。

新中国成立前，西秦会馆曾一度作为自贡市政府所在地。1959年，由邓小平提议，将西秦会馆作为自贡市盐业历史博物馆，收藏、研究、陈列以自贡地区为中心的四川井盐历史文物。这里大量保存着井盐钻井、采卤、输卤、制盐的生产工具以及盐业生产经营过程中的契约、账册、岩口簿等史料，其中馆藏的盐井传统钻凿和修治井工具503件，是中国目前唯一保留得较为完整的古代顿钻工具群。馆藏的岩口簿则真实记录了清代以来井盐凿井的钻前准备、凿井过程中每道工序使用的工具、每天凿井的进尺、岩层情况、井下发生事故的原因和处理事故采取的措施与办法等内容，算得上是世界最早的钻探记录了。

有盐有味的独特文化

自清中叶以来，自贡成为中国井盐生产的中心。自贡有中国最厚重的井盐文化遗存，是世界最古老的井盐生产城市。这里保存了精湛的井盐采制工艺、丰富的井盐经济史料、众多的井盐生产遗址和现场，还有因盐而兴的古镇老街、各式盐业同乡行帮会馆和近代盐业富商寨堡等，不仅如此，因盐而兴的会馆文化、戏曲文化、诗词曲赋、饮食文化使这里成为巴蜀文化的高地。

自贡盐场之所以千年不衰，得益于盐的大量外销。而盐要外销，发达的交通网络便是关键。所以，以自贡盐场为出发点，一条条充满艰辛与汗水的咸盐古道或穿山越岭，或逆江越滩，蜿蜒向远方，延伸到炊烟飘起的每一个角落。沿着这些盐道，我们便可一路看到仙滩、黄泥滩、邓关、富顺县城、东街、李家湾、琵琶场、安溪、石灰溪、赵化、大城、怀德、长滩等一连串的码头。而在码头所在地，往往就会有一座古镇，或者会有一座历经风雨而形象依稀傲然屹立的城堡，如自贡到泸州不足200千米的水路两侧便有仙市、狮市、邓关、富世、琵琶、安溪、赵化、大城、怀德、长滩等十来座古镇。

两千年盐卤的浸染让这里的文化也沾染了盐的味道，是盐在这片土地上独特的结晶。传说、故事、诗歌、习俗、节日和庆典充满了浓浓的盐味；古道、水道、桥梁、街道、商铺，乃至一山一石的名称无不与盐息息相关；川剧是四川一绝，而自贡的川剧时时折射出盐文化的光彩；盐帮菜不咸不淡，恰到好处地体现了盐文化的韵味，深入人们的日常生活之中，也成就了“吃在四川，味在自贡”的美名。

自贡彩灯已有800多年的历史，并在盐业开采最为繁盛的明清时期得以定型，最终饮誉古今，赢得了“天下第一灯”的美称。自贡灯会以气势壮观、规模宏大而著称；以构思巧妙、制作精巧取胜，以灯景交融、层次迷离而称奇。每年的春节前后，这里就成了灯的海洋，远在成都、重庆的游客也会驱车前来观灯。自贡彩灯成为自贡继井盐与恐龙之后的又一张名片。

井火煮盐图

历史上重要的盐运码头——仙市古镇，至今仍保留大量明清古建筑 （摄影/冉玉杰）

浴水而出的石龙：涪江河床上的画卷

■ 撰文 / 刘馨泽

涪江——嘉陵江最大支流，自川西高原岷山主峰雪宝顶而下，奔流于高原峡谷之间200千米，由江油境内穿出龙门山，进入四川盆地红层丘陵区，地势陡然开阔，动力强劲的江水沿两岸塑造了连续分布且宽缓的第四系砂卵石堆积河谷，但在江油市、三台县、大英县等地出现了一些“异类”——零星分布的被砂卵石包围红层砂岩河床，大自然以涪江河水为刻刀，于这些砂岩之上蚀刻出了壶穴群、水蚀槽、水蚀洼地、残留石槛等砂岩水蚀地貌奇观，形成了一幅幅“浮雕版画”，其细致、精巧兼具大气的风格令人惊叹，其中又以大英县“石龙过江”为典型代表。这些水蚀景观一眼望去，极似溶蚀已久的喀斯特景观。因水库工程蓄水的影响，下游水位下降，隐藏于江面以下的“砂岩雕版画卷”终于浴水而出得见天日，“漂浮”于江面之上，让我们一窥真容。

七里石龙，瑰丽奇巧的砂岩雕版画卷

2021年初，四川文旅厅的相关领导告诉我们一个有意思的消息，在遂宁大英县回马镇涪江河床之上新出现一处“怪石滩”景观，被称为“石龙过江”，已经成为周边人们郊游观光的好去处，至今热度不减。在遂宁当地的摄影家朋友提供的照片上，宽广的涪江江面浮现出一片怪石嶙峋、雕刻精巧的“石像浮雕群”，像是在涪江中间展开的一幅画卷，形态上看应为“河流壶穴景观群”，但成景的位置较特别，与常见的峡谷区壶穴景观有所不同。景观位于宽阔平缓的堆积河谷之内，分布于基岩河床之上，其景观的“蚀刻深度”仅数十厘米，分布范围却较大，犹如一把刻刀在岩石上雕刻出来的“石版画”。为了解景观之美及其形成的原因，我们邀请四川省地矿局华地公司、物探队、207地质队的相关专家组成联合科考队，赶赴大英县，对“石龙过江”展开了细致全面的考察工作，开始了我们的“石版画探寻之旅”。

河滩上是砂岩形成的“岭沟相貌”　（摄影 / 姚逸飞）

科考车队行至岸边，远远地便看见涪江右岸横亘于江面之上连绵上百米的灰白色“石龙”在一片雾气中隐隐向我们招手。迫不及待地，我们一行人沿着泥泞的小路、踩着圆滚滚的卵石一路溜到河边，当这幅砂岩画卷呼啦一下展现在我面前，心脏像是忽然在江面上打了个水漂，剧烈得像是要跳出来，然而遂宁本地的朋友淡然许多，毕竟这奇观他们已经习以为常。我伸手抹了一把额头上的汗水，轻吁一口气，走进了石龙深处。

石龙过江，本地人又称“石龙洞天”，说起景观的出现还要“归功于”上游6千米处射洪市沱牌镇修筑的水电站，因水库蓄水，下游的水量减少，江面下降，被江水千百年冲蚀形成的砂岩水蚀景观便“破水而出”。大英人民的先辈逐涪江水生活这么多年，近在咫尺的奇观却无缘得见。

“水滴石穿”用在此地很是应景，在漫长的时间内，柔软的水和坚硬的石头在这里发生了奇妙的反应。连片的砂岩像豆腐一样被急速水流蚀刻得千疮百孔、沟壑纵横，剩余部分又被打磨得极为光滑，形成圆润连续又风格迥异的曲面，即使数学家来这里描述这成千上万的曲面，都要抠破头。蚀刻后的砂岩形态虽然复杂，但总体来看，其顶面起伏不大，像是一幅浮雕。

感觉像是有一只无形的巨手将涪江河水化为成千上万的刻刀，在整片砂岩上同时创作，或刻或挑或划，在水平的砂岩层上挥洒无边的创意，尽情镌刻，年复一年的坚持终究完成了这幅占地10余万平方米巧夺天工、古朴大气的“石版画”。成千上万的壶穴（快速旋转水流冲蚀形成。造成旋转的因素主要有科里奥利力造成下泄水流旋转、岩石表面局部凸起阻挡）遍布砂岩河床，或深或浅，或长或短，有的像十五的圆月，有的像狭长的葫芦，有的像小巧的碟子；或三五成群，或一字排开相互贯通，密密麻麻平行分布的水蚀石槽与河水一道延伸到远处。槽间形成了一道道高耸的垄岗，其形态似龟似蛇似龙，排列成整装待发的军阵，好似龙王的护军在静静等待出征的命令。在裂隙基础上形成的细长平直的“石槽”，似被一柄巨斧劈开，将画卷分成了几块。我转身望向身后不远处毁后又重建的贾公祠（纪念唐代长江县主簿“苦吟诗人”贾岛的祠堂），心想“诗奴”贾岛“两句三年得”的“改来改去”的艰苦创作风格倒是和这位“大自然画家”有几分神似，贾岛神游太虚的时候可能也在这里刻下了他的诗句。

这幅砂岩画卷整体呈灰白色，中部因局部夹铁质胶结物出现暗紫红色花纹，西侧和南侧表层的砂岩已经大部分剥蚀，露出了下部的紫红色岩层。画卷的“材质”主要为中生界侏罗系上统钙质长石砂岩，下部夹紫红色粉砂岩，伏于一层紫红色粉砂质泥岩之上。成景砂岩坚硬程度不高，易风化，是较为容易雕刻的材料。侧面来看，水面之上的砂岩厚度不足1米，崎岖不平，河床较为低洼的部位可见到砂岩之下的紫红色泥岩层，也就是说这残留厚度不足1米、展布范围达10余万平方米的“画卷”是极为珍贵的遗迹，若干年后，这幅画卷也将消失不见，念及于此，心情略感沉重。转念一想，幸亏水库蓄水，让我们可以一窥奇观，若是水库修建晚一些年月，这些砂岩已被江水冲蚀殆尽，我们可能最后什么画卷也看不到了。

成景砂岩为透镜体，分布范围有限，地层向北西方向（与涪江流向相反）倾斜，砂岩在上游不远处便埋藏进入地下，在下游微微翘起，在画卷南部就只见下部的泥岩了。当然，经过一定地质历史时期后，涪江继续下切，景观群的砂岩被侵蚀干净，上游埋藏较深的砂岩又会出露继续形成新的水蚀景观。也就是说，有朝一日，石龙过江景观在本处消失，可能又会在上游“复活”，或者泥岩被剥蚀干净后下部埋藏的砂岩又成为新的“成景砂岩”，对“石版画”的新一轮创造周而复始。

画卷北部为迎水段，水动力条件较好，涪江水对砂岩产生较为强烈的水力侵蚀，以下蚀作用为主、侧蚀作用为辅。因本套砂岩顶面天然具有一定的起伏，流水携带较多的砂砾，洪水期又夹带大量卵砾石，对砂岩表面产生强烈的磨蚀，使其变得凹凸不平。砂岩同时又略高于周边河床，涪江水流入后，水流变急，在砂岩表面较为低洼的部位形成较为强烈的上升漩涡水流，砾石随着漩涡水流不断磨蚀砂岩表面，形成椭圆形或圆形等并具有一定深度的“石穴”，称之为“河成壶穴”。当水流很急时，裹挟的卵砾石会有跳跃前进的现象，不断作用于砂岩表面，形成一处处浅浅的洼坑，在此基础上会形成新的壶穴。

壶穴形态、规模大有不同，其形成和发育与基岩河床局部的地质、微地貌、流水特征有关。岩石较软易风化则容易被侵蚀，但壶穴的完整性也会变得很差，过于坚硬又不容易形成较大的壶穴；砂岩表面起伏较大，容易形成软弱点和上升涡流，继而形成壶穴；流水湍急则水力冲蚀作用较强，促进壶穴的生长，流水涡流过于密集，便难以形成较为整齐的串联壶穴，也不利于线状排列的冲蚀槽发育。

从完整性及组合形态上来看，存在单体壶穴、壶穴群等。单体壶穴深度、直径一般在数十厘米以内，小者仅有不足10厘米。因为本套砂岩在地质上的特殊性，完整的单体壶穴占比并不大，壶穴发育的密度相当大，初生壶穴被后生壶穴改造的现象比比皆是。初生壶穴彼此分散独立，呈盘状或碗状，随着河流冲刷时间的延长，壶穴不断变大变深，相邻壶穴彼此重叠、复合贯通，单个壶穴变得“残缺不全”，最后形成岩壁光滑、形态复杂的壶穴群。也正是这种现象的存在，使得砂岩的壶穴景观处处不同、瑰玮不凡。

本处的砂岩钙质、长石等矿物含量较高，容易溶蚀风化，使砂岩内部孔隙增加，岩石力学强度下降，容易破碎形成软弱点或软弱带，在旋转水流的作用下易形成壶穴。所以我们看到，砂岩河床上密集的

涪江水长年侵蚀，把岩石雕琢得千姿百态　（摄影 / 姚逸飞）

沟槽、坑穴是由强烈的水流在较易风化的砂岩上连续不断侵蚀出来的，形态上乍一看与岩溶化的灰岩很相似，初见可能误认为这是喀斯特景观。

裂隙、节理的分布对壶穴的形成并无绝对控制作用，因壶穴的密度远大于裂隙的密度。裂隙的方向、水流的方向存在较好的一致性时，裂隙会不断拓宽，形成水蚀槽，若这个方向上存在连续的壶穴群，便会产生贯穿现象。景观带位于蓬莱镇背斜北翼（东西走向），发育规模较小、垂直砂岩层面的裂隙带（由背斜构造或卸荷作用、风化形成）贯穿岩层，裂隙在水力冲蚀、溶蚀的作用下，不断变宽，形成水蚀石槽，宽度一般为1—10厘米，长度延伸较远，横切砂岩段，部分槽内充满江水，好似在景观带内开辟了一条条“人民渠”。

单体壶穴，从平面上来看，有的如极为标准的圆月，垂向发育，壶壁光滑，上下尺寸一致，好比在砂岩上凿出了一口井，还可见横向生长的圆形壶穴，贯穿砂岩，形态好比岩溶地区的天生桥，壶穴下方洼槽内的江水与其相互映照，有一种“海上明月共潮生”的既视感；有的为狭长的椭圆形，开口大，底部小，不同深度上的纹路平行排列，好似天上行星运行的轨道；还有的类似纺锤，两头尖中部宽，有较多的“纺锤”沿着江水流动的方向连成一体，形成石槽。其实在整个景观带上，可以看到不同发育阶段的壶穴，有幼年期（碟状壶穴）、青年期(U形壶穴）、成年期（倒Ω形壶穴），其中，碟状壶穴实际为极浅的V形壶穴。还有部分壶穴蚀穿砂岩层后，水流继续侵蚀下部的泥岩，形成了上下贯通的双层壶穴。

画卷南部砂岩已经被剥蚀干净，仅存下部的棕红色粉砂质泥岩、粉砂岩等软弱岩石，含较多钙质，抗风化能力很差，基本无法形成壶

每年的丰水期，这些水蚀景观又潜入水中，被再次雕刻塑形 （摄影/姚逸飞）

穴，所以在画卷中部可以看见明显的界线，北部为砂岩上平行密集的蚀刻纹路，南部为平坦的泥岩风化壳，并有少量植被，但我们发现在这里有较多的车辙损坏了表层的景观，让人扼腕。

沿着画卷转了一圈，我们在想，画卷只有这么大吗？在西侧的河漫滩上，连片的石滩仅有零星的“孤石”露出地表，其间连片的石滩被大量的卵石填埋，也就是说，这里原来也是“石龙过江”的一部分。我们沿着涪江右岸，又向上游走了3.5千米，又发现了和“石龙过江”相同的砂岩水蚀地貌景观群，其规模要小得多，且大部分被江水淹没。这条“七里石龙”蜿蜒盘旋在涪江之中，我们所看到的画卷只是其中一小部分，河岸边堆积的大量卵石，在显示着涪江水流强大的力量和已被埋藏画卷的低吟。

雕版画卷之二：三台县芦溪镇洑水石龙

这种巧夺天工的“石版画”是否仅有大英回马镇一处呢？我们询问了遂宁、射洪、绵阳、江油等地的朋友，是否还有类似“石龙过江”的景观。绵阳摄影师刘伟华告诉我们，自江油沿江南下至遂宁，在涪江中段150千米的范围内还有两处砂岩水蚀地貌景观，分别位于江油九岭镇、三台芦溪镇。从规模、形态、景观精巧程度上来看，大英的“石龙过江”无出其右，为涪江河床“石版画”代表。

经过现场调研发现，发育此类景观的地层为四川盆地北部中生界白垩系—侏罗系红层砂岩地层，构造作用较弱，裂隙密度不高，地层近似水平，侵蚀、剥蚀较为剧烈。涪江沿岸宽阔的河谷阶地，规模小者二三百米，规模大者一千米以上，在漫长的地质历史时期内，地壳

三台县芦溪镇洑水石龙 （摄影 / 刘华伟 ）

缓慢抬升，涪江河水不断下切，以“抽丝剥茧”的态势侵蚀加深河床，表层的砂卵石层或强风化层不断被流水冲蚀带走，砂岩出露，伏于涪江水体内，被河水经年累月地冲刷改造，紧邻涪江右岸形成壶穴、水蚀槽、水蚀洼地、残留石槛等景观，好似大自然这个画家以水为笔、以石为卷雕刻出来的绝美画卷。与峡谷区此类景观相比，这里的砂岩水蚀景观大气和精致共存，那一道道精心雕琢出来的纹路，一根根被细致打磨的光滑线条，一个个形态各异的“飞禽走兽”，可不是处处都能有的。砂岩蚀刻的深度不过数十厘米，展布的范围动辄数万平方米，一股股流水就是一把把刻刀，我们好像是走进了这位画家的创作室，欣赏他正在雕刻中的“石版画”作品。

我们一路向北，继续石版画探寻之旅。到达三台县芦溪镇永凤村，感觉这里名气小了些，到江边的路已经中断很久，只好下车步行，到达岸边。站在河边阶地上，极目远眺，宽阔平坦的涪江河谷中间，数百米长的砂岩河床在水中若隐若现，吸引着我们的视线。

抵近观瞧，这幅画卷有大部分还隐伏在江水之下，遗留在江面之上的砂岩遍布发育较深的壶穴，几乎被完全蚀刻，紧邻涪江右岸可见较完整的水蚀石槽、壶穴群，形成“石雕群”。这里的旋转水流貌似比回马镇一带更为猛烈，残存的砂岩犹如各种形态的龟背。部分石垄如一块块拼接的骨架，呈直线排列，好似龙的背脊。中部因江水淹没，形成大片的水蚀洼地，透过浅浅的江水，依稀可见密集排列的石槽。

本景观所处地层为中生界白垩系天马山组砂岩，矿物以长石、石英为主，夹少量钙质，硬度较高。位于葫芦溪向斜北翼，为一宽缓构造，构造较弱，发育少量构造裂隙，呈“X”形，并有部分卸荷裂隙，这些是壶穴及水蚀槽发育的优势部位，但起到主要控制作用的仍为由北向南径流的江水。当然，这里的画卷成型很久，已经有大部分被江水或泥沙掩盖，涪江右岸河漫滩原有的水蚀景观带被大量的卵石覆盖。

画卷北侧，因水动力条件过强，部分岩石被强烈侧蚀而致悬空形成“悬石”乃至掉落，被涪江水裹挟并散落在下游不远处的壶穴群中。从空中俯瞰，出露于江面的斑驳岩石如石龙的处处鳞片，“鳞片”之间大片的空间充斥着缓缓回旋的流水，犹如占据整个河床、大半身体伏于江中的一条巨型石龙，貌似不太喜欢喧嚣，我们唤其为“洑水石龙”。也许是人少的缘故，三三两两的白鹭轻盈地在水面滑翔，累了便站在“石龙”身上轻展双翅，尽显慵懒洒脱。景观群内遍布大量水蚀洼地，残留的砂岩像薄薄的一层壳浮于江面之上，好似鳄鱼、青蛙、乌龟、蛟龙等在涪江上嬉戏。沿江向南，砂岩河床大部埋入水下，江面以上残留少许耐风化的砂岩，零星散布，形成乱石滩（残留石槛，较坚硬岩层横阻河底形成的石滩，但本处的石槛因下方被河流携带的大量泥沙堆填，原有的跌水削弱乃至消失），砂岩倔强地从深深的江水中探出头来。

我们离开的时候，日头刚刚西偏，恰好遇见一位年轻的母亲带着她的小儿子来到这里郊游，相错数十步后，背后骤然响起了孩子欣喜的喊叫声和母亲轻轻的嘱咐声。

雕版画卷之三：江油市九岭镇怪石堆

休整了一晚，第二日我们自绵阳出发，沿着三国时期邓艾入蜀的路线继续北上。景观所处位置为江油市九岭镇薛家坝涪江右岸，所在地层为中生界白垩系剑阁组砂岩，产状平缓，位于东侧一段轴向斜扬起端，构造裂隙不密集，少量东西向裂隙贯穿砂岩河床。

对比这三处“砂岩画卷”，具有很大的相似性：地层为上侏罗统—下白垩统的水平砂岩层，长石含量高，均含钙质、泥质胶结物，多寡之分而已，部分为抗风化能力更差的粉砂岩，这是砂岩较易风化能够充分被侵蚀的物质基础；构造不发育，有少量构造裂隙贯穿岩层但不起主导作用，卸荷裂隙、风化裂隙较多有利于磨蚀、冲蚀过程的进行；成景的主要地质营力为涪江河水及推移质的侵蚀（磨蚀、冲蚀、溶蚀等）作用，在江水流向上发育了密集的水蚀沟槽、壶穴群；景观群核心位置均位于涪江右岸，这是科里奥利力（科氏力）的影响导致涪江河水在行进的过程中存在一个向右的分量，使得右侧的河床遭受更为强烈的侵蚀作用；表面上所看到的水蚀景观仅是一小部分，大部分隐伏于江水之下，规模都在千米之上。

“大自然画家”在江油至遂宁150千米长数百米宽的砂泥岩组成的画布上，以汹涌的涪江河水为“刻刀”，在涪江河床上创作了无数的“石版画”，因时间变迁，有些“画作”已经消失，隐于江水之下或被泥沙砾石所掩埋，仅残留了这三处“作品”，却还玩着“枯期有景丰期藏”的游戏。

景观所处位置的涪江河道宽约200米，较为连续的水蚀地貌段长约150米、宽约90米，呈南北向展开。经过强烈的水力侵蚀作用后，砂岩壶穴群已被改造得千疮百孔，水蚀石槽形态千奇百怪，有弧形、椭圆形、L形，与大英县的“石龙过江”相比，其水蚀槽表现得短且粗，且没有明显的定向性，水蚀景观的顶面曲线好似急流掀起的浪花群。这里的江水在涨水的时候乱流、涡流极多，在这种水动力条件下

江油市九岭镇怪石堆　（摄影 / 刘伟华）

形成了“三维魔幻石堡群”，不到1米的残留岩石之上不同高度均有壶穴发育，水蚀槽蜿蜒起伏，类似“三维城市”——重庆市的房屋和路网。残留的岩层被流水打磨得极为光滑，在垂直于水流方向又形成了像“刀刃”一样的石脊，齐齐指向江水下游，好似一群蓄势待发的石龟，在一片混乱中又有一种号令森严的气势。为数不多的几条东西向裂隙切穿了砂岩河床，将“石龟群”切成了几块方阵。景观群南部，因磨蚀作用加剧，石垄起伏变缓，形成了水蚀洼地，残存的石像没了棱角，失却了气势，静静地匍匐于河床之上。

江油昨日下了一夜暴雨，我们沿着岸边泥泞的道路继续向南走，没出百米，却发现了完全不一样的景象。“石像群”不见了，取而代

江油九岭怪石滩 （摄影/刘伟华）

之的是零星露出江面的乱石滩，其延伸的长度达1500米，与三台县的“洑水石龙”相似，乱石滩所在的部位为浅滩，其下游原来地势较低，后被泥沙及卵石填埋。上游江水冲下的块石、泥沙、卵石大量堆积、压覆于乱石堆附近，部分已经阻塞了一半以上的河道，看起来杂乱无章又显苍凉。站在这千余米的河道旁，恍惚间面前浮现了一个惨烈激战的古战场，如山一般推进的军阵、兵器撞击的金铁之声、漫天的冲杀声呼啸而至，肃杀的感觉从天而降。蜀汉、曹魏军卒的精魂已经混杂在一起无法区分，突然间，相互攻杀的军卒全都消失不见，唯见江面上被河水肆意冲刷的乱石堆。一只白鹭轻轻落在乱石滩上，带了一阵清风，在江面上扫起一阵淡淡的涟漪。

涪江河床“石版画”，内外动力地质作用的遗迹

青藏高原东缘、松潘境内雪宝顶的冰雪融水在海拔4000余米的高山上奔泻而下，先是造就了高原明珠——黄龙钙华彩池景观，而后一路向东、向南，汇聚两侧数以百计的溪水，声势逐渐浩大，自龙门山江油关破关而出，挟万乘之威向东南一路奔流，横穿整个川中红层丘陵，经历近700千米的旅程后，于重庆合川汇入嘉陵江。

汹涌的涪江水给侵蚀河床带来了澎湃的动力。涪江多年平均径流量572立方米 / 秒，历史最大流量曾达15000立方米 / 秒，水流湍急，为水力侵蚀砂岩地貌景观的形成提供了良好的水动力基础。涪江水源除了大气降水，两侧阶地地下水向河道内的排泄补给也占据了相当大的比重。涪江含砂量较高，平均每立方米含泥沙5—10千克，主要集中在7—10月的丰水期，流水从河谷上游携带而来的卵砾石不计其数，

为河谷阶地的形成提供了充足的物源，为磨蚀、冲蚀基岩河床提供了充足的推移质，广泛分布、地层倾角平缓的中生界红层砂泥岩为涪江水流侵蚀作用提供了基本的场地。

涪江河谷是流水侵蚀、搬运、沉积等外动力地质作用在新构造运动（内动力地质作用）控制的基础上综合形成的。地壳相对上升，流水下切，侵蚀作用为主，可形成基岩河谷；地壳相对下降，流水携带的泥沙、砾石等物质便可沉积下来，形成河谷堆积阶地。早期的涪江河道，在全新世（距今约一万年）新构造运动作用下河道不断缓慢下切、侧蚀，两岸相对隆升，逐渐形成现代流水地貌——蛇曲河谷及两侧的宽阔阶地。

涪江河谷以龙门山为界，西北侧青藏高原部分形成深切峡谷，东南侧四川盆地部分形成浅切丘间宽谷，并见分布较为广阔的河流堆积阶地，主要成分为砂卵石、砾石，地面平缓，是主要的城市建设区、农田区。一般来说，这种水蚀地貌景观在峡谷区不稀奇，但此类低矮丘陵区的宽阔河谷，两侧均为松散堆积的砂卵石层，因此在河床上见到砂岩水蚀地貌的可能性较小。但在新构造运动的基础上，隐伏在涪江之下的一层层砂岩被江水不断侵蚀，偶然露出地表，残存了一些水蚀景观遗迹。

江油至遂宁涪江中段的三幅“砂岩雕版画”是难得的红层陆源碎屑岩水蚀地貌遗迹，其精致、大气的景观风格在同类型中无出其右，成景的位置又较为特殊。但其“保质期”其实不长，需要妥善进行保护，景观出露的时节、范围都与降雨及水库的蓄水活动密切相关。这些画卷仍被涪江河水持续不断地改造，好像这位画家始终对自己的画作不满意，其连绵不绝的创意一日不断，手中的“刻刀”便一天不歇，可能终有一日，砂岩被侵蚀得只剩下一张张紫红色的“画布”，紧接着，泥沙慢慢掩盖，所有一切又重归地下。对于人类来说，也不必过分介怀，天生万物有生有死，能够和这位画家共同经历它的创作过程，也值得快慰。

大英县回马镇水蚀地貌景观 （摄影 / 刘乾坤）

沱江大拐弯与云顶石城　（摄影 / 杨建）

龙泉山：成都东边的博物乐园

■ 撰文 / 刘乾坤

在大部分四川人的心里，龙泉山就是成都东边，每年春天大家看桃花的龙泉山，这其实是狭义的龙泉山，它仅仅是龙泉山的中部。龙泉山脉，北起绵阳境内的浅丘，沿成都平原东部，绵延至乐山境内。岷江、大渡河与青衣江合流之后，沿龙泉山脉南端奔东而去，为龙泉山谱写了一曲峡江壮歌，与平羌小三峡和沱江小三峡遥相呼应，构成大江东去的江峡胜景。

这些江峡，见证过不少远征将士、文人墨客和商贾旅人往来的身影，也见证过不同时期的繁华与衰落。寒来暑往，大江东去，长达十年的抗蒙战争是一段难以忘却的历史，金戈铁马的岁月里，没有人告诉我们，这里还是猛禽迁徙的最佳观赏点，还是远眺西部雪山的瞭望台，这些全新的图景，正成为一座城市的亮点。

云顶石城

公元1234年（宋端平元年）正月初十，金哀宗完颜守绪匆忙传位于东面元帅完颜承麟，百官还没有记住新皇帝的模样，便纷纷到城墙上抵抗宋蒙联军的进攻，当天，宋蒙联军攻陷蔡州，时年37岁的金哀宗在幽兰轩自缢而亡，新皇帝则死于乱军之中，金朝灭亡。

云顶石城南城门　（摄影 / 杨建）

一如北宋年间的“海上之盟”，当年联金击败辽国，数年之后，金国便挥师南下，攻破汴京，北宋灭亡。1236年，蒙军兵分三路进攻南宋，东路军进攻江淮地区，中路军进攻襄阳一带，西路军则由皇太子阔端亲率进攻四川，旨在重演得蜀沿江东下取得荆楚、统一南方的历史。

1241年，成都、嘉定、叙州等二十余州相继沦陷。1242年，淮东名将余玠临危受命，被宋理宗任命为兵部侍郎、四川安抚制置使，他入川之后，采纳部将冉琎、冉璞兄弟的建议，将合州迁往钓鱼城。同时，他传承了重庆知府彭大雅在山顶筑城（今合川钓鱼城）的经验，将在平缓山顶修筑城堡的经验向全川推广，一改筑城于平坝的传统。

这种平缓山顶就是今天地理学上的方山，四川的方山基本上是侏罗系和白垩系的砂岩构成，受内外营力影响，形成了顶平崖陡的方山，方山上有田可耕，并可凿井取水，有的还有煤可挖，是不可多得的天险，再加上人工筑城，更是易守难攻。南宋末年，四川境内筑有类似的方山城堡多达83座，有的建在两江汇流之地，有的建在激流险滩之侧，有力阻挡了蒙军的攻势。忽必烈幕僚姚燧在《中书左丞李忠宣公行状》一文中这样评价："宋臣余玠议弃平土，即云顶、运山、大获、得汉、白帝、钓鱼、青居、苦竹筑垒，移成都、蓬、阆、洋、夔、合、顺庆、隆庆八府治其上，号为八柱，不战而自守矣。"

天险比不过人心，新任云顶守将姚世安勾结官吏，罗织余玠罪名，余玠最终被宋理宗免职，郁郁而终，不久，姚世安率众投降蒙古。今天的云顶石城，仍存有不少南宋城堡遗迹，其中瓮城城门的券拱之上，还有当年的题记："皇宋淳佑己酉仲秋吉日帅守姚世安改建"，当今人抬头看到这些楷体大字时，不知道这段历史的人，还会认为姚世安是一位抗蒙英雄。

站在云顶的南城墙上，前面是东去的沱江，逝者如斯的感慨自然涌于胸中。除了思古幽情，思接千载，龙泉山，在不同人的眼里，有不同的价值和意义：可以欣赏娇小的野花，可以远眺壮丽的雪山，可以发呆品茗，也可以挥竿垂钓……

山上的野趣，小众人群的钟爱

有一天，与植物科普作家孙海喝酒时，他聊到今天风行全球的玫瑰，有不少基因是源自中国的蔷薇科植物，在龙泉山上还能见到其中一种野生蔷薇。

长松寺的尾叶樱桃 （摄影 / 邹滔）

桐花 （摄影 / 刘乾坤）

单瓣月季花 （摄影 / 刘乾坤）

毛茛 （摄影 / 刘乾坤）

柔毛淫羊霍

盾果草

百脉根

三花莸　（本页摄影 / 刘乾坤）

龙泉山被人类开发的历史非常久远，今天，山上以种植桃树为主，是远近闻名的龙泉山水蜜桃种植基地，每年春天，成千上万的人涌向龙泉山欣赏桃花，只有极少数植物爱好者和博物爱好者，会到龙泉山上刷山看野花和观察猛禽北迁。

春天，我们也会到龙泉山“刷山”，刷山是我们进山观察植物的代名词，只是没有想到，对世界玫瑰品种起到重要基因改良作用的多种原生蔷薇属植物，今天依然顽强地生长在龙泉山未被人类打扰的环境中，其中就有中国月季和木香花。野生蔷薇花开的季节，还有三花莸、广布野豌豆、百脉根、还亮草等野花开出娇艳的花朵，在春天展示自然的美丽芬芳。普通百姓只为桃花而来，在博物爱好者的眼中，龙泉山依然魅力四射，是离市区最近的博物乐园之一。

这个地方并不是旅游区，约会地点通常都会定在“长松寺遗址”，这附近有一个停车场，从初春开始，这里便会迎来博物爱好者。春节过后，乍暖还寒，猛禽还没有迁徙，龙泉的桃花也没有盛开，显得有些清寂，但是不少野生花卉已经开始绽放——二月底三月初，在地表植被还是枯黄的时候，路边的一些早开堇菜和二月兰，就开始在寒风中露出娇艳的身影，高大的尾叶樱桃用雪白的小花，铺满林窗，犹如雪花飞舞。

接下来的日子，在这片还没有受到过多人为影响的狭小区域，各种野花次第盛开——粉红色的紫瑾、蓝色的阿拉伯婆婆纳、白色的碎米荠……2021年5月，终于有个机会去野外，我和孙海在龙泉驿地铁站汇合，前往长松寺遗址。停车之后，沿路边慢慢行进，路的一旁是丹霞陡崖，崖壁非常湿润，生机盎然。这时，前面一串小白点在风中微微点头，吸引了我的目光，走近一看，是柔毛淫羊藿，柔弱细小的茎，托着十字形的花瓣在风中晃动，有些可爱。

正如罗丹那句名言：“美，无处不在。”就在这些崖边路旁，只要你有心，就会看到各种不同的美，有伏地的过路黄，也有身高几厘米的金疮小草和西伯利亚远志，这些根本不易被看见的小花，当你带着博物观察的心态来寻找，就会感受到不同生命的美丽所在。在林间的开阔地里，一片星星点点的黄色非常醒目，这是毛茛正在盛开，与它遥相呼应的还有一片星星点点的黄色，那是豆科的百脉根的花，和其他豆科植物一样有一双想飞翔的“翅膀”在风中舞蹈。就在我们低头寻花的时候，远处的山梁上有人发出惊呼，仔细一看，这是一群戴着望远镜的观鸟爱好者，他们此时正在龙泉山观测迁徙的猛禽。

观猛禽，拍雪山：成都的新热点

当更多的人关注自然的时候，一些独特的自然现象便会慢慢成为一座城市的热点。在龙泉山的不少观景点，可以俯瞰成都市主城区，也能欣赏川西雪山，还是观察猛禽迁徙的地方，这个与物候学息息相关的自然规律，在成都观鸟爱好者的接力中，越来越多的人来到龙泉山观赏南北迁徙的猛禽。

在龙泉山上看到猛禽并不稀奇，但是系统观察和监测迁徙的猛禽，却是近些年的事。据四川省青少年文联博物专委会副主席沈尤介绍，他们从2020年开始，每年春秋两季，都会有不少的志愿者到龙泉山观测猛禽迁徙，这些过境的猛禽中排在前三的是普通鵟、凤头蜂鹰和雀鹰，观鸟爱好者称之为“三大主力”，并且他们为此总结了一个规律：3月下旬到4月初，是普通鵟的过境高峰，5月中旬，则是凤

迁徙中的乌雕。 拍摄于龙泉山长松寺（摄影/邹滔）

头蜂鹰的过境高峰，至于雀鹰，虽然随时出现在观测者的记录中，但是也会在4月中旬会出现一个小高峰。

在观测中，龙泉山出现了首个“千猛日”，这是2021年9月28日，当天的观测数据表明，由南往北的猛禽中，仅普通鵟这一种就有1035只！而在整个观测数据中，2023年春秋两季监测总共记录到11938只猛禽，没有监测到的还有多少呢？

平常时节，与偶尔在空中看到猛禽的激动相比，龙泉山这样的盛况可以说是成都观赏猛禽的高光时刻。在四季轮回的时光中，这些物种年年重复着相同的行为，但却鲜有人关注。随着博物学的兴起，更多的人重拾博物这一古老的自然探索行为，走进自然，了解自然，热爱自然。

斑姬啄木鸟体型娇小，是国内最小的啄木鸟之一，喜欢出没在茂密的天然林中。
拍摄于龙泉山长松寺 （摄影 / 邹滔）

灰胸竹鸡是龙泉山上的常住客，往往成群活动在灌丛和草地中，警惕怕人，但独特的类似“地主婆”的叫声不时就能听到。 拍摄于龙泉山长松寺 （摄影 / 邹滔）

在观赏猛禽之时，有人在龙泉山拍摄成都西边的雪山，这是一个比较奇特的现象，西边的雪山一直存在，为什么一直到2008年才有更多的人关注？我仍然记得，2008年的一天，四川日报摄影记者吴传明给我传来一张照片，那是他在他家的楼顶拍到的雪山，这样远距离的雪山图片还是第一次见到，我约上中国科学院成都山地所研究员张文敬老师一起，确定吴老师拍到的雪山是贡嘎山，这张照片后来在《四川日报》上发表出来。

也是这一年，有人开始在龙泉山上拍摄西边的雪山，而上龙泉山成为拍摄成都西边雪山的热点，是一个网名叫嘉楠的江西人，他是成都女婿，家就在龙泉山，这给了他绝好的地缘优势。从2015年开始，他便沿着龙泉山脉寻找最佳的拍摄点，一年四季，只要天气晴好，他就在龙泉山脉拍摄雪山，现在已经小有名气。他说："其实龙泉山脉上，只要前面没有遮挡物，基本都可以看到雪山，比如红旗村、柏合镇、凉风崖、金龙长城等地方。"他和"在成都遥望雪山群"的群友，持续在龙泉山上拍摄，并不断在网络上发表，越来越多的人到龙泉山观赏和拍摄雪山与成都的楼宇同框的图片。

这些雪山，包括蜀山之王贡嘎山，蜀山王后四姑娘山，还有龙门山脉最高峰狮子王峰，成都最高峰大雪塘等，最后推出了一个概念——雪山下的公园城市，这一概念最后被市委、市政府采纳，成为成都对外传播的一张新名片。

龙泉山上，隔着成都市区远眺四姑娘山主峰　（摄影 / 嘉楠）

龙泉山：区分了地貌，也划分了味道

盛行于中国大江南北的羊肉汤，是中国冬季最为普遍的美食，然而绵延的龙泉山却让这道日常美食有了巨大的差异。

在这里需要说一下，吃羊肉，不是中国北方的专利，在中国南方，喜食羊肉是普遍现象，龙泉山东边的简阳，便是以羊肉汤闻名的一座小城，其简阳羊肉汤的年产值不容小觑，据简阳餐饮协会执行会长刘杰介绍，简阳羊肉汤的年产值可达5亿元，这些经营羊肉汤的门店一年四季不休息，而且经营年限长达二三十年的门店数不胜数。

同样是羊肉汤，简阳羊肉汤自有其特点：一是汤中有鱼，所谓“鱼羊鲜”；二是汤色奶白，区别于洪雅、隆昌等地的清汤；三是蘸碟是干碟。所谓干碟对应的是湿碟或汤碟，成都平原的羊肉汤馆蘸碟通常是湿碟，大体有以下几种：豆瓣酱蘸碟、豆腐乳蘸碟和青海椒蘸碟，简阳的羊肉汤馆，桌上永恒的是干碟——干海椒面 + 花椒面 + 盐 + 味精，就这么简单、质朴，入口有羊肉的鲜香与浓烈麻辣的刺激，让人直呼过瘾——这其实是沱江流域非常普遍的一种吃法，只是简阳把它发扬光大了。

最近几年，遍布龙泉山西边成都市区的羊肉汤馆，基本是简阳羊肉汤的天下，即便是有上百年历史的成都羊肉汤老字号——秦川号，也只能是独守一店，眼看街巷中不时冒出的简阳羊肉汤馆开枝散叶。

同样是羊肉汤，龙泉山的东西两边却有着不同的饮食习惯。在龙泉山以东的简阳、内江和自贡很多地方，一日三餐都可以吃到羊肉汤，特别是早上，一碗热腾腾的羊肉汤加上米饭或油条，便是清晨的提神之味，而且，不分冬夏，羊肉汤的香气都时时飘香。而成都，不知道从什么时候开始，总是要到冬至，才能吃上羊肉汤。另外，鹅肉，也因为龙泉山的阻隔，形成了东西有别的喜好，龙泉山以东，卤鹅、烧鹅盛行，成都，也是近几年才有了简阳的卤鹅、荣昌的烧鹅出现，从龙泉山东边舶来的兔火锅，渐渐被成都接受……

参考资料
萧易．寻蜀记：从考古看四川．桂林：广西师范大学出版社，2021

川西林盘：千年“绿岛”

■ 撰文 / 孙吉

这里的川西是一个历史称谓，现在的四川省包含了旧西康省所辖高原地区（今甘孜州、阿坝州和凉山州），在今天这片区域被称为川西，彼时的川西特指今天的成都地区。这一地区是一望无际的平畴沃野，天空浮云悠游，大地光影变幻，清风和畅，流水蜿蜒，弹拨着葱绿稻田与金黄油菜交织而成的烂漫乐章……极目天际，陆海广阔，稻浪滚滚，更有丛丛绿岛，在春雨洗练后，散发着朦胧白雾与柔和绿光，如翡翠般镶嵌在这富庶安逸的锦绣平原之上。

蜀水润泽：河流、水网与陆海

川西坝子辽阔远大，水润天泽，田野之间稻绿花黄，蛙跃蜂飞，河渠流水交错纵横，鸭戏鱼跃，举目之处，朗朗蓝天，只见丛丛翠竹墨林星罗棋布，其间飞鸟穿斜、惊蛰别伏，农人出没、炊烟隐约……一个生机盎然的童话世界在眼前新绿初绽。

这是唯有在川西平原才得一见的大美景观，其点睛之笔，正是那些如同绿岛般“浮缀”陆海的微小聚落，一种独属于天府平原及其临近浅丘地带的人居模式。翠竹高林掩映之间，数户农家比邻聚居，河溪水渠交错护佑，耕田层层环绕四周，人与环境共创出既和谐美观又循环生态的诗意栖居。蜀人将其形象地名之“林盘”，而散落分布于广袤平原的座座林盘，看似天马行空实则暗藏玄机，它们在天府大地编织出一张庞大有序的生存网络，构成我国乃至全世界唯一的东方生命聚落景观。

2020年，作为“川西平原传统农耕智慧”调研项目的成员，我参与了一场多元视角下对成都平原古老农业文化遗产体系的追溯与发掘，而恰好在此十年前，自己作为记者亦关注过家乡这种独特的人居生态系统，并做过相关报道。正是最具人间烟火的林盘，带给我最复杂感慨的情绪：那是每逢假期节日，回到老家祖屋的独特味道，弥漫着竹笋、腊肉、柴灶、香火、沟渠、稻麦、鱼腥草等混杂气息的蜀

大邑韩场镇韩延村，刘墩子林盘4、5大队　（摄影/冉玉杰）

地童年；亦是时隔多年后，再次进入现场时的温暖与震荡——一个古老与现代、守持与变化、迷惘与期待、记忆与当下不断拼贴变化的中国乡村图景。

我更愿意将林盘生活性、文化性与启示性的维度描绘出来，因为无论它的外在形态正面临如何急剧的变化与不确定的未来，那种普适于天府大地的稳定传承与内在逻辑，始终浸润着每一座林盘，每一个农人生命，每一处生活细节……古老的智慧精髓与社会肌理，始终延续在蜀地人间。

2020年8月的洪水，让居住在都江堰市天马镇柏河村的曾怀清陷入迷惑，因暴雨上涨的柏条河水漫过堤岸，直达自己房屋的基脚，整整三次。“往年就算涨水最多只有一次。”他坐在院落的竹椅上抽着旱

大邑王场周边，初秋时亦绿意盎然 （摄影 / 冉玉杰）

烟，有些愤愤不平地说道。相似的感受亦出现在郫都区安德镇安宁村的陈明全心里，他带着我和摄影师走在长满青草野花的泥土田埂上，指着曾被淹没的稻田仔细描述着徐堰河当时的水位。

然而不管这场前所未有的“大事件”如何刷新了两位70岁老人对洪水的记忆，他们仍然承认，相较电视新闻里那些触目惊心的洪灾，自己的生活并未受到实质影响，毕竟短暂的出行困扰和蚊虫湿气，算不上什么真正的“灾害”和“损失”，何况最重要的庄稼收成依然丰硕。两家位于不同河边的稻田皆如期收获，陈明全祖孙俩协力整收晒垫，挑着满担谷物回家的场景，洋溢着一股如公益广告片般令人动容的温馨幸福。

两条从都江堰分水而来的河流干渠——柏条河与徐堰河（徐堰河为走马河分流而下），彼此相隔十数里，却不约而同地滋润着两位老人口中“属于旱涝保收的田地”，这些奇迹般稳定高产的田地，作为数百万亩相似田地的一部分，与其相伴共生的河渠水网，共同塑造出中国人熟知的一片“水旱从人、不知饥馑”的地域空间。

一马平川的川西平原，俗称川西坝子，由岷、沱两江及其支流冲积而成，西止龙门山脉，东界龙泉山脉，海拔450米—750米，面积达9100平方千米，在山地纵横、沟壑万千的中国西南，一块面积广阔、气候温润、水源充足的地域，足以为人类生长繁衍提供天赐温室。但地质年代河流的自由摆荡、广袤平原湖沼密布与中亚热带季风湿润气候带来的丰沛降水，则意味着人与水将长期共谋相处之道。然而这块平原仿佛经过某种超凡意志的精心设计，由西北向东南微倾的地形，平均坡度3‰—10‰，且与河流流向完全一致，一旦有人读懂其中隐藏的玄机，就将重新定义生存于此的人类命运与文明走向。

首先是古蜀族群的伟大实践，他们从4500多年前开始，顺应这里的天相地脉而兴，经过不断迁徙的实践并取得了治水成就，在川西平原的“沼泽时代”发展出令人惊讶的辉煌文明，他们伴水聚居，创造干栏建筑，普遍从事渔猎农耕，至鳖灵治水，已经在探索水系发达之地的栖居方式。但人与水之间的革命性转机出现在公元前256年，秦蜀郡守李冰率众完成了都江堰水利工程，正是他发现了那把隐藏在天地之间的密钥，于是巧妙地利用川西平原天然的倾斜地势，导引滔滔岷江，内外分流：“引水以灌田，分洪以减灾。”数条干渠从宝瓶口倾流而下，分流交错、纵横延伸，又呈扇形渠网，铺展于广阔的平原之上……无需人力的自流水网，“灌溉三郡，开稻田”，两千多年来从未间断地恩泽大地。蜀地先民世世代代精耕细作，使这里成为西南乃至中国最肥沃的土地，于是，川西平原农田连天接地，“沃野千里，号为陆海”。中国人已经为此情此景折服了千年，西晋文学家左思在其代表作《蜀都赋》中由衷赞叹：“沟洫脉散，疆里绮错，黍稷油油，粳稻莫莫。”宋代诗人范成大则深情描绘：“一路江水分流，入诸渠皆雷轰雪卷，美田弥望。”一个成功运行了近2300年并不断开拓完善的世界性灌溉工程，是这片被誉为“天府之国”土地真正的秘密，它将持续定义着川西平原的生产生活模式与思想行为理念。

千百年后，如此动人的场景依然是人们日常生活的背景：且看川西平原之上，野性江水化作涓涓细流，沿着密如蛛网的河道沟渠，辗转于村舍，流淌过田垄，润泽滋生天地万物，亦考验着陌生闯入者的耐性和判断力。2020年11月，我和摄影师离开公路干道前往陈明全家的路途，堪称一次经典的乡野迷踪：在水量丰沛的徐堰河两岸，如同毛细血管般的水渠与迷宫般的田间道路，让一向精准的导航定位瞬间失灵，那些密集的干、支、斗、农、毛五级渠道，宽如江河，窄仅跨步，编织成纵横交错的水道渠网，而块块肥沃的耕田分布其间，大小不一，毫无规则。我们唯有依靠反复询问和试验，穿行、跨越、辗转……才能在这道“几”字形的河湾中不断接近目的地。

或许是陈明全老人久等未果，便索性来到离家稍远的徐堰河边守候，“不好找路吧，主要是沟渠太多了，哈哈！”见面寒暄之后，我们的路径顿时明确，速度加快，他也顺道解释起这些让人迷惑的田地水网：“我们种田全赖水利灌溉，这些河道沟渠旁的地不成方块，主要是靠家近，打理方便。”我不得不承认，倘若抛开让外来者头疼的寻路问题，仅仅出于生产需要和生活方便的实用动机，这种依水耕耘和随形开垦的理念，是极为经济有效的选择。它的背后，则是都江堰工程所开辟的河渠水网系统与农业开垦灌溉需求之间，千百年来不断交相促进优化扩张，又协调交融一体的呈现方式。那些沿河分布、看似零散而随机的“平稻田”，在研究农业地理的学者们看来，正是完美适应了川西平原的水网环境，使分散的人力开展耕耘显得更为经济和实用。

“你别看这些沟沟渠渠，在以前，这些小的农渠、毛渠流经各家地段，大家会自觉地各自打理干净，甚至做些沟渠美化，非常有责任感，现在就差了一些。我父亲年轻的时候，就是民国年间，还曾经到附近崇义镇的陈家堰参加起水开堰，那是大工程了。”陈明全一路随意地摆起“龙门阵”（四川话，聊天唠嗑，谈古说今），让我意识到一种独特人水系统影响下更深层持久的行为动力。在都江堰水网覆盖的整个川西大地，除了官方机构组织的定期或临时性岁修维护和开凿新堰等工程，更多的日常生活面临的灌溉组织、水源分配等问题，是全

崇州市怀远镇周边林盘景观。林盘往往是两三户人家聚在一起，耕地就在房前屋后，有树林围合　（摄影 / 冉玉杰）

林盘也有数十个院落聚集的，这里往往是当地大姓聚族而居，也有两三户大姓在一起的情况　（摄影 / 冉玉杰）

社会需要协商建立的共同行为，“水资源的分配和联防更多依靠社会化组织，以及渗透到村民意识中的守信和互惠主义”，与此同时，“没有任何单个家庭或家族能够垄断资源，这为小家庭摆脱家族控制而独立存在创造了条件”。（段鹏）

川西平原独一无二的自然地理环境辅之以古人天才般的智慧，造就了自流灌溉的千年水网，避免了中原地区集中常态规模化的治水模式，而因河渠开垦扩散的农田，亦造就了一种不同于中原地区“井田制”规模化耕作的生产方式，人水系统的维护不仅从权力到成本都相较分散，且更依赖于某种由零入整的社会契约背景，“分散劳作”不仅成为可能，更成为一种经济有效的选择，加之川西平原地下水丰富、埋藏浅、取水容易，湿软的土地不利于田间长距离运输，“随田散居”亦顺理成章变成最为适用的居住方式。

都江堰水利工程造就了水润天府的新篇章，那些小型规模、散落分布的林盘聚落唯有在“因水而兴”的川西平原方能萌芽生长，顺应自然的行为理念，更顺着水流渗入社会的每一个细节，深刻锻造着一方地域内独特的生活文化模式，人与自然开始共同创造出独特的人文生态系统。

历史图景：信仰、移民与聚落

在陈明全的带领下，我们终于成功破解了这盘田园玲珑棋局，来到他居住的林盘边缘，但见一条清溪绕过，陈家那宽敞的院落就隐藏在高大繁茂的乔木与竹丛之间，杉木深暗、银杏飘黄，金橘与绿柚缀满眼帘……正是秋季的斑斓景象。这与我第一次来陈家调研时迥然不

大邑东关和远处的崇州市 （摄影 / 冉玉杰）

同，彼时恰逢风和日丽、万物生发的三月，当我们缓步田野走进林盘，属于春天的活力正展露无遗：桢楠、银杏、香樟、桤木、皂角、麻柳等乡土树木错落有致，比肩而立，画眉、八哥、蜡嘴等鸟类在林中上下腾跃，欢快争鸣，茂盛的慈竹林正在孕育新鲜的笋芽，田间的青葱秧苗随风摇曳，燕子在碧浪中上下翻飞……

“你们来得正好，等会儿一定摘两个柚子带回去。”陈明全热情地泡来两杯川西特有的茉莉花茶，“还有橘子也带点，可惜今年雨水太多，我那核桃树不争气。”他指着院子里一棵粗粝高大的树木说道。其实每次接近林盘，总让我想起左思在《蜀都赋》里描绘的蜀地平原：“栋宇相望，桑梓接连。家有盐泉之井，户有橘柚之园。其园则有林檎枇杷，橙柿梬楟。榹桃函列，梅李罗生……”中国现存最早的代表性地方史书是专门记述古代西南地区历史、地理、人物的《华阳国志》，作者在《蜀志》篇中更是尽情赞叹家乡富庶：“其山林泽渔，园囿瓜果，四节代熟，靡不有焉。”都江堰顺应自然治水模式的成功，逐渐造就了川西优裕的生活环境，进而孕育出蜀人休闲浪漫的精神气质。当我们从人水和谐的理念实践去探寻历史深处，会发现这片紧邻山地的平原自古蜀时代起就有悠久的崇尚自然的历史，更是中国自然主义哲学思想集大成者——道教的发源地。北方文化中倡导的理性主义和儒家礼教，从未成为这块地域的唯一法则，著名史学家蒙文通曾说：“蜀人有自己的传统文化，未能笃信儒家学说……辞赋、黄老和卜筮、历数，这才是巴蜀古文化的特点。”当道法自然、悠然自得的思想观念与成都独特的人水系统相互通达，“随田散居”的小家庭居住方式就成为现实世界的不二选择。“锦里烟尘外，江村八九家。圆荷浮小叶，细麦落轻花”，这是忧郁的诗圣杜甫难得的清新之作，亦正是“天府之国”小农家园的真实写照。历代的历史典籍与诗词歌赋中的不绝赞美，描绘着川西平原人地系统与文化心理的外化图景，记录了蜀人聚落形态的不断传承演化，并开始拥有我们今天所熟知的名字：坝。据考证，清道光年间，王培荀（1783—1859）在《听雨楼随笔》中云：“川地多楚民，绵邑为最。地少村市，每一家即傍林盘一座，相隔或半里，或里许，谓之一坝。”“坝”亦逐渐定格而成为独特唯一的林盘人居模式。一丛丛竹木树林掩映着由三五户或十数户小家独院聚集而成的院落集合体，宁静朴拙的建筑大部分为木结构、泥土墙、小青瓦坡顶房屋，采用西南独特的“穿斗式”支撑体系，大多呈现单层的“枷担弯”（L形）或“撮箕口”（三合院），富庶之家亦可能盖起“四合头”（四面房屋），彼此之间以林木相隔，门前溪流绕过，顺着湿润小径流向一望无际的田野，宛若没有边线的天然图画，散发着恬淡清新的自然气息。

邛崃风龙村，坐落在田野里的传统林盘。 （摄影 / 冉玉杰）

但陈明全的一番讲述，重新把我从想象的陶醉中抽离出来，“我们这个林盘名为土城，一共住着7户人，名字来自附近一段夯土城墙遗址。传说明末清初张献忠据蜀之时，有一股势力在此附近筑城为王，虽然城墙在1958年被夷平，但至今还有遗址。我们家亦是清初战乱平定后，随着‘湖广填四川’而来，听说当时的成都平原地广人稀，土地荒废，随手插一根竿竿就可以算作自己的土地。后来嘛，移民分批涌来，田地开垦划界，但也不可能什么大家族围拢一起住。”

这或许是一个老人对于乡土历史和家族源流的最朴素的表达，却让我意识到看似平和宁静的林盘的形成与演化，除了浪漫优美的书面记录，或许还有更多的现实历史互动。

陈明全所说的“湖广填四川”，是清初最重要的一次移民运动，奠定了今日四川地域的近现代面貌。朝代更迭之时，残酷的战争摧毁了成都平原的社会经济，不仅人口锐减，富庶城镇重回老虎出没的荒野，更是让成都彻底丧失了与首都及东南城市媲美的历史地位。战乱初定之后，政府招徕移民，而那些主要从湖广行省迁徙而来的移民，需要重新建立适应本土环境的移民社会结构。不同于历史上中原世家举族南迁依然延续的聚族而居，这些大多由贫苦家庭或个人构成的零散单元如何在陌生之地迅速安身立命，或许除了沿用前人分散劳作、随田散居的经验，更需抛开家族藩篱，无论同姓异姓皆可灵活组合，规模适宜即抱团而居，才是一个绝佳有效的选择。前仆后继而来的移民们，必然引发资源的分配争夺或潜在冲突，在无险可守的川西平原，离散微小的必要居住模式，将很难建立起如同福建土楼那种大规模的家族性防御建筑，不如让林盘之间距离适宜、相互守望，除了生产居住之便，亦是安全之需。

陈明全一席话引发的联想，我在柏条河边的曾家院子找到了现实的印证，这个由3户人家聚居而成的小型林盘，是曾怀清兄弟两家与另外一户异姓家庭的居所。一年之内，我三次踏入此处，见到不同季节里一位林盘居民的不同心情：5月的曾怀清对丰腴田地里的庄稼收成充满自信，7月的曾怀清因临河清爽的居住环境感到愉悦，11月的曾怀清则规划着院落的美化。但70岁的老人除了自家的生活，同时很清楚林盘分布的隐约规则，他一边抽着旱烟一边诉说着对今年洪水的烦恼，却也向我清晰描绘着自己生活半径内的林盘地图：“我们附近林盘多哦，许家院子离我们大概100米，马家院子离我们有150米，你看，我那两个分家的妹妹也住在那边的林盘里，林盘之间，就是各自的耕地。”他用手指向西南方示意道。

林盘之内，小家独院，多为宗族近亲，住户不多，关系简单，邻里关系容易融洽，既保证了私密性又可互通有无。林盘之间以田为界，彼此相距数十米至数百米，若即若离的状态让林盘内的居民既享受着小家庭独立的自由，又享有大社会守望互助的便利。“在以前我们这里的人户都是互相帮忙干活，要是谁外出办个事情，只要招呼一声，平时地里的农活就不会耽误，至于修房子、插秧子、打谷子等大事，附近林盘的居民都要来帮忙，可惜现在都得说钱了。”曾怀清有些感慨。

祖籍同在湖广的曾怀清与陈明全，可能代表着川西平原最后一次农耕时代大移民的后裔，他们继承着延续了数百年的传统。但川西平原自古以来就是一个移民交织的场域，从古蜀建政、秦灭巴蜀到宋末元初、明末清初，纯正的土著早已不复存在，在数千年不同地缘文化的历史性互动之中，承载本地居住现实与理想的林盘也一直在持续演化，已经改变的现象与没有改变的特征同样重要。

曾怀清口中随意提及的“分家”别居，在讲究家族聚居的中原大地被视为离经叛道，在蜀地却极为自然。《隋书·地理志》记载：“其（蜀地）风俗大抵与汉中不同……小人薄于情理，父子率多异居。”在生产方式到思想观念皆实践着小家独户模式的川西平原，分家给生存带来了主动性和灵活性，就连数次大规模的移民亦无法改变这里根深蒂固的文化形态。相反，新来者往往聪明地接受了这方水土孕育的古老传统，即便是故土的大家族，亦可以分化成为单个核心家庭分散独居。于是，“别财异居”和“随田散居”一样，成为最能体现川西平原生态环境和信仰习俗的生活方式，亦是催生林盘聚落延续千年的动力和源泉。

移民入川，重塑着川西平原的血缘、面容和口味，亦带来各地礼俗风情，让即使是远离中原政治文明、黄老学说经久不衰的蜀地，亦越来越多地出现中原宗族礼教元素。历史上由大家族分化衍生的林盘聚落体系即是典型，各林盘围绕本家公共祠堂而建，祠堂建于林园之中，各房分住各自田边，彼此隔田相望，若干林盘共同组成一个血缘聚落。祠堂有祠产，供养孤寡无助的同宗族人，或兼作学塾，让本族本乡子弟在列祖列宗的庇护下读书识字。以家族祠堂和各种仪式为纽带，林盘又灵活变通成一种符合大家族制度的本地传统。

只可惜如此具有地域特色的乡土文化景观，已经在飞速的社会变革中消失殆尽。“我记得附近的别姓人家曾经有一个祠堂，后来就被拆掉了，是哪一年，也记不清了。”曾怀清仿佛在回忆一个久远的模糊场景。

不管怎样，从鱼嘴分水到别财异居、随田散居，独特的生态地理环境，别具一格的文化信仰影响，融汇八方的移民风俗，川西平原的自然文化胎盘最终孕育出在东亚大陆独树一帜的川西林盘聚落。

天府玉珠：场镇、心理与生命生态

最近一次去往曾怀清家，已是2020年11月初，我按照惯例沿着柏条河前行，这条因历史上有漂木航运功能而得名的河流，如今则是成都市千万居民的水源地之一，亦是都江堰四大干渠中唯一没有电站设施的河道。在成都城市河流研究会举行的河流健康环境记分卡评估活动中，它的生态环境指数达90分，是一条水量丰沛、环境优美的景观河流。我从都江堰市出发，沿途碧水奔流、雪浪翻涌、植被繁茂而多彩，散发着一种人力与野性混合的独特魅力，途经胥家镇（现被归并入天马镇），进入柏河村，便是曲折蜿蜒的乡村道路。水泥路面依然沿着沟渠田地辗转，一不小心就会导向不知名的分岔，但直到抵达绿意盎然的曾家院子，空旷的院落里只有看家的小白用狗吠声迎接，我才想在应该提前打一通电话。

农历初五，胥家镇熙攘街道上的某个茶馆里面肯定有曾怀清的身影。这里每逢农历初二、五、七和公历每月10日都会赶场。距离曾家院子二里路程的胥家镇，是方圆5—10里内居民人际交往、商贸交易、文化娱乐等活动的聚集地，历史上的同乡联谊、帮会商讨等集体活动同样是在这里进行。与想象中那种重复局限的生活模式不同，林盘居民并非全是“日出而作，日入而息”“凿井而饮，耕田而食”，完全沉浸于土地的桃源人士，他们亦会从田间林盘出发，连接着更加广阔的社会活动空间，将川西平原的林盘聚落扩展成一种生动活泼的地域大体系。

“胥家镇最近，聚源镇有十多里远、蒲阳镇大概十里路、天马镇则有12里路……”在曾怀清的心中，除了生活起居的林盘地图之外，还有一张用于商贸交际的场镇地图。在这两张交织重叠的地图中，不同的林盘呈点状分布，一定数量的林盘组成村落，多个村落之间的地理中心大多即是一地之场镇，作为该区域内的行政、经济和文化中心。这种从林盘日常延伸而出的聚落体系，放大至整个川西平原的地理格局中，就是一张庞大而有序的人类活动网络：从林盘到村落，从村落到场镇，从场镇再到城市，川西平原形成了林盘—村落—场镇—区域县市—中心城市（成都）这一逻辑清晰、复杂但又有条不紊的网络状聚落体系，若干聚落连缀成网，“大珠小珠落玉盘”，更铺展出气势恢宏、丰富多样的社会景观，涌动着川西坝子经久不衰的蓬勃生命力。

但曾怀清可能根本无须有如此宏阔缜密的视野，他对像都江堰这种邻近的区域中心县市或者成都这样的巨型城市毫无兴趣，那种能让自己游刃有余的熟人社会加上些许陌生新鲜情景的乡场集镇才是感觉最舒服的。场镇的功能于他而言，除了喝茶会友，就是物资交易，“买点油盐酱醋等生活用品，或者衣服鞋袜和家庭用具，当然我也会卖些饲养的鸡鸭，地里的蔬菜水果，除此之外，林盘里就可以自给自足。”

就是这样，人们聚时逢期赶场，散时各归林盘，聚散由人，毫无束缚，这时的场镇—林盘更像一种奇妙的组合：喧嚣开放的街道与静谧内生的林盘形成强烈对比的两极空间，仿佛人生的复杂两面，更是进退自如的处世哲学。

看似散居无序的林盘，其实暗含着深刻的内在逻辑。当我与曾怀清老人一起，从田野沿着幽深林木掩映的泥土小径进入家宅，一种田（空）—林（虚）—宅院（实）的空间层层递进，张扬着黄绿（田）—墨绿（林）—灰黑（庭院）的颜色变换，移步易景、以小见大，堪称林盘造就的独特体验。

“屋后种林木竹子，屋前开院坝，河渠绕田地，林盘大概就是这么个格局。”曾怀清招呼我坐下，照例点燃一根旱烟，缓缓说道，“我在1990年修建这个房屋时，先请来金马镇的郑道士看风水和方位，给他煮了两个荷包蛋表示敬意，那道士做了一番仪式，还念着‘左青龙右白虎’之类的话语，最后把原定房屋位置‘往前一尺’，寓意着人向前进。”老人口中吐出一阵轻薄的烟雾，缓缓升起，随意缭绕又飘散开去，在静谧的院落之中竟有一种隐约的意境，顿时让我想起前人对林盘布局的一种心理观念性解释。

蜀中自古崇尚巫道，蜀人一向追求自由仙道，倾慕自然山川，风水之术在此长盛不衰。林盘的空间形态便是风水潜意识的现实反映：从大风水格局上观察，川西平原广野延伸，山环水绕，是一块不可多得的接龙脉、连地气、蓄风水之完美场域。每个林盘在建造时，都竭力模仿这一山川形势。川西平原无山可依，人们便于房前屋后大力栽竹种树，或于林木繁茂处开地建房。远远望去，林木树冠高低错落，形如山峦起伏，取为宅前屋后靠“山”之象，居屋前开一院坝，取山前平原之意，周围水渠环绕，流水潺潺，聚风藏气，负阴而抱阳，林盘顿时成为微观的风水吉地。

不管这种说法是否有些勉强，但风水一向被古人视作勾勒自然秩序与扮演人类角色的方式，由林园、宅院及田地组成的林盘构造，的确在具体营造中折射着与风水观念的对话意识，而人与自然之关系，就隐藏于这精妙的生命生态系统里。

道士同样带着罗盘去过陈明全家，“1965年，我刚刚17岁，家里要新建房屋，就请了村里的阴阳先生来看风水，他给我们定了现在的房屋朝向，那些都是来自易经八卦里的地理知识，我不懂，但后来我家在原址新建住宅时候还是这样（方位）。”坐在陈明全家的林盘聊天，最让他记忆犹新的建房细节，除了风水礼仪，就是“修建我家以前那种‘穿斗式三间房’（单排左中右三间房）时，砍伐了林盘里20多根粗大的柏木做梁柱和材料，就连后来主房旁边的屋子，也是砍林盘的竹子修建的”。

在物质贫乏的年代，林盘给予陈明全家充足的生活保障：“以前，我们都讲究住的林盘宽才会有钱，为什么？因为林盘要种很多慈竹，当时竹子有很多用途，比如用老竹子落叶盖住的新笋更易发芽更好吃，比如编织你现在坐着的竹椅竹凳、农业用具、搭棚建房……对了，竹子本身就值钱。”头脑灵活的陈明全从林盘慈竹中得到了灵感，成为林盘—场镇经济网络的受益者。“1968—1969年，我就开始扛着从林盘砍伐的竹子，走到15里外的唐昌镇去卖，一根竹子普遍有十多斤重，要卖到2毛钱一斤，而当时木匠做工每天工钱只有一块到一块五，一头猪才值四五十元。”他为我仔细对比当时物价，强调慈竹的重要性。

繁茂的竹林一向被视作林盘的象征，但它不是全部，林盘居民们在这方世界种植了多种多样的植物，陈明全随口就为我们数出十几种不同的林木及其用途：“麻柳用来制作打谷子的拌桶，桤木和青杠树用来烧柴，慈竹用于做蒸笼、打晒垫、编箩篼、农田棚架……”还有枇杷、柚子、柑橘、核桃、梨等种类繁多的果树，加上林盘周边那几亩肥沃的田地，庭院饲养的鸡鸭鹅猪等家禽家畜，小小的林盘基本满足了居民们从建筑、生产、生活到经济产出的需求，怪不得曾怀清说林盘里就可以自给自足。

这些从植物栽种积累的经验智慧，最终造就了一个完整的多层次的循环闭合生命系统：高大乔木占据顶层，进行光合作用转化成生物能，大量树木竹果提供了木材与林副产品，多种类多年龄的生物产生持续收成，还起着遮阴、挡风、保水、固土的作用；住宅居中间层，享受着由植物调节带来的暖光与清风，庭院则为人们提供休憩活动之所，并得栽花种草的天然之趣，人畜生活的粪便等废弃物又给农林种植提供养分；底层的草木灌丛则将林间间隙填补，农田湿地利用阳光为人畜生产食物，调节气温（研究显示，稻田的调温效果是同等面积湿地公园的1—2倍）。林盘因此堪称人与自然共生共荣、天人合一的生态家园。

千百年来，川西坝子的林盘居民自发主动地培植和维护，让无数的林盘共同构成了生物多样性和用途多样性高度统一的理想居所，它的林园—人居—稻田系统蕴含着生生不息、循环不已的文化生态学价值，让林盘不仅成为田园诗般的宜居之地，同时也在适应自然环境、传承人文风俗方面，强化着当地居民的认同感与归属感。作为川西平原农耕文明的主要物质载体，林盘是延续川西地区农业社会健康富庶的基本元素。以林盘聚落为核心勾勒出美丽的田园景观，众多的林盘与农田、水系、场镇、道路、山林等要素共同构成庞大而有序的网络体系，更使得川西平原的“陆海”“天府”之美誉，千年不衰。

无怪乎曾陈两位老人对今年（2020年）出格的洪水有些“大惊小怪”，在川西水系与林盘共同营造的安逸环境中，人们最擅长的，是如何精心经营自己的生活起居而非熟练处理突发灾难。

徐堰河边的陈明全老人正在利用空闲时间发现自家林盘田地更多的秘密，他用“月亮田”和“婴儿锁”形象地命名各个小地块，期待未来这里可以成为一个康养休闲之地。

柏条河边的曾怀清老人则一如既往地过着悠闲自在的日子，他在庭院里种满了水杉、枇杷、银杏、杜鹃、栀子花、罗汉松、金竹、茶花、月月红等景观植物，还从柏条河里搜集了几块奇石，把庭院打理得整洁优美。

其实林盘从来就是包容性与多样性的统一，它不仅包容人类的梦想与现实，也成为禽鸟百兽的生命庇护所和自然栖息地，它更将来自不同时间、不同地域的文化熔铸为一体，完美展现着多元一体的特色。簇簇竹林隐藏着多样性，生命能量的利用循环往复，宛若大象无形的哲学境界，其随顺自然、恬淡悠然的状态，散发着川人独树一帜的精神气质。

林中有画眉、白鹤、斑鸠……无人去惊扰，田间有水稻、小麦、油菜……按时节轮作，两位老人亦从未打算搬家。“住在柏条河边，空气干净，地盘宽敞。”曾怀清说，“逝去的母亲就葬在林盘里面，她不愿走远，我也希望可以天天看到亲人。”陈明泉道。林盘赋予了两位老人几乎全部的人生经验，也养成了川西平原自古以来追求安逸、享受人生的恬淡态度，用一句川西坝子的打油诗来说，那就是：“世上纷纷说不清，他骑马来我骑驴，回头一看推车汉，比上不足比下余。”

唯一让两位老人共同担心的，就是孙辈们是否还愿意继续在林盘里生活。

林盘深处的秘密显然不止于此，它还有更多令人着迷的未解之谜。但现实相当残酷，中国式现代化建设的发展模式与城乡张力，已使川西平原绝大多数林盘发生了根本改变。想要亲见典型形态的传统林盘，我和摄影师久寻无果，它们可能仅残存在极为偏僻的乡村或者泛黄的老照片里，而我记忆中故乡那座潮湿阴暗的木结构老屋及其所在的林盘，早已消失在城镇建设的滚滚尘土之中。2008年9月，成都市人民政府办公厅向各区（市）县政府、市政府有关部门转发了市建委《关于推进我市川西林盘保护的实施意见》；2020年，郫都区林盘农耕文化系统成为中国重要农业文化遗产，并正在申报联合国粮农组织（FAO）全球重要农业文化遗产。但是如何真正延续川西平原上这种唯一性、原真性、智慧性的林盘风貌和精神，值得决策者们深思熟虑，需要林盘居民们参与其中。

2020年，成都城市河流研究会与香港社区伙伴（PCD）协作推动的“川西平原传统农耕智慧”调研，从民间视角将科学家、研究者和村民们链接在一起，共同发掘并探讨林盘在内的川西农耕文化精髓，我有幸参与其中并受益良多。我想我还会继续前往曾、陈两家以及更多的林盘，感悟川西平原独有的水土搏动和文脉生长。

愿所有人都能真正走进林盘聚落，让心灵沐浴在气韵悠深的精神道场，享受东方田园带来的大美无言，那一座座天作人和的生命绿岛，承载着自然人文的精气神韵，在天府平原的沃野上生生不息。

秋天，林盘周围的银杏、落叶松色彩艳丽　（摄影 / 冉玉杰）

在成都遥望雪山

■ 文 / 锦城夜雨

两个黄鹂鸣翠柳，一行白鹭上青天。

窗含西岭千秋雪，门泊东吴万里船。

1200多年前，唐代大诗人杜甫流寓成都时，写下不少流传千古的名篇，其中就包括《绝句·两个黄鹂鸣翠柳》。诗中“窗含西岭千秋雪”宏大的气象引得无数后人遥想，如今更为成都提升城市文化内涵注入了新的意义。

成都可以看到雪山吗？

“窗含西岭千秋雪”是实指还是虚指呢？在成都可以看到雪山吗？

其实这本不该是问题。

有些人解读“窗含西岭千秋雪”是诗人的抒情和想象，但真是这样吗？

其实，在杜甫以前，众多的诗人早已经用诗词写出了成都可以看雪山的事实，成都雪山爱好者芈治林就曾写过《通过古诗词在成都遥望雪山》。

西汉卓文君的《白头吟》写道：“皑如山上雪，皎若云间月。”西晋张载的《登成都白菟楼》写道:“西瞻岷山岭,嵯峨似荆巫。”北朝卢思道《蜀国弦》写道:“云浮玉垒夕,日映锦城朝。”而大诗人杜甫,除了“窗含西岭千秋雪”,更有“暮倚高楼对雪峰,僧来不语自鸣钟”“西岭纡村北,南江绕舍东”“练练峰上雪,纤纤云表霓”“东郭沧江合,西山白雪高”“西山白雪三城戍,南浦清江万里桥”等关于雪山的佳句。

而在成都待了不少时间的陆游,也曾经写过“千叠雪山连滴博,一支春水入摩诃”“千年雪岭阑边出,万里云涛座上浮”等佳句。明代蜀王朱让栩也写了一首《锦城十景》,其中有“岷山雪霁排银壁,浣花烟笼锁翠堤”,可谓十分精妙。直到清代的大学者李调元,也写过“要观六月岷山雪,试上西城望雪楼”等诗句。由此看来,对古代成都人,甚至客居成都的游子来说,成都看雪山本是一件寻常之事。

对现在上了年纪的成都人来说,看雪山也是一件普通平常的事。几十年前的成都,还很少有高楼遮挡,天气晴好时,在不经意之间向西眺望,雪山便在眼前。但随着城市化进程的加快,成都的高楼遮挡了人们的视野,即使偶尔看到雪山,许多人还以为是云。

2008年左右,有摄影师在市区拍到成都西部的雪山照片,引起媒体关注,但在网络上更多的人认为是PS的或者是海市蜃楼,甚至有专家的解读也是不准确的。

其实,四川为盆地结构,成都平原处于盆地的西部边缘。距离成都西北部山区最近的便是龙门山脉,东北接广元摩天岭,西南止于岷江边,这是绵延200多千米的大山,最高海拔为茂县境内的狮子王峰,海拔4981.3米,天气晴好的时候在成都市区就可以看到狮子王峰。

而龙门山中,著名的海拔4800多米的太子城以及其北侧高4000

多米的红照壁、长年峰、天牙峰等，距离成都市区的直线距离只有80多千米，从海拔500米的低海拔城市仰望群山，落差超过4000米。因此，这组山峰显得异常壮阔！

海拔4000多米的高山，在欧洲可以是终年积雪的极高山，而在四川这连雪山都算不上，最多算是准雪山——这样的高山不是终年积雪，但是春秋冬季也可能白雪皑皑，而雪山有个最严苛的标准，那便是终年积雪。四川真正的雪山需要在海拔5000米以上——这也是现在对极高山的划分标准。因此，我在这里把海拔5000米以上高海拔山峰统称为雪山。

那么，在成都能够看到海拔5000米级别的雪山吗？当然有，比如大雪塘。大雪塘（又称苗基岭，为西岭雪山主峰）位于成都市大邑县与雅安市芦山县、阿坝藏族羌族自治州汶川县的交界处，海拔曾经标高为5364米，2009年重新勘测后修正为5353米，是成都市行政区域内的第一高峰。它与成都市区的海拔落差超过4800米，与成都市区的距离约100千米，几乎在成都正西。在天气晴好时，不仅可以看到这座雪山，还能看到主峰上的冰川，非常难得。

大雪塘是成都能够看到的5000米级雪山的代表，除了大雪塘还包括海拔5412米大坪山、5338米武檀雪山、5040米巴郎山、5180米鹰鸽嘴、5609米日月宝镜山、5276米四姑娘山二峰、5355米四姑娘山三峰、5700米长沟山、5672米七姊妹、5630米龙眼峰、5174米鱼嘴峰、5430米半脊峰、5632米华西雨屏雪山、5666米羊满台、5314米小雪隆包等。因为位置不同，在成都看到的雪山各有差异，但在成都能够看到10座以上的5000米级别的雪山是确定无疑的（实际上更多，因为还有些无名峰）。

连续几天阴雨过后，成都西侧的众多山峰再次积上厚厚的秋雪，在晨光中被染成金色，依次排开，城市在薄雾中若隐若现。拍摄于龙泉山长松寺　（摄影 / 邹滔）

更为难得的是，成都不仅可以看到10座以上的海拔5000米雪山，还可以看到被称为“蜀山王后”的雪山、邛崃山脉的主峰——海拔6247.8米的四姑娘山幺妹峰。幺妹峰距离成都约120千米，方向在西偏北约20度。在成都市区以及更南一带，天气晴好时，它在百千米之外，处于云海群山之间，一身白雪皑皑，十分惊艳！作为一个低海拔城市，成都能够看到120千米之外的海拔6000米级别的雪山，这在全国的大城市中已经是非常难得。那，我们痴心妄想一下，有没有海拔7000米级雪山的缘分呢？

四川唯一的海拔7000米级别的雪山为蜀山之王贡嘎山，海拔7508.9米。成都市区与贡嘎山距离超过230千米，几乎比与幺妹峰的距离多出一倍，要在“多雨少晴”的成都看到贡嘎山的确不是一件容易的事。当然，这并非没有可能。2017年6月5日、2017年7月24日，“在成都遥望雪山群”的众多雪山爱好者在成都主城区的成华区、青羊区以及温江区、郫都区、蒲江县等地，记录到了贡嘎的身影，也让成都的观山记录向前推进了一大步。大量的图片证据和群友赵华的数据分析，证明了成都能看到240千米外的贡嘎山。成都也是全国唯一、世界上也少有的，能够看到海拔7000米级雪山的大城市。

在成都遥望雪山，不仅是可以确证的事实，更难得的是，成都平原从西北到西南的崇山峻岭，从海拔1000米到2000米到3000米一直延续到7000米级，在成都西边构成了一道全世界也罕有的山峰图景。世界上有山的地方多，但以雪山为背景的地方不多。世界上以雪山为背景的城市当中，像成都这样能看见7个层级的山峰景观的城市更为罕见。

“窗含西岭千秋雪”，虽然1200多年过去，城市的面貌发生了巨大的变化，但不变的是我们“在成都遥望雪山”的诗心。

雪山，成都历史的渊源

成都，一座温润的城市。

它有着2300多年的建城史，而在建城之前，古蜀先民已经开创了高度的文明。先后被发现的古老的三星堆遗址和金沙遗址，其出土的精湛的金器、玉器证明了较早的“成都人”有着睿智的大脑和灵巧的双手。

这些古蜀人来自哪里?

现在的考古发现证明，古蜀人极大可能是来自成都西边的岷江流域。因为种种原因，他们不断地迁徙。他们挈妇将雏，赶着羊群，眼望着皑皑雪山，头枕着汹涌的岷江涛声，岷江河谷的营盘山或许就是他们曾经歇脚的地方。在打猎、放牧的过程中，他们登上高高的太子城和九顶山，忽然有一天，他们眼中出现一片辽阔的平原，对于他们来说，那不啻天赐的乐土。

一群最壮的年轻人决定前去那遥远的平原探险，九死一生是他们的路。当他们终于来到平原，发现这里的平原远比山谷温暖，硕大的鱼儿成群，野生动物在平原上自由地奔驰。他们决定定居下来，因为水患严重又屡次迁徙，留下多处遗址。后来我们给这些遗址取了名字：紫竹芒城、双河古城、宝墩、郫县古城……而三星堆和金沙是它们的晚辈。

他们治水，修造起沟槽式干栏式建筑，种植庄稼，飞土逐肉……

他们见到了祖居的山里的模样。当天气晴好时，西边那一排壮丽的雪山，让他们不仅感到神秘，还感到亲切。“一年成聚，两年成邑，三年成都”，当他们的后代最终要修建一座城市的时候，城市的朝向

龙泉山上遥望羌山之王——海拔 5314 米的小雪隆包 （摄影 / 邹滔）

依旧指向雪山。

渐渐地，历史从模糊转向了清晰，从传说成了纸上的故事。这里成为李冰治水的见证地，成为秦国统一中国的粮仓，成为失去故国的中原贵族和能工巧匠的归处，成为三国纷争的舞台，成为“扬一益二”的繁华之地。

这里，曾经给穷途末路的杜甫三年多最温暖的时光，在某个春夏之交的早上，当诗人抬头仰望时，他写下“窗含西岭千秋雪”的名句。李太白留下诗文“九天开出一成都”，而细雨骑驴前来的陆游留下“二十里中香不断”的诗句。几百年后，张献忠的一把火，却把成都变成了老虎出没的荒芜之地。

于是，又一批移民到来这里，从广东、福建、江西、湖南、湖北、陕西……他们带来了家乡的口音，带来了家乡的辣椒、红薯、甘蔗，组成了新的四川人，又像小心呵护新苗一样，重塑这个地方的文化，成都由此再次繁华。

20世纪30年代日寇入侵，在那场抗击侵略的战争中，拥有富饶成都平原的四川，成为人民坚实的后方，成为无数人新的家园。直到五六十年代，在热潮之中，更多的年轻健儿从沿海和东北义无反顾地来到成都这个陌生的城市，他们的后代已经忘记了家乡的口音，成为在成都出生的“蓉二代”“蓉三代”。

在2000年左右，这个城市开始了持续发展。从一个国内比较普通的地处西南的大城市成为常住人口超过2000万的超级城市（第七次全国人口普查数据），在全国所有城市中排名第四。它的格局越来越大，人口越来越多，但不变的，是它温润的气质和包容的性格。

随着城市的发展，我们离雪山的距离似乎越来越远。但在晴朗的天空下，当我们抬头仰望西边的雪山时，会对这个城市有新的认识。

这个城市的先民来自雪山脚下，而来自雪山的河流造就了这个城市的温润和繁华，至今依然滋养着我们的城市。

冥冥之中，我们依然会延续着对雪山的崇拜和认同。

傍晚，蜀山王后幺妹峰出现在成都的西边。一边是灯火辉煌的城市，一边是沉默的巨大山影，让我们相信，雪山从未离开，他们一定与我们共度苦难，也与我们共享美好的生活。

雪山，我们与自然的情缘

虽然人类的科技越来越发达，人们雄心勃勃，但逐渐发现山野不可被征服，也不能被征服。再后来，我们发现，其实我们本身不过是自然的一部分。

我们忽然发现日出而作、日落而息有着巨大的意义，我们重新审视中国农历中春分、惊蛰、清明、谷雨的含义，我们发现我们与自然的节奏越来越远。我们有周一到周五的工作节奏，我们有“五一”假期、“十一”假期的休假节奏，我们有违背自然规律的生活节奏。当我们一次次回到自然，我们发现自然的节奏原来如此亲切，如此熟悉。

当我们在城市里，偶然眺望到远处的雪山，这是一次善意的提醒。

我们本身就是自然的一部分。

你当归来，你便归来。

它们就在几十千米到几百千米之外，它们的生命以亿万年计，而我们的生命以数十年来计算；它们的高度以千米计，而我们以厘米计算。这恰好让我们可以思索，在一个恰当的范围内思索时空哲学的问题，反思生命本身。

2012年2月，我们组建了“在成都遥望雪山群”。通过我们的拍摄、记录、分享，成都可以看到雪山被越来越多的人知道，也有越来越多的人参与观山。

在成都遥望雪山，也引起从国家级到省市级媒体的关注。《中国国家地理》2017年11月刊，以20个页码推出《从“成都遥望雪山”引发的话题：世界都市谁能看雪山》一文。

2017年底，成都市规划局推出《成都市城市总体规划（2016—2035年）》，其中提到成都将紧紧抓住成都市区“望见雪山”这一空间特质，打造29条观山廊道，再现“窗含西岭千秋雪”的盛景。2020年12月，中国共产党成都市第十三届委员会第八次全体会议举行，全会提出：“要加快建设美丽宜居公园城市……擦亮‘雪山下的公园城市’名片。”自此，成都的雪山名片在官方层面得到更正式的确认。

转眼，“在成都遥望雪山群”建立已有十余年。

我们对雪山充满期待，也是对成都这个城市以及我们生活的环境充满期待。可以说，无论我们来自哪里，我们对成都这个有着2300多年建城史的城市都充满感情。在几千年的漫长历史中，成都繁荣过，也落魄过，但成都终究是一个包容温润的城市。

我们关注雪山，推荐雪山，希望更多的人来关注这个城市的美好。

也希望通过我们的努力，让她变得更加美好！

因为，这是我们的家园，也是我们的诗和远方。

天气晴好时，在龙泉山向西眺望，可见到四姑娘山幺妹峰 （摄影/嘉楠）

为什么成都平原很“天府”

■ 撰文 / 李小波

“天府”是一个自然地理与经济地理的概念，山川形胜，富庶安康；“天府”也是一个历史概念，从古至今固守和传承着某种坚定从容的生活态度。除了时间与空间的维度外，天府还是自上而下、从王朝到大众的文化延伸，在不同的地域中凸显出永恒的中国式基因图谱。

从苏秦“合纵”游说，张良劝刘邦定都关中，到诸葛亮三分天下之计，都将“天府”放在重中之重，但那是围绕一个王权的支撑系统来考虑的，他们谋划天下时的“天府”考虑的不是百姓的安居乐业，而是其能够担负起一个都城或者一个王权的粮草储备的功能。

古代不像现在，一句“地方支援中央”就能从全国调动资源，早期的国家政权多少有些更看重眼前利益的保障。在农耕国度里，早期王都多有“自给自足”的色彩，“天府”就是王权旁的“一亩三分地”。

四川偏居西南一隅，从物质层面讲，“天府”不是成都平原的专利，但是，从历史文化角度看，这里是“天府之国”却最能得到大家的认同。为什么成都平原很“天府”？其中既有中原文化所施加的影响，也有蜀中对于“天府”称号的捍卫，还有盆地内风俗的超强稳定性。

成都市的地标，命名为天府广场，是各地客人来到成都的打卡之地　（摄影 / 周孟棋）

国学大师顾颉刚先生是古史辨学派的创始人，他认为中国文化是一个不断完善的过程，“譬如积薪，后来居上”。比如周代时以禹为最古的人文始祖，到孔子时有了尧、舜，到战国时有了黄帝、神农，到了秦朝才有三皇，汉代以后才有盘古。这个完善的古史系统，主要出于战国到西汉的儒家之手，是由后来的研究者不断叠加完善的结果。

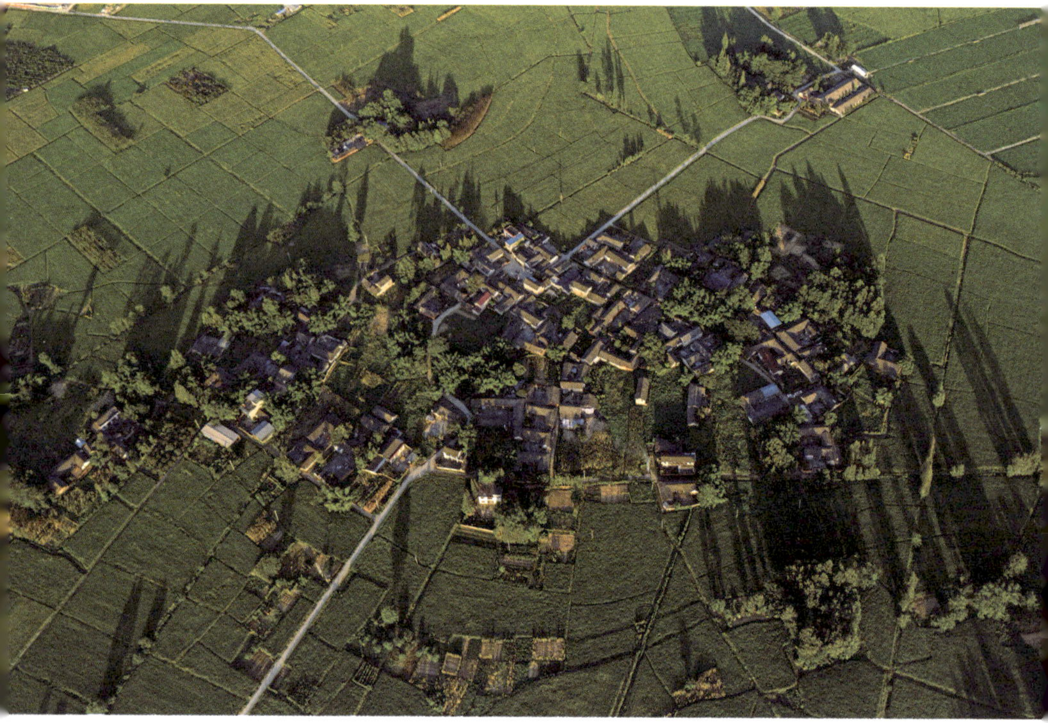

林盘是天府之国民居的特色，随田散居，聚散有序，是中国民居聚落的典范（摄影 / 冉玉杰）

这种现象在“天府”的演变中同样存在。自从蜀中有了“天府”的称谓之后，后来的诸多历史文献就把中原文化的核心也移植到四川来，竭力去完善“天府”自古以来就有深厚的文化渊源这一形象。传说中，中华人文始祖伏羲、女娲、神农、大禹等都生在四川，三代帝王中有许多人也把子孙分封在了四川，由此形成了蜀中与中原文化体系同辉的印象，这对民间的影响很大。

同时，四川人对“天府”美名的维护敏感而有力。2008年1月号《中国国家地理》(编者加)“新天府”评选中，排名还没出来时，传闻成都没能得第一，马上就有自发者发起“新天府”的“成都保卫战”。

其实，最先将四川比为“天府”的是诸葛亮，最先捍卫“天府”之名的是常璩，让“天府”声名远扬的是罗贯中。

蜀国的经济和军事实力是不能与曹魏抗衡的。以人口为例，据《三国志》记载，公元263年，蜀国为280,000户，940,000口，而魏国为663,423户，4,432,881口，差距十分明显。诸葛先生虽然出师未捷身先死，但他的“天府”却得到承认，是其除军事之外的最大文化贡献。四川人常璩由于在东晋王朝里得不到重用，被中原和江左的士大夫所排挤，在《华阳国志》里每每借题发挥，将四川多加美饰，书中两次描绘天府，一是《总序》中强调蜀中与秦地一样，接受文王教化，习华夏风俗，二是强调“沃野千里，水旱从人，时无荒年”，而且形容蜀地号称“陆海”，海者，万物所出，可见常璩用心良苦。由于《华阳国志》是中国历史上现存最早的地方志，具有极高的史料价值，遂增加了“天府”的权威性。后来罗贯中在《三国演义》中“扬刘贬曹”的倾向影响至深，使四川的“天府”之名得到了更加广泛的认同。

“天府”除了特质财富，更多的是生活方式，用现在流行语叫“幸福指数”。正史中对风俗记载最全面的有四部：《史记·货殖列传》《汉书·地理志》《隋书·地理志》《宋史·地理志》，看看四川部分，颇有意味。汉代四川百姓“亡凶年忧，俗不愁苦”，隋代“溺于逸乐”，宋代“尚奢靡，性轻扬”，踏青遨游“连至数月”，元代《岁华纪丽谱》更是记载“成都游赏之盛甲于西蜀，盖地大物繁而俗好娱乐”，被称为“富贵悠闲之都”。

成都汇集了川内各地的美食，从大餐到小吃，琳琅满目 （摄影 / 刘乾坤）

美国得克萨斯大学的王笛教授在研究成都的街头空间时，惊人地发现晚清时成都的茶馆多达454家，1931年则达到620家，以至于后来日本情报员都在收集成都茶馆的资料，关注成都的游乐与城市繁荣的关系。

但是，在历史的变迁中，生活于斯的人早已改宗换代。秦灭巴蜀后移民，两晋流民入蜀，隋末、唐末北方避难，南宋靖康之难，元代落籍四川，更有明清湖广填四川，无论居民构成如何改变，川人游乐之风不改。蜀中这种风俗文化的稳定性十分引人关注，也正是“天

府”的魅力所在。

“鼓舞于上者为之风，习染于下者为之俗”。首先，“天府”沐浴有“上”的教化，从秦并诸侯至元灭南宋，多先取蜀而定天下。而且每当中原战乱，四川都会成为中国文化的避难所，尽管移民变迁，五方杂处，但这里仍保留着中原文化的许多共性。同时，蜀地风俗也有“下”的融入，由于都江堰水利工程的持续效应，成都平原在水土、气候、物产等条件方面，几乎没有大的改变，自然顺变，风尚依然。

春节，武侯祠有一个传统祈福活动——摸喜神

（摄影 / 刘乾坤）

宽窄巷子经过整体的设计，既保留了一些清代建筑，也植入了现代设计，成为成都著名的打卡地 （摄影 / 朱斌）

人民公园鹤鸣茶馆，始建于1923年，是中国历史最悠久的茶馆之一。茶馆边有湖有树，是成都市民喝茶的聚集地，现在越来越多的人喜欢到这里体验成都的茶馆文化生活 （摄影 / 黄红）

值得关注的是，成都的水利社会不仅仅是地方色彩，还具有普遍的全国意义。治水是中国社会的永恒主题，只有流域内联合，才能完成治水的大业，所以有学者认为，治水是实现中国大一统的精神纽带。德国著名学者魏特夫在《东方专制主义》中提出了中国“治水社会”的命题，引起世界关注。散布在各流域中的“新天府”，集中在平原、河谷、盆地或绿洲，共同点就是因水而兴，可以看成中国水利社会的基因片段，从小了说是体现地域差异的社会“马赛克”，从大了说是大一统中国的细胞再生体，异同之间，精彩纷呈。

古人称成都为天府之国，号为陆海。从空中俯瞰，沃野千里，还有独特的民居聚落——林盘 （摄影/田捷砚）

盆周
山区

2

挡住风寒且美丽

既然叫盆地，那么周边一定有山的围合。

四川盆地东部是三峡，东南部是大娄山脉北段余脉，地势较低，为太平洋暖湿气流往西流动提供了便利条件。东北是大巴山区，自东北往西北延伸，巍巍挺拔的大巴山，为四川盆地构筑了天然屏障：一挡兵灾，二挡寒潮。南方有大小凉山山脉、大娄山脉等，形成了独特的生态景观。西南面的螺髻山、大小相岭，是较为完整的第四纪古冰川地貌。最新发现并命名的地貌新名词——环崖丹霞，就诞生于四川的南面和东南面。这些大小山脉，也为四川盆地构筑了天然的防线，也是围合四川盆地的主要山体。

巴山大峡谷还是一个适宜漂流的体验场所　（摄影 / 刘乾坤）

巴山大峡谷：地壳运动催生的美丽画廊

■ 撰文 / 李忠东

四川盆地北面的大巴山，是中国东西南北的分界所在，大巴山脉从四川的东北部往西延伸，是向南凸出的弧形山，岩溶地貌发育，是中国南北喀斯特的分水岭，区域内峰丛洼地、岩溶槽谷等喀斯特地貌较多，是南方锥状峰丛地貌的最北界。大巴山也是四川盆地与汉中盆地的分界线，我们前往考察、拍摄十余次，发现这里景观独具，魅力十足。最为神奇的是，这里堪称地球褶皱的博物馆，在这里，你能清晰地看到地壳剧烈运动留下的诸多痕迹。

鲜为人知的“大巴弧”

在构成四川山川格局的地貌单元中，秦巴山地很容易被川人所忽视。这里虽然群山连绵，但和西部的横断山相比似乎仍显得微不足道，况且它还跨及陕西、重庆等地，并非四川专属，被川人视为绝域殊方之地，自有道理。

但秦巴山地，却是一个重要分野。它是中国的南北界线，其实不只是南北，它也是中国的东西部交融聚合之地。它的北面，流淌着黄土高原的粗犷和中原大地的厚重；西面，是青藏高原的高亢和辽阔；东面，是美丽而富饶的江汉平原；南面，是丰饶的四川盆地、天府

巴山大峡谷地处中国南北喀斯特交界，岭脊峰丛众多是其山顶景观的特点　（摄影 / 刘乾坤）

之域。秦巴山地，就不东不西、不南不北地深嵌于这样的自然地理之间，兼具着西域的豪迈粗犷、中原的厚重深沉、江南的柔情婉约、巴蜀的外戎内华。

秦岭—大别山造山带是这种特殊地理单元形成的关键。这条著名的造山带，横亘在中国的中部，向西与昆仑和祁连山造山带相连，向东被著名的郯庐断裂带所截，东西绵延2000千米，成为我国大陆的脊梁。

在清澈的河流边，可以见到当初的水平岩层在地壳运动中已经被抬升挤压成为接近90度的倾斜岩层，再往上，是被更强的内外营力挤压而形成的圆弧褶皱
（摄影 / 刘乾坤）

这是一处形状较为集中的崖壁，包括了弧形、尖棱形和膝折褶皱
（摄影 / 刘乾坤）

这条造山带的深层动力来源于2.4亿年前印支运动所引发的南北大陆聚合。彼时，扬子板块由南向北冲向华北板块，并最终完成两大板块的拼合，形成统一的中国大陆。两大板块碰撞聚合的同时拉开了秦岭造山运动的序幕，尤其以白垩纪以来陆内造山作用最为强烈。奇妙的是地壳深部由南向北俯冲挤压，却在中上地壳产生了方向完全相反的逆冲推覆构造作用，它自北向南挤压推覆四川盆地，形成近东西向中央造山带中唯一向南凸出的弧形褶皱带，称为“大巴弧”。

“大巴弧”深刻地影响着四川盆地与秦岭过渡带的地貌格局。我们一般将城口断裂视为南、北大巴山的分界线，它也是秦岭与扬子地块的边界断裂，而将铁溪—巫溪隐伏断裂视为四川盆地与大巴山的边界断裂，这样就构造了十分有趣的“大巴弧”分带现象，自北向南分为北大巴山逆冲推覆构造带、南大巴山冲断褶皱带和川东北前陆盆地。这个分带性的特点是由北向南构造变形渐次减弱，尤其是城口断裂与铁溪—巫溪隐伏断裂之间的地带就是南大巴山冲断褶皱带，这条北西至东南向展布的断褶构造带，由一系列不对称的线状褶皱和冲断层组合而成，越靠近北，变形越强烈，向南则逐渐由以断裂构造为主过渡为以褶皱构造为主。

有趣的是，在宣汉县以东，发育有一条由东北向西南流淌的河流，它的流向正好与“大巴弧”垂直相交。地壳持续的抬升和流水经年累月的冲刷，像一把巨斧完整地将南大巴山横切开，形成一条长达70千米的峡谷。这条峡谷不仅谷涧深幽，奇峰列峙，绝壁如削，风景秀美，更重要的是，峡谷内各种背斜、向斜纵横捭阖，无数褶皱如游龙飞凤，它将隐藏在大山深处的“大巴弧”的秘密暴露在世人面前。

寻找四川盆地与大巴山的分界线

从成都出发到宣汉巴山大峡谷，由西向东，几乎完整地穿越四川盆地。高速公路横穿成都平原，越过波澜不惊的龙泉山脉，然后穿行在盆中方山丘陵之间。这是四川盆地经典部分，紫红色砂岩、泥岩组成的低浅丘陵此起彼伏，当砂岩构成顶盖时，往往形成垄岗状的方山和桌状山。车行至华蓥山市，地形也在悄然中发生变化，以束状构造为背景的低山和丘陵或平行或雁状排列，这是与美洲的阿巴拉契亚山脉、安第斯—落基山齐名的世界三大褶皱山系之一的川东平行岭谷。其突出特点是背斜成山，向斜成谷，山谷相间，彼此平行。奇妙的是，背斜低山的中部还形成细长的与山体走向一致的岩溶槽谷，两侧砂岩构成脊状山或单斜山，这种“一山二岭一槽”或“一山三岭二槽”的地貌结构为全球所独有。

宣汉县位于川东平行岭谷区的最北界。宣汉治县始于东汉和帝永元（公元89—105年）年间，已有近2000年历史。但历史从来不是悬浮之物，它是附着在地理山川、土地风物、民俗风情之上生长演化而来的。同时发源于大巴山的前河和后河几乎平行着斜贯县域，然后在宣汉县城东的江口合二为州河，完成了对这片土地的滋养后，千回百转地西行南行最终汇入嘉陵江。

“云横秦岭家何在，雪拥蓝关马不前”，唐代文学家韩愈遭贬时，面对叠嶂千重的秦岭顿时失去方向感。对四川人而言，他们的家就在秦岭之南。四川盆地最终在这里结束了平畴千里的沃野，向秦巴山地转折，而秦岭造山带自北向南运动的大巴山弧形推覆构造，在这里也是强弩之末。山水的转承处，总会有出人意料的精彩。

我们可能习惯了四川盆地与青藏高原过渡地带陡跌突变的刺激：山体骤然拔地而立，在极短的距离内扶摇直上几千米，甚至达到雪线（通常指海拔4500米）以上高度。从盆地到高山、极高山，甚至都不需要低山、中山的过渡，直接而迅速。而秦巴山地与四川盆地的转折过渡带又在哪里呢？在卫星图上完全看不到这两大地貌单元泾渭分明的界线，我们只得借助于构造纲要图来判断它的位置。遵循常识，盆地与山脉之间的分野，总是以断层为边界。大巴山弧的最后一道屏障，便是铁溪—巫溪隐伏断裂，它就是四川盆地与秦巴山地的边界。所谓隐伏断裂，就是在地表无出露，潜伏在地表之下的断裂，主要靠遥感技术等手段来推测其存在。这就难怪，四川盆地与秦巴山地的界线难以寻找，事实上，四川盆地是以渐变的方式完成了向秦巴山地的转换。

我们溯前江而上，去巴山大峡谷寻找这条边界。沿河场镇的地名直截了当，与当地风物吻合，三河、下坝、南坝、土黄、渡口，无不体现出川东人直率的性格。有一个叫樊哙的乡镇，据说是当年刘邦驻扎汉中时，暗自厉兵秣马，派大将樊哙来此招募兵勇。于是，这个地方就干脆直接以樊哙为名，而且从汉代一直叫到了今天。

虽然我们从宏观上无法一目了然地判断出四川盆地与大巴山的界线，但当身临其境时仍可感知到地形地貌的变化。过了樊哙，四川盆地特有的紫红色砂岩逐渐稀少，更加古老的海相沉积岩开始出现，山体也随之高大陡峻起来。到了渡口，宽阔的河谷突然收窄，两侧山崖逼仄，形成隘口，巴山大峡谷的峡口便位于这里。而实际上，构造纲要图上的那条代表铁溪—巫溪隐伏断裂的红色断线也正好通过这里。如果我们非要给四川盆地和秦巴山地寻找一个转折点的话，那么渡口就是当之无愧的拐点。巧合的是，当地人也历来视这里为山区与坝区的分界，规划中的土溪口水库也将大坝选择在这里，看重的还是这里狭窄的地形。

峡谷成了崖柏的避难所

欲说峡谷，先说前河。前河发源于重庆市城口县大巴山南麓的光头山，大巴山是嘉陵江与汉江的分水岭，源于一山一岭的流水，一个向西汇入嘉陵江，一个向东投奔汉江，看似分道扬镳，却又殊途同归，最后还是相聚在千里之外的武汉长江之中。

前河从光头山奔涌而来，经历了一次明显的转向，它的上游部分沿大巴山弧形构造线方向由北西—南东流淌，行至城口的蓼子乡一带，突然一个90度转向，整体呈东北—西南向垂直切割南大巴山弧形构造区，然后出大巴山流入四川盆地。正是这一次华丽转身，前河成就了一段无与伦比的地质传奇，它不但切开了南大巴山形成长达70千米绝世深峡，也将南大巴山冲断褶皱带和川东北前陆盆地两大构造单元一并切开，将大巴山形成的秘密完整而清晰地呈现在峡谷之中。

早晨9点，进入峡谷，却发现来得太早了，两岸直立如削的崖峰，遮住了太阳，峡谷显得尤其深邃与清幽，但却找不到摄影所需要的理想光影。穿越峡谷的公路沿河右岸而行，公路距离河床始终保持30米以上的高度，可见河流在雨季常出现季节性暴涨。没有洪水时，河溪之水呈现出深绿色调，这是岩溶分布区含碳酸钙河流特有的水色。河床宽缓处和拐弯处的凸岸，堆积着白晃晃的卵石，磨圆和分选都较差，这也是山区激流河床的特点。

在巴山大峡谷入口处，还藏着一处“石林”景观，刨开石块周边的土壤，便是石林。（摄影/刘乾坤）

峡谷两侧，由一系列连绵起伏的背斜和向斜形成，无数的褶皱构造便暴露在河床上方陡壁和悬崖上。巴山大峡谷总体而言是一个两侧陡峻、谷底平缓的箱状峡谷。峡谷的相对高差在200—300米之间，谷底的宽度在50—100米左右。峡谷区分布着巨厚的古生代—中生代灰岩，灰岩的可溶性在峡谷的形成中扮演着重要的角色，除了流水的下蚀作用外，岩溶作用增加了峡谷的深度和两坡的陡峻程度。

巴山大峡谷是一个绿色的峡谷，海拔介于456—2148米之间，具有良好的水热条件，峡谷内绿荫深幽，竹木葱茏，两侧的崖壁上都生

巴山大峡谷地区，耕也很少，河边一点点小平坝子都会被用来种植蔬菜。在公路边，可以见到远处的锥状山峰与河边的直立岩层。（摄影／刘乾坤）

长着浓密的灌木，崖顶则更是为树木所覆盖。崖壁上生长的灌木中，崖柏最为珍稀，百里峡分布着成片的崖柏群落。

崖柏属于极危物种，根据古生物学的研究，它在古近纪便大量消失。1892年4月，法国传教士法戈斯(R. P. Farges)在重庆市城口县海拔1400米处的石灰岩山地，首次采集到该植物标本，并作为新种的模式标本收藏于法国巴黎自然博物馆。之后的一百多年中，尽管不断有人前往产地寻找，但均未见其踪迹。为此，在《中国植物红皮书》第一卷、英文版的《中国植物志》(裸子植物)第4卷中，均将其定为在野外已灭绝的物种。1999年8月，在国务院批准公布的第一批《国家重点保护野生植物名录》中，也无该树种名。但就这一年，重庆市国家重点保护野生植物骨干调查队却在重庆市城口县和开县(今开州区)等山区，又重新发现了这种已宣布灭绝的物种，并采集到了带球果的标本，该标本先后得到中国科学院、英国皇家植物园和美国哈佛大学权威专家的确认。2000年，中国《植物杂志》第3期正式宣布“崖柏没有灭绝”，2003年，世界自然保护联盟(IUCN)又重新将其评定为极危物种。

崖柏的生长环境大多在石灰岩悬崖石缝之间，自有咬定青山、定根破岩的气势。继2012年在百里峡首次发现零星的野生崖柏之后，2014年底又在三墩乡、漆树乡等地发现3个崖柏野外群落，数量在1000株左右。

地球褶皱博物馆

和许多生涩难懂的地质术语相比，褶皱要好理解得多，因为它也是一个我们日常生活中常常使用的名词，如衣服褶皱、皮肤褶皱，是指衣服与皮肤受外力影响所发生的变形和弯曲，地质上的褶皱也是一种变形或弯曲，只不过介质换成了构成地球的岩石，外力则是地壳运动。

扬子地块向华北地块俯冲、碰撞，引起秦岭造山带向四川盆地方向的挤压和推覆，形成了著名的大巴山弧形构造。如果我们把这个弧形构造看成是一张拉开的弓，那么巴山大峡谷便位于拉弓搭箭的位置。这个弧形构造从印支期便开始发育发展，经过侏罗纪的燕山期陆内造山作用，地层的变形和弯曲尤其强烈，形成了这里壮观的推覆褶皱带。这个褶皱带，在地表上往往表现为一系列的山和谷，也就是我们常说的背斜成山、向斜成谷，岩层间变形和弯曲的细节，被埋藏于山与谷深处，加上植被的覆盖，在野外很难连续地见到。百里峡的神奇之处，便是前河垂直于褶皱轴向千万年的持续侵蚀，它像一把锯子，最终不但切割出一条深达千米的峡谷（最大切割深度1692米），也把南大巴山推覆褶皱构造完整地暴露在峡谷中，让我们在欣赏百里峡谷雄奇壮美的同时，有幸领略到1亿多年前地壳运动留在这里的百里褶皱长卷。

人们往往用“天然褶皱博物馆”来形容巴山大峡谷，这句略显俗气的话，却恰如其分地说明百里褶皱的丰富多彩，千奇百怪。这些褶皱大多属于弯滑褶皱，是岩层受到挤压后沿薄软层滑移产生的弯曲和变形，就像我们左右挤压三明治时，夹在面包之间的肉片顺着奶酪变形一样。实际上，地质学家们也常常开展沙箱实验，用硅胶和石英砂来模拟岩层及其之间的薄软层，研究大巴山弧形构造的形成过程。

前河边陡崖上的褶皱
（摄影 / 刘乾坤）

这些褶皱大多属于弯滑褶皱，是岩层受到挤压后沿薄软层滑移产生的弯曲和变形
（摄影 / 刘乾坤）

这里的褶皱有着令人吃惊的数量和多样性，在70千米的峡谷内，仅保存完整的大中尺度褶皱就多达31处，而小规模的露头级褶皱更是多达101处，在形态类型上包括了箱状褶皱、圆弧褶皱、斜歪褶皱、倒转褶皱、复式褶皱、尖棱褶皱、膝状褶皱、层间揉皱等。而且这些褶皱的形态类型在峡谷中的分布也有规律可循，从峡谷上游随河而下，越远离秦岭造山带，岩层变形强度越弱，褶皱由紧闭高陡向开阔舒展变化。

不同尺度、不同形态、不同组合与不同变形强度的褶皱，往往形成不同的景观。伟人峰便是圆弧背斜所形成的山体之上，溶蚀形成的齿状峰形若人的五官而成一景，峡谷区的最高峰老黄山就是一个大型箱状褶皱。仙女岩，平顶方山，断崖高悬，两侧岩层直立，将大型复杂箱状褶皱的特征展现无遗。大尺度褶皱形成大体量景观，气势恢宏，中、小、微型褶皱则在细节上引人入胜。神鹰岩由一系列复合褶皱构成，断壁上褶皱线条如绘，层间揉流、挠曲生动有趣，尤其是先期形成的褶皱又被后期的断层错断，形成膝折现象。隔河远观，复合褶皱如神鹰作欲飞之态，成为游客驻足难离的景点。临河边的褶皱，雨季时常低于河流水位线，褶皱受流水的冲刷，被淘洗、打磨得光滑洁净，从河岸对望过去，灰、白相间的褶皱条纹起伏律动，之下清莹的前河低回婉转。

在大多数时候，褶皱作为一种地质构造，专供地质学家们研究地球、解密自然，它并不总是那么富有观赏性。但巴山大峡谷的百里褶皱，既是地质奇观，又构成峡中诸景，还与峡中自然与文化密切关联，它是大巴山的缘起。穿行其中，跨越亿万年，自然的力量如此神秘而难测，埋藏在岩石的光阴如此优雅动人。

峡谷人家：渐行渐远的桃花源

进出峡谷，我们皆以渡口为据点，在这里住宿、中转，也常在这里吃饭。渡口的土家菜馆极有特色，这里的土家菜具有双重含义，一是指当地土家族的菜，二则指食材来自山野，以土法烹制的菜肴。山笋炒土豆、葛根粉条、南瓜藤汤，就地取来的材料，不按司空见惯的川菜模式加工烹调，让久居城市，被天下一体的精细菜肴弄得快瘫痪的胃，找到了几分异趣。就连在圈子中以擅烹著称的《中国国家地理》特聘编辑刘乾坤都大呼过瘾，吃完了还把老板娘叫到桌前请教烹饪之法。

峡谷中的人家以山野之法烹调美食，自然是代代相传的承继，但也多少有峡中地少物稀，只能靠山吃山的无奈。一旦进入深峡，便再无成片的耕地，峡中的居民，大多居住在峡谷两侧山腰的坡地，靠山中开垦出的零星耕地，维持最基本的生存。

很多岩溶分布区都会面临人地关系紧张的问题，如果再加上峡谷地形，困难系数又会成倍增加。石漠化导致植被稀少、土层变薄或基岩裸露，加之喀斯特地表土地贫瘠、地下溶洞渗水严重的双重地质结构，导致地表水源涵养能力极差。要想获得更多粮食，只能是广种薄收，但峡谷地区可供广种的土地十分稀缺。在鸡唱坪，我们便看到这样的景象：一家五口人围着山顶与悬崖之间的一小块“空隙”忙着耕种。我用脚步大致量了一下这块“地”的大小，长不出十步，宽不出五步，面积不足30平方米。许多人家就是靠这种山石之间的“空隙”供养着。草原上的民族逐草而牧，有一种野性的自在，这里的人家随地而居，更多的是一种无奈。

与鸡唱坪隔河相望的鸡王垌是一个向斜形成的谷地，这块谷地悬于峡谷之上，三面为刃状脊岭环峙，开口一侧为万仞绝壁，远望极像悬浮在空中的“圈椅”。“圈椅”底部相对平缓，流水冲刷堆积出一块裙状坡地。为了这点滴土地，有人居然将家搬到绝壁上，在“圈椅”中过着不知魏晋般的隔世生活。维系这两户人家与外界联系的是峡谷上方峭壁上那条细若游丝的“之”字小道，每一次进出都需要跨过峡谷上的简易吊桥，然后再沿峭壁的“之”字形路步行3个小时。我们不知道，住在这里的居民是否知道陶渊明，但他们在悬崖与峡谷之间的绝地求生，却种出了桃花源般的意境。“土地平旷，屋舍俨然，有良田美池桑竹之属……阡陌交通，鸡犬相闻……”清晨，在山坳中的小院一坐，泡一碗清茶，脚下是千仞悬崖，深峡流水。你能看得见，远处起伏如黛的青山和碧蓝如洗的天色；听得到，田畦间蛙鸣虫叫的声音；静静地，在一棵桑树的跟前，朝东等待着阳光漏进峡谷，一丝一丝地照亮这山野人家。这样的意境，身居闹市，被钢筋水泥围困、被手机微信所奴役的人们，又如何能体会得到呢？

峡外看山，如浪起伏的岭脊峰丛

“灵谷有荚气，盘结在巴山。云蒸雨朵欲遣，奇怪出人间”，惯于醉酒赋诗的宋代著名诗人俞国宝，以一首《水调歌头》写出了巴山的飘逸与神秘，但要领略到这种意境，我们需跳出深峡去看山。

巴山大峡谷两侧，有多条垂直于峡谷的支沟，它们与大巴弧的构造线方向一致，彼此平行，构成前河羽状水系最柔软的两侧羽毛。

剑门峡是前河左岸较大的一条峡谷。谷中河流穿越岩溶区，以暗河形态流走，在地表形成长达数千米的断流河。汽车沿盘山土道行至罗盘村的青包梁，视野豁然开阔，百里峡在眼前收窄成隙，无数青黛色的锥状丘峰，在群山之巅如沙盘垒聚，蔚为壮观。

这是典型的锥状喀斯特景观，以丛聚的形式出现，这种喀斯特地貌是湿润热带、亚热带的特有形态。由于其形成受严格的造貌环境条件限制，如湿热的气候、被抬升的碳酸盐岩构造地块等，因而它在全球的空间分布上具有显著的地域性。秦岭—淮河以南是这种地貌的主要分布区，如在贵州、广西均形成举世瞩目的锥状喀斯特景观。这种地貌由南向北，随着纬度升高和水热条件的变化，锥峰的形态和发育方式也随之发生变化。大巴山是这种地貌在我国分布的最北界。在这里你完全看不到广西、云南、贵州等最常见那种，在溶蚀平原上兀立突起的锥状、塔状峰林、峰丛。南北交汇的山脉、南北分野的气候条件，使这里的锥状喀斯特也表现出南北岩溶交融过渡的特点。和我们常见的“生长”于平地的峰林、峰丛不同，这里的峰丛“生长”在山体顶部的岭脊线上（夷平面），而山体的岭脊线又受到大巴山弧形构造线的控制，每一条岭脊都分布着无数锯齿状的锥状峰丘，多条岭脊线沿北西至南东向平行而列，于是在空间上便形成了纵横交错的棋盘式锥丘丛聚的效果。

我们通常根据峰丛出露地表的展布特征，将其划分为线状峰丛和簇状峰丛两大类。线状峰丛为峰丛发育的早期阶段，岩溶峰体沿山脊分布，因此又名岭脊型峰丛，这种峰丛在北方较为常见。而簇状峰丛为峰丛发育的晚期阶段，岩溶峰体呈孤岛状成群集中分布，这种峰丛在南方岩溶区最为常见。有趣的是，这里的峰丛，俯视成林，仰望成峰。不同的观赏角度，竟然呈现出线状和簇状两种展布特征的变化。当我们处于峡谷底部或中部垂直于山体走向仰视时，但见无数锥丘随山脊线起伏，如锯齿般，为典型的线状峰丛。当我们登临峰顶，平视或俯视峰丛时。无数平行、等距排列的线状峰丛又共同构成了棋盘式簇状峰丛。这种奇妙的幻变，是大巴山弧独特构造的杰作，同时又是南北岩溶在这里过渡转换的最好例证。

罗盘村的青包梁，是观赏这种地貌的绝佳观景平台，这里是宣汉县百里峡中药材公司的种植基地。和邻村随地而居、枯守薄地不同，罗盘村村委会主任李永太找到了适合于这片贫瘠土地生长的植物。10年前，他带领村里人将土薄、缺水的荒坡开垦出来，利用这里适宜的海拔、湿润的气候，种上云母香、厚朴、党参、独活、大黄、天麻等药材，如今已发展到3万亩的种植规模，年产值达到600万元，全村仅药材人均收入就近8000元，就连远处的村民也来到这里，成了罗盘村长期的雇工。

《吕氏春秋》中写道“天无私覆也，地无私载也，日月无私烛也，四时无私行也。行其德而万物得遂长焉”，也许从来就没有贫贱的土地，我们缺乏的无非是因地制宜、因势利导的智慧和耐心，尽己所能地找出土地最适合的用法，我们终会得偿所愿。

每年6—7月，大片的云木香花开山野，青包梁便成为拍摄锥状峰丛的最佳观景平台。顺着云木香铺就的花海望过去，峡谷飘逸如带，远山起伏连绵，无数锥状峰丘，如破土而出的玉笋。当云雾盘结，玉笋般的峰丘便在云蒸霞蔚之间，如仙山琼阁漂浮于碧波海洋，若隐若现。

巴山大峡谷也是一条通道，峡底的公路通往重庆市的城口县　（摄影 / 刘乾坤）

鸡心岭岭脊峰丛——横看成岭侧成峰 （摄影 / 刘乾坤）

雨量丰沛、山高谷深以及昼夜温差大，在山顶，很容易遇上云瀑等天象景观（摄影 / 刘雨舟）

由于谷岭之间的温差，在山顶容易形成水雾聚集在一起的“冷湖”现象　（摄影 / 刘乾坤）

惊艳米仓山

■ 撰文 / 张文敬

米仓山地处中国大陆的腹心地带，是秦巴山地的结合过渡区，一列几乎呈东西纬向展布的弧形山脉，弧背向北，那就是素有陕西江南的汉中平原，弧心向南那就是号称天府之国的四川盆地。这里物产丰富，景色秀美，峡谷通幽，森林密布，野生动物成群；这里是中国又一处恐龙的故乡，还是不少海相化石的富集地；山中峰丛奇特、暗河众多、溶洞相连，是喀斯特地貌的高密度区；群山之中潭池湖盆星罗棋布，瀑布飞溅如银河落九天；这里曾经是中原通向天府之国四川盆地的必由之路，还是中国现代红军历史文化遗存保存较好的地区。

山峰跌宕处的沧海桑田

米仓山中多数山体为圆锥状的石灰岩和白云岩峰丛地貌景观，站在山体南麓北望，一列列酷似囤围般的山峰高耸入云，这些峰丛与广西、贵州一带喀斯特峰林类似，但米仓山的峰丛多是发育在山脉之上，而贵州、广西的峰丛则主要生长在盆地之中。构成米仓山岩层主体的是花岗岩、变质砂岩、石灰岩和白云岩。米仓山主峰光雾山海拔2507.2米，峰体浑圆，这是花岗岩球状风化、寒冻风化的综合结果。由于海拔偏高，山顶多以灌丛植被为主。地表径流丰富，为山腰部分的水流侵蚀地貌提供了优越的动力条件。

最典型的峰丛分布在旺苍和南江县接界的米仓山中部一带，像旺苍五权镇北山的常家坪、南江桃园镇境内的九角山和贾郭山都是十来座山峰一字并列，气势宏伟，景象万千。要是仔细地观察，又会在那些山峰之间的崖壁上发现许多象形的景观，有的似人，有的似兽，有的像观音，有的像圣佛。在东河上游焦家河流域的燕子岭一处山峰峰崖上活脱脱现出一身背重物的米仓山汉子，在打杵歇气，当地老百姓自豪地称之为“巴山背二哥”。巴山背二哥是山区背送货物的脚夫的统称，路窄坡陡不便于休息，在歇脚的时候通常是用丁字拐支撑背篼以便减轻身上的重负。

不少峰丛山体的上源发育着许多极具观赏和科研价值的笋林地貌。在旺苍的汉王山，东河西支流域盐井河流域的手掌山、光头山、云雾山，南江桃园镇燕子岭等地都有这种成簇成林的石笋分布。米仓山的石笋地貌主要分两种，一种是由岩溶水化学过程、自然崩塌等原因形成的喀斯特地貌，另一种主要由地质动力构造形成。喀斯特岩溶作用形成的石笋、石山直径粗大，质地为石灰岩，而由地质动力构造（比如拉、张力）形成的峰林，更显得细身高挑、亭亭玉立，质地则主要为白云质灰岩或砂板岩，颇有湖南张家界的风情特色。

南江县光雾山海拔2507.2米，这里的山形则与众不同，浑圆的山头，不疾不徐，不漫不陡。和中国西部高原高山相比，似乎“其貌不扬”，但它却是米仓山脉最高峰，高踞众山之上。米仓山几乎所有的山峰都是一山到顶森林密布，只有光雾山和旺苍境内的光头山（海拔2276.4米）例外，接近山顶的地方只有密灌、山柳、杜鹃、箭竹和苔藓地衣生长。光雾山和光头山都是花岗岩为主的岩层构造，其浑圆的山形以花岗岩球状物理风化为主要特色。由于植被稀少，冬春积雪，夏季消融，寒冻风化参与其中，可以看到一些寒冻风化的地质遗存。

在第四纪冰期时，米仓山脉整体被置身于冰冻圈之外，有人认为米仓山曾有过古冰川作用，但既无理论依据，又无实物可证。在一些海拔2000多米的山峰峰体上可以观测到一些漏斗状洼地或槽谷，那显然为古雪蚀作用的产物。因为作为古冰川作用最显著的标识是金字塔形的角峰和角峰之间的刃脊，还有“U”形谷地以及冰川运动堆积而成的终碛垄、侧碛垄和大量的冰川漂砾。前不久，“中国冰川之父”施雅风院士主编的《中国第四纪冰川与环境变化》一书已用大量的科学考察事实和冰川学理论论证了中国东部海拔2500米以下山脉绝无发生第四纪古冰川的可能，米仓山的古地貌和古气候环境为此提供了又一有力证据。

米仓山脉最奇妙、最壮观的山峰形态莫过于鼓城山了。

鼓城山位于旺苍县东北鼓城乡七里峡的源头，这是两座呈圆柱形的山体，它们东西相距约一千米，似从万顷林海中破土而出的一对硕大的天鼓。天鼓四周崖壁料峭，山顶大致平整，“鼓”的下部向四周缓缓延展，一条条古雪蚀——融冻冲沟和雪蚀冲沟之间的垅脊上是原始森林，深秋时节，红叶满山，正像条条绚丽的“彩带”，两面天鼓在猎猎“彩带”的烘托中仿佛冲天欲飞。

东鼓城山海拔2073米，山顶东西长800多米，南北宽600多米，看似平整的“鼓”面上生有八座小的山包，当地传说是诸葛亮当年北上伐魏时在此演练八阵图留下的遗迹。实际上这是古喀斯特经过长年寒冻风化、生物风化后形成的“蚀余残丘”。西鼓城山海拔2065米，南北长700多米，东西宽500多米。东西鼓城山都有小路可以攀缘而上，山顶上有不少古代人类活动的遗迹。

在米仓山，类似鼓城山这样的山峰比比皆是，比如石人山、皇帽山、奶头山，东西鼓城山是它们的典型代表。要是找到一个适当的高度和视角，一定能欣赏到这米仓天鼓列阵成群的雄伟气势。

形成这种圆柱形山峰地貌的主要原因应该与米仓山古老的地质历史相关。大约在五亿年之前的古生代，米仓山曾经是一片汪洋大海，但在汪洋大海的底部并非一马平川。由于构造等种种原因，形成了一个个状如锅穴的海盆，后来大量的碳酸钙以这些圆形的锅穴为核心沉积下来；再后来经过漫长的海陆变迁、隆起，在米仓山形成过程中，那些以“锅穴”为核心的石灰岩体无论在密度、硬度和抗风化能力都与四周的沉积岩体多有差异，就在这种差异风化的影响下，这些状如鼓形的山体便横空出世在我们面前了！

位于南江县和陕西省汉中市南郑区之间的香炉峰则是一座典型的单面山。所谓单面山是指山体的一侧缓缓向上直到山顶，而另一面山体则自上而下几乎呈90度一落千丈，香炉峰靠南郑区方向便是一抹绝壁到底，似刀砍斧劈一般，从汉江溯源而上的东南季风水汽在此受阻直冲霄汉，常年在香炉峰峰顶附近形成缥缈的云雾，远远望去，山峰正像庙中拜祭佛祖的香炉。这大概正是香炉峰得名的由来吧。从南坡有游山小道可直上香炉峰的山脊，峰脊危崖突兀，古树参差。背靠危崖，手扶古树，只觉得脚下一股股冷风呼呼地直往上蹿，除了恐高的惧怕之外，其实也有“会当凌绝顶，一览众山小”般飘飘欲仙的感觉呢。

在米仓山西段七里峡的尽头，有两座像鼓一样的山拔地而起，形成独特的自然景观
（摄影 / 赵辉）

被遗忘的喀斯特处女地

这些山体的峰丛与峡谷的怀里，还有诸多的岩溶景观。不知什么原因，科学家们对米仓山这个喀斯特地貌家族群体似乎视而不见，听而不闻，其实米仓山的岩溶地与云南、贵州、广西、重庆和四川南部岩溶地貌相比也不遑多让。可以这么说吧，米仓山是我国亚热带向温带过渡地区的喀斯特地貌天然博物馆，是一个基本上未被深入考察和开发的喀斯特地貌景观的处女地。

从东到西，从南到北，在米仓山方圆近5000平方千米（包括巴中市通江县部分地区）的区域内，溶洞、暗河、天坑、天生桥星罗棋布，比比皆是。旺苍县龙潭子有一个“烟洞子”，是一个规模宏大的溶洞，洞口狭小，但洞内宽敞且有泉水流淌，久旱不枯，久雨不溢，而每逢大雨将至，洞内便有白色水蒸气飘逸而出，老百姓凭此以观天象，指导农时息作，并取名“烟洞子”。在龙潭子上游两岸之间还发育着一座长约30米、宽约5米的天生桥，桥下流水如佩玉奏鸣，桥上行人如履仙境。在同属龙潭子景区的潜龙山中还有一处长约6千米的潜龙洞，洞口仅容一人弯腰匍匐通过，艰难地穿行之后是一个巨大的洞厅，钟乳石、石笋上垂下伸，地下则是钟乳石笋围绕着的五彩泉池，池中盛开着永不败褪的水晶般的石花。随着洞的延伸，一个大厅又一个大厅先后呈现在人们的视线中，每个大厅都是一个冰雕玉砌的石笋园林，每处岩溶景观都是一座神奇的天然喀斯特艺术博览馆。据不完全统计，米仓山有名称的喀斯特洞就有几百个，无名称的洞更不知有多少了。

在旺苍七里峡景区百来平方千米范围之内就有陈家洞、刘家洞、塌地洞、白龙洞、大马门洞、毛家洞、大泓洞、乔皮洞、洋鱼洞、狗爬洞等深浅不一、若大若小的溶洞数十个，而这些洞到底有多深多大，由于并未进行过专项科学考察，还有许多不为人知的奥秘等待揭晓，其中大泓洞的另一端据说已通到陕西的宁强县境内。

米仓山的岩溶景观以地下溶洞为主，地下溶洞绝大多数都还处于未开发的原生状态，还有众多的“天坑”存在。旺苍县常家坪的天坑发育在常家坪圆锥形峰丛南麓的倾斜台地上，台地海拔900米左右，从来都没人进入过。坑内呈漏斗状，四周的风化土石流落入内，其轰鸣声经久不息，从洞内冒出的气流冬暖夏凉。“天坑”坑口面积不大，一般只有几百平方米。这些天坑也是众多地下溶洞开的一个天窗而已，坑内一定是别有洞天。其实五权镇所在的山间盆地本身就是一个“大天坑”。天坑三面环山，东南方向是一道最窄不过30米、相对高差1000米的峡谷，龙河水从上游的另一处天坑三溪坝经过一条长约3千米的暗河——西龙河，流入五权小盆地后再从那条峡谷流出。在五权这个“天坑”内，还堆放着不少大大小小的“天坑”石，大的有几层楼房高，一般都状如房屋大小，一色的青石。更奇妙的是这些青石中还可以观察到菊花花瓣一样的美丽图案，这就是既有观赏价值又有经济价值的菊花石。天坑石是在地质演化历史中，天坑里面的一些穹隆崩塌后跌落在地的遗迹。在这个方圆数十平方千米的大天坑内，除了常家坪这样的小天坑之外，还有不少溶洞、温泉和间歇泉分布。“天坑”往往就是一些地下河或溶洞的出入口，南江境内东河上游焦家河段有一处在平面上呈阴阳图形的“八卦天坑”，山体为阳，河曲为阴，自然天成。曾几何时，这阴阳八卦的上部山体连为一体，焦家河从中洞穿而过，后来溶洞塌陷，暗河成了明河，即便如此，在八卦天坑附近也还有不少溶洞出入口隐隐约约分布在山崖林莽之中。

旺苍龙潭子的壶穴，在漫长的水蚀过程中，中间已空，上面的洞与下面的穴原本应该是同一个壶穴（摄影 / 谢谦）

米仓山西段旺苍龙潭子景区内的端公潭瀑布，源源不断的水流，是形成下游壶穴的动力（摄影 / 谢谦）

东河：无处不通幽的峡谷群

东河是贯穿米仓山脉的嘉陵江的重要支流，如果将米仓山比作漂浮在四川盆地东北边缘的一片树叶，那么东河就是这片树叶中细密精致的叶脉。

从旺苍县城算起，东河全长约125千米。在旺苍的双汇镇附近，东河由两条主要支流交汇而成。西支源头经盐河、万家乡过米仓山山脊一直延伸到陕西省的宁强县，东支源头经英萃、檬子乡进入四川南江县直抵大坝林区的米仓山南麓山脊附近。东河在米仓山中的大小支流数十条，无论干流还是支流总是峡谷连着宽滩，宽滩套着峡谷。由于喀斯特地貌发育，不少地段水流甚至潜入地下形成一段一段的暗河，有的地方河从洞出，水从洞入，形成奇特的断续河段。

东河流域的峡谷很多，也很美。三里一峡，五里一谷，峡中有峡——旺苍的七里峡、大里峡、母猪峡、黄金峡，南江的大将军峡、魏家坝峡、大小兰沟峡等。

旺苍县的七里峡位于鼓城乡鼓城村七里峡河的中上游，峡长3.5千米（折合市里恰好七里，故名七里峡），峡内飞瀑迭水踵接相连，满沟满山生长着水青冈、红豆杉等珍稀植物。七里峡中还有左七里峡和右七里峡，目前还未开发，据说那里面更有一番别样的风光呢。南江的大小兰沟峡谷两岸的崖壁几乎都是石灰岩，可是峡中的巨石漂砾却大多都是花岗岩，令人迷惑不解。看来这米仓山在古代地质历史时期中曾几何时气候比现在要湿润得多。高强度的大气降水使这里常常发生山洪泥石流，源头和上游的花岗岩体被风化侵蚀后再由无坚不摧的泥石流将它们搬运到大小兰沟的中下游。

东河流域最长最美的峡谷之一当数东河西支支流盐井河一段。从双汇镇沿河而上直抵川陕交界的毛坝河，峡谷长约50千米，最窄处不足50米，峡谷最深可达1500余米，谷地两岸的岩层走向大多呈水平状，从高处鸟瞰，大有美国科罗拉多大峡谷的风采。科罗拉多大峡谷规模虽大，水量也比盐井丰沛得多，但就峡谷的可进入性而言，米仓山的盐井峡谷很早就是古都长安进入巴蜀西南边陲的米仓古道的主要通衢。曾誓言“上马击狂胡，下马草军书”的南宋爱国大诗人陆游在佐理川陕抗金防务时，多次出入盐井米仓古道，并留有“鼓楼坡前木瓜铺，岁晚悲辛利州路，当车礧礧石如屋，百里夷途无十步。溪桥缺断水啮沙，崖腹崩颓风拔树”的诗句。诗中木瓜铺即为现在盐井河畔国华镇天星乡一带，利州是当时广元的称谓。从陆游的描述看，盐井河中米仓道当时虽不似李白“蜀道难，难于上青天”那样“猿猱欲度愁攀援”的艰险，但也是山高水急，危崖挡路，而诗中的“鼓楼”有人解释为“鼓城”地貌的最早写照。

构成盐井河峡谷的水平岩层主要为古生代寒武纪石灰岩、白云岩，虽经燕山、秦岭和喜马拉雅等各期造山运动的影响，山地几经抬升，地层发生过变质作用，但不少岩层仍保留大致水平状态，透过酷似书卷的岩层，仿佛能洞察米仓山那沧海桑田的演变历史。美国科罗拉多大峡谷的岩层水平且色彩赭红，颇为吸引游人，但盐井河峡谷植被茂密，一年四季更是色彩变换，加上峡内随处都可以观赏各种象形景观，如伟人谷、皇帽山、鞭子岩等，让人感到大自然的无穷造型力量。

从自然景观系统而言，盐井河峡谷应该成为米仓山的一个亮点，笔者认为它就是米仓山中的“科罗拉多大峡谷”。

水流石转，磨成碧玉潭

如果说九寨沟的湖池水是一方瑰丽绝世美玉的话，那么米仓山的潭池水则是由美玉精雕细刻的鬼斧神工的艺术精品。

米仓山中东河流域的几乎每条支谷溪流都可以找到山间小湖盆，这些湖盆面积不大，一般都在数十平方米到数百平方米，最大的有数千平方米，因此当地人都不叫湖而叫池或者潭，古人有诗“巴山夜雨涨秋池”中的“池”大概就是指这些潭了。南江县光雾山北坡的十八月潭和旺苍县万家乡的十八龙潭便是米仓山中两处潭池景观的典型代表。

在层林尽染的光雾山北坡，有一个长约3.5千米的珍珠沟，珍珠沟的上游是一处犹如世外桃源的山间盆地，在珍珠沟的下游出口，大江口河水和一条山间公路缓缓通过。在一阵阵林涛声中，可以听见一声紧似一声的水流飞瀑声从珍珠沟中传出，行人们不得不驻足想拐入沟中去看个究竟。

沟中就是有“世人只知九寨沟，不识如月十八潭”美誉的十八月潭景区。

珍珠沟的谷床岩体是清一色的花岗岩。感谢这远在几亿年以前从地壳深处喷涌而出的花岗岩，如果不是坚硬的花岗岩，珍珠沟也许会变成喀斯特地貌的暗河或溶洞了，当然还要感谢伟大的造山运动和造山运动中间断的隆升过程。

珍珠沟内的18个潭池都是水流在花岗岩体中旋蚀而成的湖潭景观，花岗岩和石灰岩的水化学特征完全不同，在漫长的地质历史长河中，石灰岩在水的作用下，除了物理动能冲蚀之外，更多的则是水对石灰岩的化学作用。而花岗岩的化学特性十分稳定，与水体不发生任何化学反应，但水的冲蚀则一样可以将坚硬的花岗岩雕刻成形形色色的潭池湖盆。当山体上升时，这种水蚀的雕刻力量就加强了。当山体上升减缓或停止时，水蚀的雕刻动力变小甚至停止。当然在水蚀的过程中，偶然和必然间，一块同样是花岗岩的石块正好停留在山涧的较为平缓处，从高处冲涌而来的水流被石块挡住和减缓了前进的步伐，水冲石转，渐渐地，石块就像大自然雕刻师手中的雕刻工具，年复一年地对沟谷基底岩床进行锲而不舍的研磨下旋，于是一个小小的潭池雏形出现了。这块花岗岩好像一根燃烧自己照亮别人的蜡烛，身下的潭池已成规模之时，也许它们自身已在研磨中“粉身碎骨”了。接着一块新的石砾再次被水冲入潭中，于是再研磨再旋动再掏蚀……就在这种水流石转地的山体隆升、水流、石磨的下蚀中，一个鬼斧神工的米仓山十八月潭地理景观形成了。

十八月潭像串珠一般间断分布在3.5千米的珍珠沟谷内，潭池最大不过数千平方米，一般都在几百平方米，几乎每两个潭池之间都有瀑布或跌水，彼此间断相隔或比肩接踵。从地质构造的理论科学上讲，每两个潭池之间的瀑布或跌水都代表着一段山体快速隆升的历史。十八月潭从海拔1600米开始一路跌宕而下，高山流水如歌如诉，荡气回肠，造就了米仓山一处举世绝伦的美景，记载了一部米仓山沧海桑田、间断隆升的地质历史，真是美不胜收，让人流连忘返。

和南江光雾山下十八月潭遥相呼应的是米仓山西段旺苍县盐井峡谷上游万家乡境内的龙潭子潭池景观。无独有偶，万家乡龙潭子一共也有18个潭池，不妨称之为“十八龙潭”。不同的是龙潭子潭池不是发育在花岗岩体之上，而是发育在角砾岩岩体之上的，同样是水流旋蚀地貌景观。

万家乡角砾岩是在中生代地质历史时期，湖滨或海滨形成的一种沉积岩，这是一块夹杂在寒武纪海相沉积灰岩之间的岩体。和花岗岩一样，角砾岩岩性坚硬而且化学特征也十分稳定，龙潭子潭池景观的形成原理和南江十八月潭大同小异，也是在山体的隆升过程中，水流石转天长日久形成天作地合的又一处石破天惊的绝色潭池美景。

和南江十八月潭一样，龙潭子景区既可从下而上，也可从上而下参观考察。我们弃车步入一条山间羊肠小道，一路走一路看，只见在短短的2千米的距离内，先是石灰岩地层，接着便是状如书页的页岩地层。和七里峡一样，龙潭子沟上游的页岩也被一汪山水冲蚀成陡峻狭窄的峡谷，峡谷像只眯成一条缝的山的眼睛，抬头望去，那蓝蓝的

旺苍东河，曾经是一条连接山区与平坝的交通河流，现在成为一条景观河流（摄影 / 谢谦）

在米仓山西段，有一条3500年古道——米仓道，图为米仓道上的檬子峡
（摄影/谢谦）

天空变成了一座架在峡谷上方透明的天桥。顺着淙淙的山溪流水，攀附着那历历可数的书卷般的页岩岩层，我们鱼贯而下。其实这仅仅是龙潭子沟的小小的支流，支流就在这叫作一线天的峡谷的底部汇入了龙潭子主沟。眼前的龙潭子沟的岩性一下又变成了细碎的角砾岩。只见河床上卵石遍布，水流似乎都怕羞似的半隐半露在那灰褐的卵石层中，不过一阵涌动的山涧流水声已然传入我们的耳际。果然，当我们穿过被一片桦树林掩映的小路后，龙潭子潭池景观以它那婀娜绰约的无限风姿出现在我们面前。

龙潭子中心海拔不足1000米，在上下约1000米的距离内分布着18个潭池，潭池所在谷床是由坚硬致密的角砾岩构成。龙潭子的形成原理和南江光雾山的十八月潭基本相同，但龙潭子的潭池形态妙笔生花般的奇、绝、美，让人瞠目结舌。

从龙潭沟上游砾石层中奔涌而出的水流在第一个潭池入口上方形成了一道狭窄的跌水，水流掏空第一个潭池后左拐右行，形成了连续三个不同大小壶穴状的泉池，水流从第三个泉池破石突围而出，以一大约3米高的瀑布直入第四个泉盆，稍停息后再从第四个泉盆中流入第五个泉盆……如果说南江光雾山十八月潭的瀑布和潭水如歌如诉，如琴曲《高山流水》般清丽高雅，那么在万家乡龙潭子你聆听到的是丝竹管弦伴奏下，昆曲般悠扬婉转。更奇妙的是第五、六、七个和第八个潭穴，它们的上方曾经有过两层潭池发育的历史痕迹。要想仔细看到底层潭水的真容，必须沿着顶层潭穴的洞窟顺着一个木梯下到第二层，顶层和第二层池盆上下之间不仅有洞窟可通，而且它们之间已被地质历史的岁月掏成两面透光透风的地下厅堂。“厅堂”的形成应该与地层之间的夹层相关，最高处人可直立，面积大约有200平方米，可容数百人，第二层和底层之间同样有窟穴相通，其下的潭池深达数米，水清澈见底。

18个潭池就这样时而地下，时而地上，瀑迭水涌，穿行其间，仿佛回到一条古老历史的隧道之内，但却怎么也很难想象大自然何以有如此怪异的手笔将这一方景致雕刻得如此玲珑，如此精妙，如此圆润细腻。看到龙潭子的潭池景观，我想在今后漫长的岁月当中，18个据说曾为神龙居住的潭池也许会增加到28个、38个，历史的空间也许会变成四层、五层。事实上，在龙潭景观的上游，也许在那些砂砾层的河床下面就是一些曾经清流潺潺的潭穴。随着山体的再度隆起，它们兴许还会重见天日，而就在龙潭景观区最上岩层的延伸面上，就有好几处已经干涸了的弃置池穴。它们和龙潭子属于同一个景观系统，不过形成的地质年代不同罢了。

在距龙潭子最下面一个潭池约200米处，向上一边是300多米直插天际的峭壁，向下是一迭130多米的瀑布，瀑布也因潭而得名，叫龙潭瀑布。枯水时瀑宽也有5.6米，丰水时宽度超过10米，自下而上仰望，犹如直落九天的银汉，自上向下俯视，则似飞溅玉盘的珠帘。龙潭瀑布堪称秦巴山区第一瀑，气势磅礴壮观，那溅落谷底的炸雷般的轰鸣声和龙潭子清流涌突的沉稳凝重形成了鲜明的对照。据说在10千米之外的川陕公路上也能看到龙潭飞瀑白练般的身影，听到那白练飞瀑溅落谷底惊天动地的吼声。

米仓山的潭池和瀑布总是互为依托，互为因果，有潭必有瀑，有瀑必有潭，潭瀑相连，潭瀑相伴，瀑布冲刷形成深潭，潭水又成了下一处瀑布用之不尽的水源。这一带的地貌景观堪称世界地质奇观。

水青冈：米仓山红叶王国中的皇后

米仓山是一个色彩十分丰富的山脉，春有杜鹃，秋有红叶，即使在冬季，阵阵雪霰也会把米仓山装扮得绚丽异常。人们谈论得最多的自然是米仓山的红叶。

在米仓山的前山和河谷两岸海拔600—1000米之间的农耕区域，有一种学名叫乌桕［Sapium sebiferum（L.）Roxb.］，英文名叫China Tallowtree，当地叫作棬子树或棬树的乔木。这是一种大戟科（Euphorbiaceae）的落叶乔木，高的可达15米，叶片呈菱形，长宽3—8厘米，每到9月初，它们的叶子开始变红，要是遇见轻微的霜冻，一夜之间，田间地陇，房前屋后一片火一样的色彩，它们和柿树、梨树、桐树还有栗树上的红叶或深或浅，或浓或淡，构成了米仓山第一道红色风景线。不过随着农村产业结构的调整和市场经济的发展，棬树作为农村自产自销的油料（棬油曾为当地群众点灯照明的主要原料）作物几乎完全失去了作为农副产品的存在价值，逐年被桑树和杜仲树所取代，因此近年来米仓山前诱人的棬叶红景观越来越少见了。随着区域旅游业的发展，也许有一天，米仓山人会重新发现它们的价值的。好在棬子树是一种成活率极高的速生树种，一旦当地农村经济产业结构要进行新的调整，恢复起来并非难事，但真要恢复成红遍一坡、红遍一山的效果，倒也并非一蹴而就。常言说得好，十年树木嘛。

米仓山的第二道红叶风景线就是海拔1000米以上的落叶阔叶原始森林带。

尽管米仓山的森林曾在那些特殊年代遭到砍伐，但仍然有近10万公顷的原始森林被保留下来。这当然要感谢米仓山的山道险峻、沟深水急和交通不便。目前保护区内95%以上都被原始森林所覆盖，自海拔1000米左右的山地起，依次呈现出常绿阔叶林、常绿落叶阔叶混交林、落叶阔叶林、针叶落叶阔叶混交林、针叶林和箭竹林、木竹林以及灌丛林带。各种水青冈成了原始森林中的优势树种，但在挺拔雄伟的水青冈树林中，仍然可以看到杜鹃、玉兰、木兰、丁香、栀子、迎春、茶花、猕猴桃、野桂花、野樱桃等花卉小乔木争先恐后地占据着林下空间。每年春末夏初，林间的积雪还未完全消融，以杜鹃为代表的米仓山山花就开始争春斗艳了，自下而上，层层爆开，真是花的世界、花的海洋，山风吹过，花香飘过百里山乡。

夏天的米仓山，林海绿得如洗过一般，满山的碧玉，满山的翡翠，百兽嬉戏，百鸟争鸣，一派生机勃勃的景象。一旦进入秋季，米仓山便变成了红叶的世界。和山花开放恰恰相反，红叶的出现是自上而下，仿佛画家用一支硕大无朋的画笔，从米仓山的上部逐渐将那森林的叶片一抹又一抹地染成了猩红、鲜红、深红、棕红、粉红、金黄、浅黄、鹅黄、明黄，红中带黄，黄中带紫，紫中带红，真是一层又一层，斑驳陆离，变化万千，染红了千山，浸红了万壑，映红了瀑布，润红了泉池，真是霞被百里，锦织万顷！

南江县每年十月中下旬举办的光雾山红叶节，引来无数中外宾客进山观赏红叶，事实证明，秋天是米仓山最美的季节。米仓山原始森林中的红叶树种主要有枫树、槭树、椴树、桦树、杨树，面积最大、展现时间最长的当数水青冈，这些树都属于落叶阔叶树种。

红叶让人类感受到了大自然神奇的更替规律。每当进入秋季，随着气温的降低，气候也变得干燥起来，这些落叶阔叶树类，为了保护自己以抵御冬季的严寒，它们由绿变黄、由黄变红的过程既是它们成

米仓山东段的陈家山一带，是欣赏彩林的好地方，这里地处川陕交界，是少见的生长在喀斯特地貌上的原始次森林与原始森林　（摄影 / 刘乾坤）

十八月潭景区内，有不少的跌水、潭池，映着绿树红叶，显得十分幽静（摄影 / 刘乾坤）

坚硬的花岗岩被磨蚀得很光滑，与跌水一起，形成一些小景观 （摄影 / 刘乾坤）

峡谷中的巨大石块，有的是本地崩塌所致，有的是曾经的泥石流从远处搬运而来（摄影 / 谢谦）

熟的极致，又是消亡的前奏，这是这类植物新陈代谢、吐故纳新的必然，不过巴山的枫、槭、桦、栎、水青冈们为了平安越冬而自动将光合作用水平降到最低并不得不卸下自身的“包袱”——树叶，即便在树叶枯萎死亡之前，它们也要将最美丽，最辉煌的那一面留给人间。于是便分泌出一种叫作花青素的物质，它们使树叶的绿色渐渐褪去，由娇艳的红色取而代之。殊不知越是鲜艳，叶片越接近枯萎。就在人们蜂拥而至去品味它们的时候，也正是这些勇敢面对死亡的树叶即将从树枝上飘落而下化成尘泥的时候，当人们步入铺满落叶的林间小道时，可曾想到，正是这勇敢的死亡孕育着来年更灿烂的芳华。这就是米仓山的水青冈世世代代生生不息繁衍相替的大自然法则。

即使是消亡也消亡得壮烈，消亡得火红，消亡得辉煌，没有壮烈的死，就没有来年勇敢的生，没有火红的死就没有来年青翠的生。人们在观赏米仓山红叶时，一定会得到人性的启示和省悟的。

米仓山红叶品类之中，最为叫绝的就是巴山水青冈，这种珍稀植物被称为“植物活化石”，却大量地存在于米仓山脉之中。

米仓山（32° 29′ N—32° 44′29″ N，106° 24′ E—107° 05′56″ E）地处我国南北地理、气候以及生态的过渡带，受东南季风和西南季风的双重影响，气候温和湿润，四季分明，年降水量多达1200毫米，年平均气温约15℃。区内目前分布蕨类植物213种，裸子植物43种，被子植物2341种，大型真菌388种，其中濒危珍稀植物共120种，属国家Ⅰ级保护植物有红豆杉、南方红豆杉、银杏、独叶草等4种，属国家Ⅱ级保护植物有秦岭冷杉、巴山榧、台湾水青冈，连香树、水青树、樟树、野大豆、杜仲、旱莲木、香果树等10种。台湾水青冈（*Fagus hayatae* Palib.ex Hayata）是我国分布最南的特有种，在研究海岛与大陆植物区系的迁移和演替过程中有重要的科学意义。包括台湾水青冈在内的水青冈类植物最早生长在7000万年前的白垩纪，堪称植物活化石。

笔者曾在北极冰川表碛石块中发现过水青冈叶片化石，可见当时这种植物分布范围之广，可是目前只有在米仓山有成片的原始原生林分布。

水青冈为山毛榉科，水青冈属（Fagus），全世界目前分布有10—14种，亚洲7种，中国5—6种，而米仓山就有4种，是地球上水青冈属植物起源地和现代分布中心之一，更是世界上水青冈分布最集中、面积最大的地区，仅在南江和旺苍两县被划定的自然保护区内的水青冈林面积就有11000多公顷（旺苍7000公顷，南江4000公顷），以水青冈为优势树种的落叶阔叶混交林面积则约为5万公顷。米仓山水青冈主要种类为台湾水青冈、米心水青冈、宽叶水青冈和长柄水青冈，其中台湾水青冈为国家Ⅱ级保护植物种类，属于渐危种，被中国国务院分别列入1997年的《中华人民共和国野生植物保护条例》和1999年《国家重点保护野生植物名录（第一批）》。此外，在米仓山还分布着一种巴山水青冈（*Fagus bashanensis* Yang）。巴山水青冈是1978年才被植物学专家杨钦周教授发现并定名的一个新种，但随后也有别的学者认为这只是台湾水青冈的一个变种，也有人称其为宽叶水青冈的相近种。为了进一步为巴山水青冈正名，一些青年学者还对巴山水青冈进行木材和叶片解剖学研究和种群遗传学研究，尽管对于巴山水青冈作为单一独立分类地位还存在一些不同意见，但米仓山成片成林的巴山水青冈无论植株品相、叶面特征、木材质地、形态景观和其他几种水青冈都有明显的差异。它们树皮白净细腻，树干高大挺拔，多为丛生，而且丛生的树干无一例外地都飒爽英姿直插苍穹，显示出作为米仓山海拔1200米以上森林的优势树种的巍然气势。

目前，米仓山以水青冈为主要群落的森林植被已划为国家自然保护林地。由于行政区划等因素，保护区被人为地分割成了两大块，属于南江县内的叫“四川大小兰沟自然保护区”，旺苍县境内叫“四川米仓山自然保护区”。其实它们山水相连，林带依接，无论动物和植物演替变化都处于同一地质地理和气候环境之下。人类很聪明，可是有时也办一些似乎并不聪明的糊涂事情。

米仓山除了水青冈之外，林区内还有许许多多珍稀保护动物和植物。无论在旺苍的七里峡，还是南江的大小兰沟、燕子岭，除了水青冈之外，还生长着不少红豆杉。在燕子岭七女峰海拔1600米一带，只见连片生长的红豆杉枝繁叶茂，发紫的树干散发出诱人的幽香。在“万圣朝佛”景观处，一棵胸径为30多厘米的红豆杉还残留着红宝石般的脐孔的小红豆，让人赞叹，让人怜爱。此外还有连香树、樟树都成片生长。在保护区内还生长着大片的箭竹、巴山木竹和桦树，箭竹是大熊猫喜欢的植物，桦树叶又是川金丝猴的最爱。随着米仓山以至整个大巴山自然植被的逐步恢复，一旦秦巴山地东到神农架，西到岷山山脉的森林植被完全连接起来，一条生物通道，尤其是大型动物通道得以形成，米仓山也许会重新成为大熊猫和金丝猴以及更多野生动物安居栖息的一处乐园。

除了这些活着的“化石”，米仓山南麓的旺苍县在20世纪七八十年代还发现了大量的恐龙化石，这些化石标本现收藏在中国科学院和重庆自然博物馆里。旺苍县希望能申报建立一个原生态国家级恐龙化石公园，那些在外地的化石标本能回到故里吗？除了恐龙化石，还有更为古老的海相化石如菊石、鹦鹉螺化石也在旺苍县境内被大量发现。

米仓山多姿多彩的景观地貌，上万公顷成片水青冈森林，广袤无垠的原始森林，令世人惊叹的顶级地质奇观，丰富的生物多样性资源，恐龙和许多古生代化石的聚集地，厚重的历史文化遗存，其中任何一个单独的项目都有望申报世界自然或文化遗产，而它们集合在一个山系之内，互为毗邻，彼此叠加，真是一个让人去了就不想走的地方。作为旅游、科考、科普、教学的最佳选择地之一，米仓山将为我们人类展现出又一个意想不到的惊喜。

光雾山的红叶种类多，色彩丰富，构成了光雾山秋天最绚丽的景观。（摄影 / 刘乾坤）

华西雨屏：从雨雾之极到生物之极

■ 撰文 / 孙吉

从19世纪至今，在近三个世纪的岁月里，E.H.Parker、E.Faber 、E.H.Wilson 、W.Limprcht 、Hartert 、Shafer、G.Forrest、H.Smith、竺可桢、涂长望、方文培、郑万钧、汪发缵、侯学煜、刘慎谔……这些19—20世纪上半叶最杰出的地理、气象、生物学者们沿着中华西部川西平原与青藏高原交错过渡的莽莽山地，在这片雨量丰、云雾多、日照少、湿度大的相似气象环境之中，逐渐为我们开启了一扇超乎想象的自然地球之门，为人类最后的大探险时代赋予璀璨荣光。从20世纪50年代到21世纪，更多领域的专业学者与爱好者们加入这场探索自由的“朝圣仪式”，他们在四川盆地西部边缘山地与平原交界的狭长地域，深入而系统地呈现了这个蕴含生态、美学与人文意义的地域空间：华西雨屏。

气象“鸳鸯锅”：中国的“雨雾之极”

“成都（川西）雨涝、重庆（川东）火热，四川盆地简直就是一口鸳鸯火锅嘛。”2020年8月18日，幽默的川渝网友在各大网络平台集体感叹。

的确如此，在过去的八天时间里，历史性的暴雨颠覆了中国四川省的诸多雨量记录。监测显示，在覆盖四川盆地中西部的雅安、乐山、崇州、都江堰、彭州、德阳、绵阳等县市，累计降水量普遍超过250毫米，不少地区达到400—600毫米。德阳、绵阳局部地区更高达1000—1197.4毫米，几乎相当于一周降下北京地区两年的雨。雅安芦山气象站24小时降雨423毫米，成为四川有记载的第二极值。暴雨导致岷江、青衣江、沱江、涪江等主要江河洪峰水位迅速突破历史纪录，四川省前所未有地启动了Ⅰ级防汛应急响应，而长江三峡水库则在20日迎来了高达74000立方米/秒的流量，这也是水库建成以来最大入库流量。

地处华西雨屏带上的二郎山脉，是黑颈鹤的重要迁徙走廊之一 （摄影/沈尤）

更让人难以理解的是，从8月17日上午风云4号高清卫星云图上看去，这条浓密惊人的雨带以东，却是晴空万里。

“四川西部出现这么强的连续暴雨，是综合因素所致。”四川省气象局专家郭洁如是解惑。

8月19日，郭洁在某自媒体发表了《看气象专家朋友圈解密：四川为何一直雨雨雨》，简明扼要地系统梳理了四川强降雨的成因，她亦发给我一张生动形象的卡通图片——“三人灌水四川”：一个代表来自南海和孟加拉湾暖湿气流的小人，正源源不断地向四川盆地输送着水汽；另一个代表西风带冷槽持续东移的小人，则激发形成了汇集水汽的西南低涡；当两者移动的步伐遭遇第三个小人——来自西太平洋的副热带高压的强势顶托，不仅拉动丰富水汽沿四川盆地西部边缘的山前迎风坡上升，形成巨量降水，同时牢牢控制了雨带的东进。

“加之前期连续的晴热高温天气累积起颇为可观的能量，最终形成了如今我们从气象卫星云图上看到的‘东边烈日西边暴雨’的气象景观。这次降水量分布呈经向型，华西雨屏就是四川盆地夏季降水量分布的基本轮廓。”郭洁补充道。

这场西南暴雨塑造了新的洪水记忆：位于岷江、大渡河和青衣江交汇处，乐山大佛百年来首次被“洗脚”（河水淹没了脚背），郭洁的解释再次让一个糅合了地理学和气象学的概念——“华西雨屏”浮出水面。这个流行于科普读物和地理教材的名词，在大多数时候并未得到清晰诠释。这是中国西南部由季风、西风、高压、地形等自然因素共同塑造的独特气象地理区域，这片区域东方面朝太平洋，南西斜挂印度洋，背靠青藏高原第三极，北接秦岭龙脉，东北与米仓山相连，介于开放与闭合，游走于海洋与高原之间的弧形地带，亦是川西平原向川西高山峡谷至青藏高原的急剧过渡地带，容纳了平原、丘陵、中山到高山的各种地貌，平均相对高差2000米，最高可达5000米的垂直地域。来自太平洋的东南季风、孟加拉湾的西南季风和青藏高原高空西风急流交汇于此。华西雨屏恰如一面巍然耸峙的地理屏风，阻挡西风寒流，让每年11月至次年4月的四川盆地温润无寒，同时开怀迎接来自海洋的暖湿气流，促成因“盆地效应”形成的沿盆周山地下沉的冷湿辐合气流相遇山坡，带来每年5月到10月异常丰沛的地形雨。与此同时，集中出现在川西高原东侧四川盆地附近，最具中国特色的降雨现象——西南低涡，因常被副热带高压阻留在此，造就我国仅次于台风的第二暴雨系统。到了9至11月的夏末秋初之际，当副热带高压南退，频繁南下的冷空气与滞留的暖湿空气相遇，在青藏高原以东，115° E以西的地区，又形成一年中降雨的第二峰值时间。阴雨绵绵的“华西秋雨”现象早为中国古人所吟咏，亦覆盖了华西雨屏带的广袤山林。这片四川盆地西部边缘复合、模糊、过渡地带的边界，不同领域的学者们长久以来一直在寻找更精准的定义并努力达成共识。长年在华西雨屏工作的中国科学院植物所研究员庄平，在2002年对华西雨屏的区域做了一个梳理：以雅安市为中心（29° 30'N，102° 30'E），北端位于平武县（33° N，104° E），南端直抵雷波县（28° 30'N，103° 40'E），东西横亘50—70千米，南北纵贯400—450千米，由岷山山脉、邛崃山脉、大相岭至黄茅埂以东构成的狭长地带，行政地域包括平武、北川、江油、绵竹、彭州、都江堰、汶川、崇州、天全、宝兴、雅安、洪雅、峨眉、峨边、马边至雷波等诸县市，总面积约2.5万平方千米。

在所有关于华西雨屏的描述中，“西蜀天漏”是最让人印象深刻的词——中华创世传说中的上古大神女娲补天唯一遗漏的地点——民间用于解释雅安如何成为“雨城”的故事，被普遍认为符合华西雨屏带的显著特性。我们亦可以在几乎所有进入该地域的考察者日记中找到“降水不绝”“雷电暴雨”“云雾厚重”“潮湿阴冷”等记载，正是他们的描述和阐释为后人构建一个以雨雾阴湿为主要特征的中亚热带特别气候地理单元提供了方向性线索。

1931年，国际气象组织正筹备开展第二次“国际地球观测年”活动，约定世界各国联合观测地球物理现象一年，以此研究全球气候变化。为了达成这个宏伟的目标，委员会主席、丹麦气象研究所所长考尔博士，给时任中华民国中央研究院气象研究所所长竺可桢写信，希望中国能承担部分观测工作。这无疑是提升科研水平、扩大国际影响力的难得契机。竺可桢欣然接受，他在异常困难的条件下，决定增加南京和北平的气象观测业务，另新设立两个高山测候所：一个位于泰山，一个则设在地处西南的峨眉山。

1932年7月，中国第一个高山测候所在峨眉山千佛顶建成。峨眉山测候所不仅首获我国高海拔地区风向、风速、气压、天气现象以及能见度等珍贵气象数据，还曾为抗日战争时期的“飞虎队”提供了重要的气象信息支持。

峨眉山丰沛的雨量和云雾让人印象深刻，一些重要的气象地理论断从这里萌芽。1935年，竺可桢在《气象研究所集刊》第7号发表《中国气候概论》，文中首次提出：“四川素以润湿著称，峨眉山则为中国云量最丰之地，平均云量达8.1……华西地形雨所占地位，极为重要。……同一气团，使中国东部酷旱不雨（如1934年夏季长江流域之大旱），被迫上升2000—3000米以后，常至倾盆大雨。”根据当时仪器测量的数据，竺可桢认为峨眉山“差可与世界雨量最丰之乞拉朋齐（Cherrapunji，40年平均降雨10820毫米）相抗衡”。但他同时注意到，“惟峨眉山之雨量，亦非全属地形雨，以其常降于平静无风空气上升之际，但亦时降于东北风盛行、低气压中心自南经过之时”。

同一时代的涂长望先生，更有惊人发现，他获得“1933年8月到1934年8月13个月内，峨眉山雨量达9225毫米”的数据，并为此专门撰写《峨眉山之雨量》一文解释成因：“高山迫使西南季风或东南季风抬升，这时来自海洋的空气相对湿度增加，当这种湿空气由对流或者由来自西北的冷空气下切被迫抬升到一定高度，降水就将发生。再加上峨眉山处于低压路径地带，甚至位于低压形成地区，这些都将造成特大降水。”这一重要结论被刊载于《气象杂志》1936年第12卷第10期。

尽管最让两位前辈兴奋不已的降雨数据已被证明有严重的误差，但很难苛责先生们因当年技术条件限制而得到的错误数据（当年的测量人员在极端困难的条件下，甚至只好根据树枝摇动来判断风向和风速），因为正是两位中国近代气象科学的奠基人，开启了世人对中国西南四川盆地边缘山地的系列气象学认知，启发后人勾勒出以季风、冷槽、地形等综合作用形成华西雨屏的理论雏形。

从“华西地形雨”开始，四川盆地西部山地丰沛的云雾与降雨现象，开始以“华西雨屏”这样一个较为独特的称谓出现，而时隔85年后，竺可桢、涂长望两位前辈关于降雨成因的探究与结论，与当今科学界对华西雨屏夏季暴雨的解读依然在诸多方面相互印证。郭洁告诉我们：“其实历史上，迄今四川暴雨的最大极值就出现在这座位于华西雨屏带核心的高山，1993年，峨眉站曾出现24小时降水量528

大雨过后的雅安市主城区，笼罩在云雾之中　（摄影 / 郝立艺）

毫米的纪录。”

1950年8月，峨眉山高山测候所被中国人民解放军西南军区气象处接管，更名为峨眉山气象站。1954年10月，气象站从千佛顶迁到现在的金顶，持续运作至今，海拔3047米的气象站，刚好处于气象预报的标准高度层——700百帕的中空位置，在这里测得的气压、气温、湿度、降雨等数据具有极强的地域代表性。

以峨眉山为起点与代表，人们逐渐展开对华西雨屏的认知。中国的气象学家则通过不断更新的观测技术手段，更清楚地认识到这片地域的气象地理价值。根据最新的统计数据，华西雨屏年均降水量1200—2000毫米，远超我国绝大多数区域，几个重要的集雨区如雅安降水量达1700毫米，峨眉山中高山区达2000—2400毫米，洪雅柳江一带更高达2500毫米，几乎等同甚至超过北回归线以南的南亚热带和北热带，堪称我国内陆降水最丰沛的区域。其中雅安与峨眉山年均降水日数多达263.5天，峨眉山最多可达290天每年，雄踞全国之冠，从这个意义而言，堪称中国内陆当之无愧的“雨极”。

海洋季风与山脉地势共同创造中国内陆“雨极”之时，亦形成了华西雨屏另一最显著气候特征——冠绝于世的云雾与屈指可数的日照时长。古人曾用“蜀犬吠日”来描述四川盆地阴霾气候，但华西雨屏带的重重云雾则更甚：常年日照时数一般仅为900—1200小时，比同纬度地区整整少600小时以上，妥妥是中国日照最少的区域。最具代表性的依然是闻名天下的峨眉山，这座海拔3099米的背斜断块山，常年隐身云雾之中，中高山区年日照时数仅551.4—934.6小时，意味着平均每天日照时数仅有2.5小时，为全国最少，与之相对应的则是年均雾日多达323.4天，最多时高达334天，纯净生态的自然之雾更是秒杀世界各地的所谓“雾都”（重庆年平均雾日104天、伦敦年均雾日94天、东京年均雾日55天），稳居世界之最。或许人们可以从气象地理的角度去扩展关于这座名山的新知识：它是我国雨日最多、雾日最多、日照时数最少的山体，堪称中国乃至世界的“雾极”。

降雨、云雾与潮湿从此成为人们对华西雨屏的基本描述，它营造出一种难以捉摸的神秘地域气质，然而这正符合其雨雾缭绕的表象之下复合、模糊、过渡的自然特性。对那些追求明媚阳光的人们而言，上述数据意味着他们一旦踏入华西雨屏，将面临严峻的考验。然而一百多年的科学发现将证明，阴雨潮湿与云遮雾绕，或许正是中国西南这片幽深山林永远无法估量的幸运，正如诸多博物学家、探险者和研究者非凡经历所展现的，华西雨屏注定封印着一些永恒的秘密与奇迹。

神秘“伊甸园”：中国的“生物之极”

一只漂亮的飞羽精灵突然出现在众人的镜头里，它体态娇俏，翼黑肩白，两道醒目华丽的黄色羽缘，正在青翠森林之中尽情翻飞跃动，四周的无边山野云雾舒卷，渲染出令人赏心悦目的灵动春天。

一种中国特有珍稀鸟种浑然天成的自由活力，让所有在场目睹之人精神振奋，心情愉悦。这只金额雀鹛，是中国人发现并命名的第一种野鸟，任国荣先生于1932年偶然发现并命名，已成为中国鸟类研究史上具有里程碑意义的物种。在1400多种中国可见鸟类中，只有三种是被中国人发现并命名的：金额雀鹛、四川旋木雀和弄岗穗鹛。

特殊的生物、历史等多重内涵，使外形靓丽的金额雀鹛成为“首届雅安周坪观鸟赛”当之无愧的明星。在2016年3月26日至27日的24小时内，来自重庆、广东、广西、湖北、福建、河南等省市的15支专业观鸟队和3支业余观摩队的百名自然爱好者，漫游在华西雨屏龙苍沟国家森林公园的山地密林，通过对鸟类的观察、记录与欣赏，建立现代人类与自然的共鸣。

成都观鸟会理事长沈尤是这场活动的主要组织者，他强调，之所以在雅安周坪举办观鸟赛，是因为周坪位于华西雨屏，有着良好的生态环境，是各种鸟类的栖息地。早在2004年，他就颇具“冒险性与前瞻性”地组建了以观鸟为主题的民间团体，是成都市区临近山地得天独厚的自然环境与持之以恒的行动，赋予了成都观鸟会越来越多的经验空间。2005年，沈尤在卧龙自然保护区朋友的牵线下，第一次去往地处华西雨屏核心区域的雅安市境内，这里正处于全球候鸟迁徙八大通道之一的东亚至澳大利亚（南北）迁徙交汇带，拥有蜂桶寨—硗碛、喇叭河自然保护区、二郎山、栗子坪自然保护区等四个中国重点鸟区，不仅是当年西方博物学家们探索未知自然、创造辉煌声誉的“秘密花园”，它的鸟类丰富性同样让中国古人印象深刻，清乾隆年间雅州知府曹抡彬曾写下如此诗句：“百雉临流是雅安，羌水瀆江锁城丸。”

沈尤和各地鸟友们开始反复进入该区域开展包括鸟类在内的生物多样性调研，不断更新着当地自然环境的丰厚本底：时至今日，雅安市以多达506种鸟类（占中国可见鸟类的三分之一）的纪录闻名国际观鸟界，由国人发现并命名的三种中国鸟类中，就有两种（金额雀鹛、四川旋木雀）生活在中国西南这片鲜为人知的潮湿山林。这些自然爱好者们持续探索华西雨屏秘境的行动亦触发更多人深度参与——一场“雅安周坪观鸟赛”，开启了2013年4月20日“芦山大地震”之后，在生物保护地重构人地关系的新型探索，雅安（周坪）灾后永续社区示范项目由此落地。在随后短短数年时间里，一种以观鸟、观花、徒步等生态活动为基础的旅游产业发展迅速，当地的农家乐、乡村旅游由此生意更加兴隆，不断实践着可持续社区发展理念。

不可思议的是，这片穆坪土司曾经的管辖之地正是华西雨屏故事的开篇。

前后传袭五百多年的地方统治者，可能无法向外界有效传递本土信息，但作为嘉绒十八土司中距离汉地最近的土司领地之一，它无可避免地迎来了十九世纪深入中国内陆的科学探索热潮。

1869年2月（清同治八年），一位名叫让·皮埃尔·阿尔芒·戴维（中文名谭卫道）的法国人从成都华西坝的天主堂出发，来到了偏僻潮湿的雅安邓池沟天主堂，担任第四任神父。直到1874年离任的五年时间里，他开办灵宝学校，积极地发展传教事业，同时身兼巴黎博物馆通讯员，将业余时间主要精力用于探索周围自然世界的丰富秘密。

神父戴维的称呼，显然掩盖了他在科学探险与生物研究领域的诸多开创性成就。这位有些不安分的法国神父，完美诠释了当时痴迷未知世界并勇于探索的时代特性，开始积极履行作为一名杰出博物学家的使命。与自己故乡的温带海洋性气候，以及相对单调的山毛榉树林和针叶林不同，戴维与自己的猎手们频繁出入的穆坪土司所辖的山林（即今四川省雅安市宝兴县一带），云雾缭绕、湿润多雨，显得魔幻而幽深，正是近现代自然科学认知的“空白地带”。

1869年3月23日，戴维被好运眷顾的日子开始了：一只活着的幼年“白熊”被带到他的眼前。与传说生物相遇的梦幻情景，他于十天前路过一户李姓人家时刚刚经历过，“它可能成为科学上一个有趣的新种！”当时他就断定道。后来的故事人们耳熟能详：这种毛色如东方太极意象的丛林野兽，成了地球上知名度最高的明星动物——大熊猫（Giant Panda），而戴维，则成了大熊猫的“发现人”。

仿佛某种咒语生效了，来自比利牛斯山北麓小镇的法国传教士，开始被神秘力量允许真正进入中国西南雨量充沛的神奇王国。他在宝兴的山林，先后“发现”或鉴定、命名了200余种当时世界上前所未有的珍稀动植物，包括诸多现代“网红”物种：大熊猫、川金丝猴、扭角羚、苏门羚、短尾猴、亚洲黑熊、绿尾虹雉、雉鹑、大卫两栖甲，被誉为“植物活化石”的珙桐、连香树以及多种杜鹃、朱雀等。

145年后，不仅有沈尤和他创立的成都观鸟会所代表的民间力量，时任四川林草厅野保站副站长顾海军亦加入芦山地震重建生态修复项目中，开展珍稀濒危野生动物保护工作。2014年，他成为“宝兴县大卫两栖甲保护项目”的参与者。对于这种几乎已成传说的物种是否还能重现于世，一开始谁也不太确定。“体型不足1厘米长的大卫两栖甲虫，是中国特有物种，宝兴县的河流溪水边是它目前已知唯一的栖息地。”顾海军的回忆鲜活而有趣，“我们雇用了一个当地老乡每天都去河边翻石头，总算把它找到了。”这是自1870年大卫（戴维）两栖甲被“杰出的博物学家”戴维首次发现，1995年被中国科学院专家再次发现之后，多少有些出乎意外地重新进入人类视线。新华网四川频道在2015年5月27日的报道中兴奋地宣布：“大卫两栖甲在地球上还未灭绝！”

是的，神秘的丛林隐士，主动掌握着与人类在野外相逢的时机。从19世纪至今的跨越性岁月里，华西雨屏曾开创了一个生物学意义的世界性耀眼起点，而四川盆地西部边缘的阴雨、云雾与潮湿阻挡不了中外学者们探索自然世界的热情，这片如今从气象地理角度命名的区域，同时是兼具生物科学认知“空白”的“富饶”山林，现代科学眼光被不断投射到古老而多样的华西雨屏，西方的博物学家们为自己带来突破性的个人荣誉，东方的学者们也满怀着民族感情努力寻找本土地位。

如同西方人戴维无意间解开了宝兴森林的封印，峨眉山的浓雾与阴雨则一直是中国生物学家的“洞天福地”。从19世纪中后期到20世

绿尾虹雉 （摄影 / 吴秀山）

灰胸薮鹛 （摄影/罗宇辉）

四川旋木雀 （摄影/呼延凯）

黄额鸦雀 （摄影/殷后盛）

纪上半叶，以 E.Faber、E.H.Wilson 、J.E.Thayer、O.Bangs、Hartert 为代表的国外著名博物学者纷至沓来，并获取丰厚回报之际，这座华西雨屏的著名山峰，亦为本土学者提供了源源不绝的独家宝藏：1904年6月18日，黄以仁先生在峨眉山采集到台湾相思树（*Acacia confusa Merr.*）标本，这是目前所知，国人用于植物学研究的最早采集。

1933年，就在竺可桢于峨眉山筹建我国第一所高山测候所的次年，从英国爱丁堡大学植物系留学归来的方文培，再次来到了让他魂牵梦绕的峨眉山。这里完整的垂直植被带生长着异常丰富的物种，简直就是一座自然植物园，最让其惊喜的是种类繁多的杜鹃，随季节和海拔交替开放，与宗教名山交相辉映。

为了弥补1928年短暂停留的遗憾，年轻的生物学家在此开展了多年缜密专业的野外考察，而华西雨屏最知名的山峰，亦为中国生物科学的先驱带去慷慨回赠。方文培不仅确定峨眉山至少有3000多种植物——这已接近当今的数据，而且从中选取有重要价值的植物及地区特有种共200种，于1942—1946年间，陆续编纂出版中英双语《峨眉山植物图志》共2卷4册，这部中国早期地区性植物志代表作，实现了“中国人编写中国自己的植物志”的愿望，英国皇家园艺学会因此授予他一枚银质奖章。

方文培在峨眉山系统开创的科学研究，让华西雨屏真正向中国人敞开了胸怀，但云雾笼罩的秘密山林中始终是机遇与挑战并存。1988年中秋，植物学家庄平和四川省中药学校的邬家林先生一行在峨眉山作野外植物考察。当晚正值邬家林50岁的生日，他们露宿在鹅颈子的一处岩壁，却不料遇见一场危及生命的意外，庄平在回溯自己考察经历的《历险与感悟》中回忆道：“我们由万佛顶的下方向西，试图

峨眉无柱兰 （摄影 / 王进）

宝兴百合 （摄影 / 高华康）

峨眉舞花姜 （摄影 / 王进）

绕到金顶的正面，不料突然雷暴雨大作，随后便感觉到左上方有异乎寻常的声音，我们一行本能地贴在一块巨石后面。不一会，大小不等的飞石在雷电的伴奏下如弹丸般从我们的头顶和巨石的两侧呼啸而来，不远处的灌木丛和树林被打得噼啪作响，天又十分阴沉可怖，我们每一个人都仿佛置身于一场着意安排好的劫难之中。”

劫后余生带来了幸运收获：他们采集到后来定名为峨眉八角莲的植物标本。这次考察使峨眉山的八角莲属植物增至5种1变种，当仁不让成为我国珍稀特有植物——八角莲属的集中分布区之一。

这是庄平选择探索峨眉山神秘山野的第三年。1982夏季，25岁的庄平从西南农学院（后更名为西南农业大学，现为西南大学）园艺系毕业，被分配到北京中国商业部任职，这是无论在哪个时代都让普通人艳羡的工作，然而完美的行政管理工作并不适合这位充满“野心”的青年。正逢此时，全球规模最大、历史最悠久的非营利环保机构——世界自然联盟（IUCN）进入中国，带来新鲜、现代的环境理念，而思想领域的未来学派，特别是罗马俱乐部盛行一时，开启了国人对工业社会和人类未来的思考，二者给予年轻的庄平深刻冲击。

在理想主义绽放的20世纪80年代，正值中国大陆开放国门，重启现代转型之路的起点，各种潮流汪洋自由交汇，全方位地激活着被禁锢许久的僵硬灵魂，人们仿佛急于把失落的一切补救回来，梦想的实践、许多领域所呈现出来的蓬勃气象，正与当年民国学者们的开荒精神遥相呼应。

庄平决心离开北京的办公室，从事真正与大自然对话的工作。1985年7月，他调到四川省自然资源研究所（现四川省自然资源科学研究院）任职。恰逢峨眉山生物实验站刚刚创建，这座位于万年寺附近的小型植物园，致力于濒危野生植物的搜集保护，对庄平而言，无疑是一个完美的诱惑。他很快成为大约10人常驻工作队中的一员，从此开启自己一生与华西雨屏的机缘。

峨眉山被誉为“佛国仙山”，它的云雾深处典藏着无数自然奇迹，数千年里一直在激发着人类无穷的想象灵感，进入近代以来，中外自然科学前辈们在这里持续开展卓有成效的工作，但远远没有揭示它的所有秘密。但是那些跋涉山林的场景，想来浪漫但却实际严酷，在交通物质条件极为简陋的时代，入山采集标本意味着需要深入荒无人烟之地，披荆斩棘，遭遇野兽、风餐露宿是常事，甚至一不小心即有性命之虞。但任何困难都阻挡不了一个决心追寻人生价值的理想青年，这种深怀使命感的专业浪漫，可能是那个精神图腾年代知识分子们共有的个性。

庄平驻站八年，遭遇各种严峻挑战的同时，迎来不可复制的契机，他将在华西雨屏的标志性山峰实现人生中最引以为豪的成就。

1987年5月，邬家林给正在峨眉山的庄平带来一个意外惊喜：他和同事在野外找到了久违的峨眉拟单性木兰。庄平听闻兴奋不已，因为这种珍稀特有植物已经从人类视线中销声匿迹40多年，当时甚至有专家推测，它可能已经在原产地彻底灭绝。这是在我国植物学领域具有特殊意义的物种。

1940年，郑万钧先生在峨眉山采集到1份峨眉拟单性木兰的雄花标本，11年后，这份标本加上王启无先生在云南麻栗坡采集的另1份同类群标本，由中国植物学前辈胡先骕与郑万钧共同建立了拟单性木兰属（*Parakmeia* Hu et Cheng），成为仅存于我国华南—西南分布的一个中国特有属，而峨眉山作为其分布的北界，对研究木兰科系统进化具有不可替代的地位。

庄平立即组织联合考察组开展野外工作，经过艰辛寻觅，他们在一处不知名的悬崖边采集到这种珍稀植物当时唯一的雌花标本，再通过不懈努力，终于让峨眉拟单性木兰在峨眉山生物实验站开花结果。20多年后，人工育种的峨眉拟单性木兰幼苗正进行回归野外的试验，一种拯救性的物种发现与保育行动，让濒临灭绝的物种重新回归繁盛的希望，成为庄平至今引以为豪的最大成就之一。

就像大卫两栖甲一样，神秘的峨眉拟单性木兰似乎知道选择恰当的时机重新进入人类视野，而“佛国仙山”之境一直在不断地为人类创造更多自然命题。在参与发现与拯救拟单性木兰属及木莲属植物的同时，庄平开展了对独特的峨眉冷杉森林 (Abies fabri Forest) 生态系统的深入研究，他成功找出了中国境内冷杉森林中最耐阴湿植被类型的分布规律与环境意义。这是完美适应了四川盆地西部华西雨屏带湿度大、日照少、云雾多等气候特征的特有植被类型，同时共生着众多中国特有属和区域性特有种，该森林系统纵贯300—400千米，分布于巴郎山、二郎山、黄茅埂等山脉，总面积达10万公顷，展现着“与生物地史和当地复杂生境类型的深刻渊源和联系”，亦是揭示大气污染的指标性生态。

除此之外，昆虫学家在峨眉山发现了中国最多的蝴蝶种类，我国约有蝴蝶2000多种，分布于峨眉山的有266种，比素有“蝴蝶天然乐园”之称的西双版纳还多34种。植物学家则认定这里是中国兰科植物分布最集中的地区，已知47属220多种，占全国150属的三分之一，占全国1000多种的五分之一，其中中国特有种69种，峨眉山特有种48种——包括引人瞩目的峨眉红门兰，比邻近的秦岭、神农架等产兰地区多出三倍以上……许多颠覆性的发现与结论均源出于华西雨屏最具代表性的山峰，峨眉山超乎寻常的气象条件亦使之成为孕育生命的“秘密伊甸园”。

中国生物学家、中外博物学家和自然爱好者们的峨眉山与雅安故事，呈现出华西雨屏在中国现代物种研究史上无可辩驳的开创意义，经过自然科学界跨越三个世纪的多领域探索，这片位于天府之国边缘山地的华西雨屏，巨大而特殊的生物蕴藏量正不断刷新世人的认知纪录。

探索还在继续，发现更多自然密钥

2020年青城后山的夏季，相对湿度超过90%，空气异常潮湿闷热，中国科学院成都生物研究所的蔡波博士带着两个学生，选择了一条无人涉足的泥泞山径做深夜考察。亚热带常绿阔叶森林夜晚同样“热闹非凡”，除了各种虫叫蛙鸣，电筒不时反射出两团光亮，常常正是来自那些外表令人毛骨悚然的两栖爬行类动物的双眼凝视。

每年的这个季节，道教圣地青城山及其临近的山峰，已经成了都市人趋之若鹜的避暑胜地，灯火通明的餐饮食宿与熙然喧嚣的车流人群，组成了季节性的山地社会生态系统，但人类与自然界仿佛恪守着一道无形的结界（结界是以阵法等特殊力量将两个地方进行分割的行为，引发后也可以在阵法的范围内形成防御罩，阻挡外来攻击）：只要跨出集市般的公路沿线，那片以桢楠（*Phoebe zhennan*）和四川润楠(*Machilus sichuanensis*) 占优势的山林依然深邃、寂静与灵动。

“就选这条山路吧，走到溪边去看看……快翻开那块石头找找，

芒刺杜鹃　（摄影 / 刘乾坤）

今天下午我们可是找到了峨眉草蜥……这是中华蟾蜍，捡起来做标本，出来总得有点收获……现在还不晚，我们可以再走半个小时，不然啥也没看到，可会毁了我的‘一世英名’。”蔡波一路上不断地提示着。

一周后，他又在峨眉山给我发来了当地特有物种——龙洞山溪鲵的照片。

生物学家们仍然在持续解开华西雨屏丰富多彩的生命密码。戴维当年向世人宣告“新”物种“诞生”的那具大熊猫模式标本，至今还珍藏在法国巴黎国家博物馆，它是象征华西雨屏作为物种模式标本产

邛崃天台山丛林中的萤火虫 （摄影/冉玉杰）

地在全球生物学和生态学重要地位的最佳代言。黄以仁先生在峨眉山采集到台湾相思树标本，现存于海军军医大学（原第二军医大学）植物标本室（SMMU—BH）。1948年，“中国最杰出植物学家”方文培来到四川大学执教，以常年野外考察所得为基础，历经四十余载创建的四川大学植物标本馆的植物标本储量，成为全国高校首屈一指的世界著名标本馆之一，他心心念念的杜鹃花保护研究工作，也在其积极呼吁下，灿烂绽放于故乡山林。1996年，庄平从峨眉山生态保护站调入中国科学院植物所华西亚高山植物园工作，开始带领植物团队跋涉于从神农架、太白山到喜马拉雅山、横断山脉等地的荒野山林，他

附生杜鹃　（摄影 / 康志立）

《戴维植物志》中插图——宝兴大叶报春

1888 年出版的《戴维植物志》中唯一一张彩色插图为珙桐。珙桐的模式标本由戴维 1869 年采集于雅安市宝兴县

们用15年时间将植物园的杜鹃花种类从100多种增加到300多种(2021年的最新数据是423种，含几个变种)。如今，这座位于华西雨屏的重要节点——都江堰市龙池风景区的华西亚高山植物园的杜鹃花专类园，已成为中国乃至亚洲种类最多的原始杜鹃花保存中心。

气象学领域同样在持续推进深入的“华西雨屏”解密。竺可桢先生的东南季风理论得到了扩展和更新，峨眉山气象站也早已成为国家基准气候站和国际气象情报的重要交换站点。第二次青藏高原大气科学试验(简称TIPEX)的实施，对西南涡生成源地有了进一步认识，郭洁在导师的指导下一直致力于GPS遥感反演大气水汽的相关研究，而2020年中国的北斗卫星组网成功，将使研究卫星遥感水汽增加新的“武器”。

现代科学的发展正将自然世界以前所未有的清晰面貌呈现，在越来越多的普通人愈发渴望链接荒野的当代，华西雨屏正被赋予新的热门标签：气象“百慕大”、最佳观鸟地、大熊猫故乡、赏花胜地、摄影天堂……也许这片阴郁潮湿山林的“破圈”与“出道”，亦是华西雨屏正式广为人知的开始。

一个独特的地理、生物、气象以及文化地域正在解除神隐模式，并向世人阐述地球生命的意义。物种、特有种、珍稀种及其分布形式均被用来作为表示某一地区生物多样性的重要指标(Jablonski，1986；Sepkoski，1988)。从这个角度再去审视，“华西雨屏”一名的内涵，超越了源出地理学与气象学的定义，即使仅从物种丰富程度上，它就堪称具有世界意义的生物多样性关键区域，而这里源源不断地产生轰动世界的惊人发现，崭新的生命之境一次次让这个星球最好奇的物种——人类激动不已，古老而新鲜的生物纷纷走出幽寂山林，这些被现代知识体系发现、描述并第一次呈现给世人的独特物种，赋予华西雨屏带永恒而璀璨的生态学意义——世界经典模式标本产地。

峨眉山终年雨雾，极适合峨眉冷杉生长 （摄影 / 河川）

峨眉山：自然造化的绿色世界

■ 撰文 / 庄平

距首次造访峨眉山，时间已过去了整整38年。其间，我曾于20世纪80年代中期，在万年寺停车场附近，参加了峨眉山生物资源试验站的初创和建设，从而开启了个人的植物学生涯，并将生命力最旺盛的8年奉献给了这片神奇的土地。

然而，当今天以一位退休老人的目光重新审视这座堪称熟悉的大山时，记忆和知识却仿佛变成了散乱而难以捡拾的碎片；恰如当年初临峨眉山的那个初夏一样，新鲜、震撼、惶惑与迷惘之情油然而生。唯一不同的是，那时我的大脑犹如贪婪吸水的海绵，而今天却似乎再也承不住那座山的分量。人文、宗教、气象、地学与生命，峨眉山的博大不会随着你认知的增加而减少，反而像一个可以无限扩张的圆圈一样，未知领域伴随其周长的增加而日益扩大，以致让人无从下手。于是我想，既然不具备上帝纵览全局和明察秋毫的视野，何不像一位老山民那样，把自家周围那几道熟悉沟壑或林木数落个清楚呢？有了这个想法，便找回了几分自信。或许，聊聊峨眉山独特的绿色生命的多样性，是一个不错的话题。

震旦第一山

在峨眉山入口的广场上，竖立着一块巨大的柱状玄武岩，其上赫然镌刻着“震旦第一山”五个苍劲的行草，有人说这是源于印度僧人宝掌法师所赐。

据传，公元3世纪，宝掌和尚经缅甸沿南方丝绸之路来到中国。他游历了长江、黄河流域的许多名山大川，然后再经长安，越过秦岭，入蜀地，上峨眉；并先后在灵岩寺、洪椿坪、宝掌峰等处搭建茅棚，驻锡修持，一待竟逾百年，故有“千岁宝掌”之说。宝掌顾念峨眉无峰不绿的祥云虚空之景，遂叹曰：峨眉“高出五岳，秀甲九州，震旦第一山也”。“震旦”乃太阳升起的地方，亦为古印度对中国的尊称。因而，自魏晋以降峨眉山遂以“震旦第一山”“秀甲九州”“高凌五岳”“伯仲昆仑”(【晋】王羲之)及“高出西极天”(【唐】李白)等溢美之词而名动天下。

晋代常璩所撰之《华阳国志》记载，“杜宇以褒斜为前门，熊耳(青神县)、灵关(雅安芦山县西北)为后户，玉垒(都江堰)、峨眉为城郭”。这说明，西周时期峨眉山已始有闻名。到先秦时代，峨眉山便成为方士们避世

峨眉山金顶　(摄影/孔胜)

隐居的“仙山”。刘向所撰的《列仙传》曰:“陆通者，云楚狂接舆也。好养生，食橐卢、木实及芜菁子。游诸名山，在蜀峨眉山上，世世见之，历数百年去。”又载:“葛由者，羌人也。周成王时，好刻木羊卖之。一旦骑羊而入蜀，蜀中王侯贵人追之上绥山。绥山在峨眉山西南，高无极也，随之者不复还，皆得仙道。”另据《华阳国志》载:“峨眉山，《孔子地图》言有仙药，汉武帝遣使者祭之，欲致其药，不能得。”若依上述记载，则有关峨眉山的认知当始于先秦乃至更早，在东汉道教正式创立之前，峨眉山即与神仙方士关系密切，且被视为出产仙药之地。

峨眉山曾是道教的重要道场，被尊崇为“天下三十六洞天”之中的第七洞天——“虚灵太妙洞天”。但经东汉始设教治，魏晋时代蓬勃发展，到唐代迎来鼎盛，再经南宋由盛而衰及至明清时代不可挽回地颓败等一系列变故后，最终峨眉山毫无悬念地由“天真皇人论道之地”演变成了名满天下的“普贤菩萨应化道场”。而其中的一些名字，如魏晋时代的葛洪与陶弘景，唐代的孙思邈及明清时代的韩懋等医家，却也都亲历了这座“仙山药园”的历史，并对后世的药用植物研究与发掘产生了深远影响。其中，葛洪启发了屠呦呦等研发抗疟疾新药的灵感，而直到现在，孙思邈也依然是那些热衷于开发“汉方药”的东洋人膜拜的“药神”。

1996年，峨眉山—乐山大佛经由联合国相关组织认定，被成功列入世界自然与文化遗产名录，这当是“震旦第一山”的又一次宣示。没人怀疑峨眉山—乐山大佛所承载的文化内涵具有征服世界的魅力；但与此同时，它又是如何满足世界自然遗产所必备的条件呢？毫无疑问，是峨眉山的天然禀赋，即较为完整的亚热带山地生态系统及地学价值打动了评委们的心。然而，仅凭先秦以降那些有关“仙山药园”以及历代方士、道人与僧侣们对峨眉山自然王国的认知，显然远不具备最基本的科学阐释力和说服力。实际上，直到至晚清，在我国境内除了少数皇族和精英人士外，又有多少人接触过真正意义上的现代科学呢？

仅以1848年吴其濬所著的《植物名实图考》为例，全书38卷，共载植物1714种，附图1805幅，仍基本沿用了两千多年前《神龙本草》的人为分类体系。而此时，欧洲已进入“自然分类系统”研究的后期阶段，英国植物学家布朗（R. Brown, 1773—1858）阐明了裸子植

峨眉山针阔混交林带 （摄影/孔胜）

物与双子叶植物的区别，研究了萝藦科、兰科、禾本科与大戟科花部的形态与结构，以及前2科的传粉；而边沁（G. Bentham, 1800—1884）和虎克（J. Hooker, 1817—1911）则已发表了一个详尽的自然分类系统，一个将双子叶植物、裸子植物和单子叶植物视为独立类群的种子植物分类系统！因此，无论峨眉山抑或武夷山的植物资源如何之丰富与多样，如果仍仅仅沿袭祖传说教，则肯定无法打动联合国专家组中的任何成员。问题在于，我们既未找到“格物”的基本方法，也未掌握与外部世界沟通的科学语言。

第二次鸦片战争后的1860年，中国门户洞开。法国神父阿尔芒·的戴维（Armand David, 1826—1900）率先进入川西。作为宝兴邓池沟天主教堂的第四任神父，戴维在短短的两年中，取得了动植物考察的丰硕成果；继后，马利·德拉瓦依（Marie Delavay，1834—1895) 神父于1885年赴滇西，开始了他为期10年的动植物标本采集生涯。1887年，英国药商费伯（E. Faber）开启了外国人采集峨眉山动植物标本的先河，他所采集的诸多峨眉山植物新种如峨眉冷杉、金顶杜鹃等在欧洲发表，即刻引起了国际学界对峨眉山的关注。于是，著名的英国“植物

金顶杜鹃　（摄影 / 孔胜）

猎人”亨利·威尔逊（Henry Wilson, 1876—1930）分别于1903年和1907年两度登临峨眉，获得了大量的植物标本和种子。据他本人在继后出版的名著《中国——园林之母》中记载，在1903年秋季那次，所收集的蕨类和杜鹃花植物就分别有60种和13种。他曾情不自禁地在峨眉山九岭岗上感叹道：

> 走出密集的灌丛，进入海拔6100英尺的一条狭窄山梁，壮丽的景色展现在面前。上面有耸立近1英里高的巨大石灰岩悬崖，下面是山谷的平原，白云密布，山峰从云端露出，有如海上之岛屿。西面是西藏边境终年积雪的大山，直线距离只有80英里；南北两面，极目远望，呈现出壮丽的全景。

我想，威尔逊在峨眉山的这番感叹，也许代表了早年曾莅临峨眉山的不少西方探险家的共同心声。他们在攫取当地自然资源的同时，也为重新诠释峨眉这座“震旦第一山”带来了崭新的思想和方法，影响深远。而作为后进和学习的一方，对其感叹多少会有些悲喜参半的感觉。但无论如何，他们毕竟为科学认知峨眉山构建了一个起点。

沧海桑田

“黄金狮子乘高座，白玉麈尾谈重玄。”公元759年，李白在其七言古风《峨眉山月歌送蜀僧晏入中京》中，将峨眉山喻为位居高座上的“黄金狮子”。而1100多年后，威尔逊则又写道，峨眉山“确实很像一只匍匐的狮子，齐肩处切去了脑袋，前肢还保持了原来的位置”。

可见，人类确实存在超越千年时空的共情。

1988年，在参与峨眉山生物资源试验站科普展厅的筹建工作期间，通过与成都地质学院（现成都理工大学）等高校老师们的接触，我对峨眉山的地学及其他环境学科有了一些粗浅的了解。但直到今天，还始终难以跨进这些学科的门槛。因此，只能结合植物学的重要问题，对此做一点扼要的归纳和介绍。

峨眉山位于北纬29°16′—29°43′，东经103°10′—103°37′之间，为四川盆地西南边缘一处突兀且海拔高度近达3100米的褶皱断块山，隶属峨眉山—瓦山断块带，面积约200平方千米。当地为我国中亚热带季风气候区域，地带性植被为仅限于我国分布的亚热带常绿阔叶林，并以此为基带与其他4个植被带构成了较完整的亚热带山地植被生态系统；峨眉山与由东而西的天目山、黄山、庐山、神农架、金佛山、瓦山和贡嘎山同处于神奇的北纬30°附近，被学界视为邛崃山脉的南段余脉或大相岭向东的延伸部分；并为略呈南北走向的著名“华西雨屏带”的核心部位，全年阴湿多雨，年均雾日多达323.4天，居世界之冠。以上区域几乎包括了东亚森林植物区内中国—日本亚区最精彩并最具特色的部分，其特殊的气候与地理条件，对当地植被和植物区系的形成与演化具有重要的影响。

距今约8亿年前（早震旦纪），现今的峨眉山区域还是一片汪洋。晋宁运动后期，峨眉山从地槽区转化为地台，并首次露出海面并形成了低平山；由于地壳深部大量花岗岩浆的侵入，形成了峨眉山的基底岩系。在震旦纪后期到晚三叠纪之间漫长的7亿年间，当地至少经历了4次重大的海陆变迁事件，先后在峨眉山一线天、大坪、洪椿坪等地，沉积并形成了近1000米厚的以碳酸盐为主的白云岩，在从仙峰

九岭岗洗象池云海　（摄影 / 孔胜）

寺、遇仙寺到洗象池段沉积形成了约1000米厚的砂岩、页岩和白云岩，雷洞坪的悬崖和七十二洞等则展示了厚度为400—500米的碳酸盐岩层；晚二叠纪初期，峨眉山区又一次露出海面，但在华力西运动期间，惊天动地的地幔基性岩浆喷涌而出，冷却后在现今的金顶、万佛顶、千佛顶和清音阁等地堆积了400多米厚的玄武岩，即著名的峨眉山玄武岩；二叠纪后期到三叠纪初期的海水再度来袭，沉积形成了约

深峡叠瀑。（摄影/孔胜）

1500米厚的含砾砂石、岩屑砂岩、泥岩等，迄今在龙门洞一带的岩层即是这一时期的地质遗存；直到距今1.8亿年前后的晚三叠纪，在印支运动的抬升作用下，海盆逐渐缩小乃至关闭，致使海水永久性退却，峨眉山区域变成了大陆湖泊与沼泽环境，并在今天的山麓地带，留下了一套以砂岩、泥岩、粉砂岩为主的含煤地层。但由于某些时期，地面抬升后历经了长期剥蚀，峨眉山便缺失了志留纪、泥盆纪和石炭纪三个时代的地层。随着晚三叠纪海侵时代的结束，大陆湖泊与沼泽环境便昭示了恐龙与蕨类及裸子植物兴盛，乃至早期被子植物开启了生命历程。因此，海侵时代的结束，是峨眉山生物发生与演化史上的一个重要节点。

白垩纪以后的7000万年，是峨眉山崛起的时代。经过前期数千万年的缓慢抬升后，距今3000万年的晚喜马拉雅造山运动，最终塑造了峨眉山今天的山体轮廓。峨眉山的相对高差最终达到了2600米，其主要构造地貌包括峨眉山背斜、桂花场向斜、挖断山背斜，其中轴向南北的峨眉山背斜位于张沟至洪椿坪一线，长约7千米；在峨眉山的东北和西北向，则形成了高达1000米的峨眉大断层和500米的观心坡断层，并分别于接引殿、洗象池和报国寺等不同海拔段营造出了三级山麓地形；而在其山体的西南—西北方向，却是一片起伏不大的扇形缓坡，由上而下直抵峨眉与洪雅交界处海拔1600米的花溪河畔。同时，在风化、搬运（如水流）及古冰川活动等外营力的作用下，峨眉山的地形地貌又受到进一步的塑造。譬如峨眉河、临江河、龙池河与石河均发源于峨眉山，分别按东、南和东南方向注入青衣江或大渡河。在其途经之地，河流的下切侵蚀显著，河谷狭窄幽深，形成了龙门洞深峡、白云峡、一线天嶂谷、两河口深切河曲以及因流水差异侵蚀形成的“普贤石船”等水文地貌景观。另外，早在1945年，北京大学教授王嘉荫先生考察峨眉山后就认为，在第四纪峨眉山曾发生过山岳冰川，在现今的龙门峡、黑龙江、万年寺到清音阁、白龙江上游、雷洞坪到脚盆坝等地的上方，都发现了“U”形谷残迹，并详细论述了当地的冰蚀地形和冰川堆积的类型和分布。

晚三叠纪海侵时代的结束和白垩纪以后的崛起，分别是认识当地维管植物（蕨类、裸子植物和被子植物）发生与演化的两次最重大的生物地史事件。这至少说明，那里在距今1.8亿年后，就陆续具备了蕨类与裸子植物生存与演化的环境；7000万年前，被子植物进一步获得了较为稳定的陆生演化条件；而因各种内、外营力塑造的多种地形地貌及其与气候、土壤等环境要素的时空组合，则为峨眉山动植物群落与区系的发生、演化、分布与发展提供了多样化的选择和生态位，具有深远的进化生态学意义。

灵秀的个性

峨眉之秀几乎尽人皆知，但想用一段最简洁的语言来形容，则仍首推大诗人李白的诗句。综合清人黄锡珪等《李白年谱》可知，唐玄宗开元八年（720）春，这位年龄仅20出头、号“青莲居士”的诗仙，曾两度登临峨眉，并写下了一首脍炙人口的五言古诗《登峨眉山》。打头一句便是妇孺皆知的名句“蜀国多仙山，峨眉邈难匹”，但接下来的“青冥倚天开，彩错疑画出”的句子，却不大为人知晓，其或是对峨山之秀最凝练的诠释。如果尚嫌晦涩，则仍可用威尔逊在峨眉山九岭岗上未尽的感叹加以佐证。他继续写道：

植物分布带之间的差别同样使人吃惊，印象深刻。下面直至被云雾遮蔽处，是种类丰富、深绿色的植被；而上面已是一片秋色，从淡黄至深红，色彩十分丰富，在深绿色的冷杉树丛的衬托下，显得格外突出。全部景物都沐浴在阳光下，微风阵阵，处处有美丽的蝴蝶飞来飞去，好像并不觉得冬天已经临近。这寂寥与宁静极为肃穆，只偶尔被附近树上或灌丛中鸟鸣的歌声打破。这景色真令人毕生难忘。

看来，在我国中古时期的“诗仙”和近代西方训练有素的“植物猎人”的眼中，峨眉之秀不仅仅是一派绿意，而更像是一幅以“青冥”为背景，恰到好处地点染着丰富色彩并充满生机的自然画卷，这才是峨眉山灵秀的个性。

我国并不缺乏海拔高度超过3000米的高山乃至极高山。在四川的周围，东有鄂西大巴山的主峰神农架，北有陕南秦岭的主峰太白山，西有川西大雪山主脊的贡嘎山等，都是绝好的例证；即便是在川南以外的贵州省境内，也有一座乌蒙山的主峰韭菜坪，其海拔竟也达到了2900米。其中的一些高山，如贡嘎山及太白山，甚至还具有比峨眉山更为完整的垂直植被生态带。研究表明，从峨眉山海拔550米的山麓报国寺到山巅海拔3099米的万佛顶，依次呈现出由低山亚热带常绿阔叶林、中山常绿与落叶阔叶林、中高山针阔混交林、亚高山暗针叶林和高山灌丛与草丛等5个植被带构成的垂直植被序列。而贡嘎山的垂直植被带谱却至少由8个植被带构成。不难发现峨眉山除受山体海拔高度限制而不可能具备高山草甸和流石滩植物类型外，竟然还缺失了山地落叶阔叶林带。但也正是这种缺失，呈现了包括峨眉山在内

峨眉山红叶　（摄影 / 孔胜）

的整个华西雨屏带在植被垂直分布上的一个突出特点，其原因只有一个：常年阴湿，因而限制了这类植被带的发育。

进一步看，各种喜欢阴湿的常绿木本植物，无论是阔叶的（如峨眉栲、全苞石栎、金顶杜鹃），还是针叶的（如云南铁杉、峨眉冷杉）植物分别构成了峨眉山各植物垂直带上的绿色背景，这也印证了李白与威尔逊先生的共同感觉。同时，与当地阴湿气候相符合的还有另外两个例证，其一是由峨眉冷杉构成的暗针叶林仅限于包括峨眉山在内的这条“雨屏带”分布；其二是在峨眉山境内，喜阴或耐阴的蕨类、草本及苔藓植物十分发达。

地球陆地表面的植物种类并非均匀分布。加州大学圣地亚哥分校（UCSD）生物学家 Jetz 认为，“厄瓜多尔和哥伦比亚等热带国家的植物丰富度，是大多数美洲和欧洲国家的10—100倍”。而投影面积仅约200平方千米的峨眉山所拥有的高等植物数量就超过了面积约为14万平方千米的整个安徽省（3132种）。难怪我国著名植物分类学家王文采院士在李振宇等主编的《峨眉山植物》序言中说，“峨眉山如此狭窄的区域范围内高等植物种的数量竟达到了3703种，其中包括了106种特有植物，以及158种濒危植物，这些数字足以说明，峨眉山是植物区系方面的一座奇山、宝山，这在世界的大山中也属罕见。”

研究表明，峨眉山高等植物科、属、种数量约占我国高等植物种类的12.3%，其中苔藓植物70科、109属、402种，蕨类植物45科、105属、430种，种子植物160科、970属、2871种。在种子植物的属级分类单位中，除未见中亚分布型和地中海—中亚分布型外，峨眉山拥有其他13个植物地理分布型，其中北温带分布型所占比例较大，东亚分布型次之；而热带亚洲分布型和泛热带分布型也占有一定的

高山杜鹃林　（摄影 / 孔胜）

丛林中的藏酋猴
（摄影 / 孔胜）

海绵杜鹃
（摄影 / 孔胜）

万佛顶问客杜鹃
（摄影 / 孔胜）

比率。

峨眉山属中亚热带季风气候区域，其植物的丰富度虽不及水热条件优越的热带区域，但作为我国面积广大的亚热带区域中的一个突出的“点”位，在其较低的低海拔区域却容纳了众多的热性植物成分，尤其是樟科的厚壳桂属 Cryptocarya 与琼楠属 Beilschmiedia、木兰科的木莲属 Manglietia、猕猴桃科的水东哥属 Saurauia、蔷薇科的臀果木属 Pygeum、豆科的猴耳环属 Pithecellobium、山茶科的厚皮香属 Ternstroemia、野牡丹科的偏瓣花属 Plagiopetalum、五加科的罗伞属 Brassaiopsis、紫金牛科的酸藤子属 Embelia、夹竹桃科的川山橙属 Melodinus 与毛药藤属 Sindechites、萝藦科的牛奶菜属 Marsdenia 与弓果藤属 Toxocarpus，以及兰科的槽舌兰属 Holcoglossum、竹茎兰属 Tropidia、万带兰属 Vanda、开唇兰属 Anoectochilus 等多种热性属的分布北界均止于峨眉山。

而又因峨眉山位于中国—日本森林植物亚区的西侧，不少该亚区的植物属如水青冈属 Fagus、大血藤属 Sargentodoxa、南天竹属 Nandina、细圆藤属 Pericampylus、钟萼木属 Bretschneidera、继木属 Loropetalum、交让木属 Daphniphyllum、无须藤属 Hosiea、山桐子属 Idesia、刺楸属 Kalopanax 等的分布不再向西延展；同时，虽然典型的中国—喜马拉雅植物成分很少抵达当地，但中国—喜马拉雅与中国—日本森林植物亚区的共有成分如棣棠属 Kerria 、臭樱属 Maddenia、旌节花属 Stachyurus、桃叶珊瑚属 Aucuba 等却至为常见。

峨眉山拥有中国种子植物特有属39个，分占全国和四川种子植物特有属的16.05% 和33.91%，其中四福花属仅见于包括峨眉山在内的华西雨屏带分布。仅限于峨眉山区域分布的高等植物特有种至为丰富，计有106个种类或种下变异，其中种子植物93种，分属37科69属。特有种较多的类群依次为兰科（10种）、凤仙花科（8种）、蔷薇科、唇形科（各5种）、小檗科、杜鹃花科、报春花科、百合科、莎草科（各4种）、毛茛科、虎耳草科、龙胆科、葫芦科、姜科（各3种）。由此可见，草本植物尤其是耐阴湿的温性特有草本植物在峨眉山分化强烈。另据笔者研究，海拔1000米—2000米的中山区是特有种分化最集中的地段；而峨眉拟单性木兰 Parakmeria omeiensis、峨眉润楠 Machilus microcarpa var. omeiensis、长管连蕊茶 Camellia elongata、四川离蕊茶 C. szechuanensis、峨眉槽舌兰 Holcoglossum omeiense、峨眉竹茎兰 Tropidia emeishanica 等特有成分，则都表现出了明显的热带残遗—分化特征，这对深入认识峨眉山及其临近植物区系的性质具有重要意义。

总之，峨眉山所具有的海拔高度，相当于将当地的纬度向北延展了25个纬度，如果说山下为中亚热带，那么山顶就相当于北纬54º左右的亚寒带；因此，除了热带与寒带的典型科属植物外，在峨眉山可以看到北半球亚热带到亚寒带区域内众多的高等植物类群种类或代表。距今1.8亿年后，当地就陆续结束了海侵时代，为蕨类与裸子植物的生存与演化创造了条件；尤其是自白垩纪以来，当地植物获得了近7000万年较为稳定的陆地环境演化时间，为被子植物的演化发展提供了有利条件，因而植物区系也较为古老，热带残遗成分也比较丰富。峨眉山位于华西雨屏带的核心部位，降水大，云雾多，日照少，因而出现了山地落叶阔叶林带缺失的特殊现象，但却进化出了最喜阴且为区域特有的峨眉冷杉森林，并成为各类耐阴性草本及苔藓植物生活与演化的天堂。加之峨眉山孤峰屹立，具有相对良好的地理隔离条

华严顶一带的植物群落　（摄影/孔胜）

件，尤其是东坡及东北坡的地形复杂，小生境分化强烈，而山岳冰川并未对植物的生存造成致命性打击，反而给当地植物类群提供了“逆境”适应性训练机会，尤其是上述热带植物中的一些类群，在残遗—变异分化的模式下，不但幸存而且通过变异和自然选择发展成了仅限于当地分布的特有植物；同时，多样化的小生境，也为植物类群的定居和适应性进化提供了丰富的选择。

青山永驻

在漫长的8亿年间，峨眉山历经沧桑，四伏四起，孕育于浩瀚的海洋，崛起于四川盆地西南。从侏罗纪到白垩纪晚期，这里的大陆湖泊与沼泽环境，曾经是恐龙与蕨类及裸子植物的乐园；而从晚白垩纪到现在，业已隆起的山脉，又成了哺乳类、鸟类动物和被子植物的天堂。如果我们从1.8亿年前的侏罗纪算起，其空间变化不过是曾经的一片海域幻化成了一座3000余米的高山，但其所耗费时间长度却相当于人类起源历程300万年的60倍，人类文明史7000年的2.5万倍。因此，在有形世界中，除了那些附着其上的人工建造外，现今的峨眉山及其所承载的自然生命系统，都是独立于人类意志的天然存在，是天工造化的产物。那么，面对峨眉山，人类扮演的是什么角色呢？

38年前，一阵阵回荡在空寂山谷中的暮鼓，像无形的磁石一样，吸引了路人疲惫不堪的身子。跨进华严顶的庙门后，一位年长的僧侣告诉众人，男女居士需分别登记；男人们可入住正房的楼上，女人们则被安排在偏房的楼下。饭后，一夜无话，那一觉睡得很沉。约莫寅卯时分，伴着敲打木鱼的节奏，一阵诵经之声将我从梦中唤醒。窗格之外，依然漆黑一团，但山间微微带着凉意和香蜡气味的清风，却长久地注入了我的记忆。那是峨眉山稀松平常的一宿，但却承载了自公元3世纪以来所延续的气息和佛音。如果将回溯的目光延长并稍微扩展一下视野，我们便可想见先秦时期的方士们争相登临的那座"避世仙山"和汉武帝曾觊觎的"仙山药园"的模样，并对汉晋到明末那段"佛道并存"却最终"分道扬镳"的历史做一番深思，以及就峨眉山的诗歌、武术、茶文化与建筑艺术乃至颇有些名气的雪魔芋制作和黄

清音阁二水汇合（摄影/孔胜）

连种植做一番考究。于是，便可得出一个结论：峨眉山所承载的文化内涵的确博大精深，其创造者正是我们的祖先。

130余年来，人类又开始扮演峨眉山科学探索者和研究者的角色。如继国外植物采集家E. C. Faber（1877）和E. H. Wilson（1903）叩开峨眉山植物世界的大门后，1904年黄以仁先生以一号采自峨眉山的台湾相思（Acacia confusa），首开国人采集植物标本的纪录。而从1927年开始，我国著名植物分类学家方文培先生便着手对当地植物展开系统的采集和研究，40年代就出版了2卷4册的《峨眉山植物志》。庚即，汪发缵（1931）、俞德俊（1932）、郑万钧、杜大华、吴中伦（1936）、刘慎谔、王战（1938）、姚仲吾（1939）等名家也纷至沓来。为了彻底搞清峨眉山植物的本底，方先生于1952年及其以后，又多次派熊济华等4位前辈，到峨眉山采集了数千个编号和数以万份的植物标本。而到了20世纪80年代，每到周日，便常见一位个子不高却十分敦实的汉子，顶着草帽，怀揣几个干馒头并挎着一个老旧的军用水壶，行进在峨眉崎岖的山路上，他就是峨眉中药学校的祝正银先生。数十年下来，以他采集的标本所发表的植物新种竟多达200余个，其中多半产自峨眉山。据方志强博士梳理，到目前为止，引为模式的峨眉山植物已达110科317属588种，其中，蕨类植物122种，被子植物456种，其种类数量居全国之冠，从而奠定了峨眉山在我国乃至世界植物分类学上无与伦比的地位。以上工作又为李振宇先生最终推出其巨著《峨眉山植物》提供了有力支撑。同样，也正是基于130多年来近现代科学知识的传播，才使我们对峨眉山的动物区系以及地学与气象学面貌，有了比较系统的科学认知。譬如1932年7月，在我国著名的气象学家竺可桢先生的主持下，于峨眉山顶建成了中国第一个高山气象观

已有90年历史的金顶气象站　（摄影 / 孔胜）

测所，从而开创了我国山地气象研究的先河。

20世纪80年代，人们又开始了向自然保护者的转型。1980年，峨眉县遵照邓小平同志的指示，在景区内率先开展了退耕还林；20世纪80年代后期，又陆续结束了大规模的黄连种植。数十年后，当人们行进在龙门峡谷，为两侧茂密的常绿阔叶林惊叹不已的时候，“90后”们绝然想不到那些陡坡上曾种满了玉米；而在后山海拔零千米以上，则再也见不到因大量种植黄连于林地空间的那些像疤痕似的“天窗”或“挂图”。为此，峨眉山的居民放弃了固守千年的传统，开启了旅游业的营生。正是那个时期，我也加入了转型的大潮，为保护

峨眉山秋色云海　（摄影 / 孔胜）

峨眉山的珍稀濒危植物及研究当地冷杉森林衰退，而将自己的足迹留在了峨眉山，甚至不止一次地抵达远在旅游区西南侧的巨北峰和苦蒿坪，并和同事们一道完成了由雷洞坪陡崖下方经三霄洞再攀爬摄生崖的探险考察。近些年，在峨眉山生物资源试验站后生们的继续努力下，当年所发现的峨眉拟单性木兰已获得数以千计的人工繁殖后代，其中数百株苗木已回归山林，这一成果成为国内抢救珍稀濒危植物资源的一个成功的范例。最近，他们在试管中无菌播种培育的一种附生兰——峨眉槽舌兰，第一次回归到了野外原产地的大树上；他们还成功地人工繁殖了稀有的峨眉金线鲃。对此，我倍感欣慰。

700年前，明朝状元杨升庵在其《临江仙》中吟咏的“青山依旧在，几度夕阳红”那句名诗，道尽了人与自然之间的宿命与况味。历经几千万年沧桑所造就的峨眉山与人类数千年的相遇，听起来十分漫长，但仔细想却仅仅是短暂而极不对称的际遇，更何况人类个体那不足百年的寿命呢？然而，在人与峨眉山过往的风云际会中，也有不少值得我们长久记忆的人和事，他们或赋予这座大山以文化内涵，或揭示了她所潜藏的科学真理，抑或也为维护其不竭的生命力尽了绵薄之力。其中，笔者的植物学老师熊济华先生所采的峨眉山植物标本数量可谓首屈一指，功勋卓著。他留下的一段珍贵的回忆，值得后人品读：

> 1952年建国伊始，峨眉山仅金顶、洪椿坪、万年寺、九老洞等几座大庙有极少的僧人看守，余庙皆断瓦颓垣，十庙九空，采集队伍当时就住在空庙里。门失窗破，不能挡风避雨。伙食自理，食材均得由县域采购，背负上山，一来一往需一至三天。“三吹四拍”的玉米饼最佳，也是唯一的主食。山中缺菜，还曾拣过僧人丢弃的莲花白老叶做菜。也曾在洪椿坪食用僧人提供的陈腐的豆渣，导致很多人产生不良反应。太拮据了就以仅有的豆瓣酱佐餐。

斯人已矣，来者可期，青山永驻！

峨眉山西眺贡嘎 （摄影/孔胜）

小相岭：冰川遗迹秘境

■ 撰文 / 孙吉

位于四川省凉山彝族自治州境内的小相岭，地处石棉县、甘洛县、冕宁县、越西县、喜德县交界处。它南北长约147千米，东西宽约107千米，面积约为11500平方千米，由焦顶山、铧头尖、俄尔则俄等山峰组成，最高峰为越西县与冕宁县交界的铧头尖，海拔4791米。受第四纪冰川作用，在基岩山峰和山谷中形成了一套完整的冰川侵蚀地貌——角峰、刃脊、漂砾、冰蚀湖以及冰川刻槽，这里也是一处生物资源丰富的基因库。一次偶然的机会，我们进入到这个鲜为人知的秘境，时空在这里陡然失序，岁月在这里悄然留痕，两百万年来的地质作用与延续的物种，在这里得以完整保存。从2003年开始，随后的十年间，我们一次次重返小相岭，登临山巅，深入密林，想象着地质史上那些惊心动魄的时刻，仿佛就在眼前重新上演。

登顶俄尔则俄：俯瞰第四纪的地球记忆

我们习惯上称呼的小相岭，仅指跨越喜德、冕宁、越西三县，总面积达115平方千米的区域。这里山势险峻、断层发育、河流深切、沟壑纵横，特别是在海拔4500米的主峰俄尔则俄一带，角峰峥嵘，岩石裸露，气候寒冷，积雪难融，险路重重。2003年，我和探险爱好者黄红斌、摄影师孙有彬计划登顶俄尔则俄。

12月10日，我们三人从西昌出发，下午抵达冕宁县的灵山寺，当地背夫兼向导木且和体机早已在路边等候。次日清晨，我们一行五人开始向小相岭深处迈进。半小时后，我们抵达洗脚河边。尽管是严冬季节，清冽的河水仍然欢快地流淌。穿过洗脚河，坡度陡然增加到约45度。沿途峭壁直立，白雪皑皑，冷幽深远，呈现典型的V形峡谷地貌。我们顺着山谷行走，却发现一个奇怪的现象：硕大的冰碛物随处可见，堆满山谷底部。V形峡谷本是流水下切作用形成的地貌，为何有如此多的冰碛物？后来我们专门请教了中国科学院成都山地灾害与环境研究所的郑远昌研究员，疑惑方得解开。这个区域原本是冰川作用形成的U形谷，后来又受到流水切割、岩石崩塌等影响，最终演化成冰川加流水造就的综合性地貌。

经过近三个小时的攀登，10点50分，我们抵达一处由多块巨石组成的陡峭通道。其中一块长条形巨石斜插在路的最上方，像一个张开的大口，我们必须从巨石的“舌部”通过。“张口石”是一种独特的悬岩地貌，为高海拔岩石受到寒冻风化崩裂形成，岩石上方崩裂成两部分，左边岩石的挤压使右边上面岩石倾斜，看上去岌岌可危。巨石的斜下方有一个溶蚀洞，可容纳三四人，当地的彝族人称之为“岩房”。像这样的“岩房”在俄尔则俄周围很多，对于登山的人来说，住这里比帐篷舒服多了。

从张口石往上，路面变缓但积雪开始出现，能见度又差，使道路难以辨认。木且取出了开山刀，在前面带路，好不容易过了荆棘丛

小相岭濮姆海是一处第四纪冰川湖泊，这里视野开阔，日出时极为壮丽。（摄影 / 孙有彬）

小相岭上的饮马湖，是一个冰蚀湖，两湖之间的堤是坚硬的花岗岩，冰川能将其拔蚀或刨蚀掉，形成了两湖之间的一道堤　（摄影 / 孙有彬）

生的密林，前面的巨石坡又挡住去路。巨石坡的尽头则又是一大片密林，密林与巨石坡就这样交替出现，给前行的道路设置了不少障碍。18时左右，我们终于抵达俄尔则俄西北山脊。暮色渐沉，我们决定在此扎营。此刻，云海已在我们脚下。

小相岭山区的主山脊高度在4000米左右。从营地望去，四周角峰峥嵘，冷峻的岩石挂满冰雪，黝黯与雪白相互映衬，显得愈发冷峻神秘。这些经过冰川流动磨蚀和冰期寒冻风化作用改造后的山体基岩，坚硬而破碎。整个第四纪，小相岭的山地历经四次冰峰期和三次间冰期，整个山体出露基岩为震旦系的流纹岩、凝灰岩等火山岩与三叠系白云岩、侏罗系粉砂岩等，在漫长的地质作用过程中，风化、剥蚀、冰蚀作用不断，最终把俄尔则俄一带塑造得角峰、刃脊随处可见。

12月12日一早，吃完早餐后我们开始登山。13时，我们到达垭口；15时左右，我们顺利登上了俄尔则俄。小相岭最佳的观景点当属俄尔则俄顶峰，登临此处，只见山脉连绵，山峰争峭。小相岭山脉海拔4000米以上的72座高峰，座座山势险峻，岩石裸露，正当寒冬季节，积雪重重，愈发气势峥嵘。四顾遥望，诸多绝世景观尽收眼底：稍近之处，最高峰铧头尖触目可及；西北方向，贡嘎雪山凌然耸峙；小相岭主脉则从俄尔则俄向东逶迤而行，经喜德小山融入大凉山；垂眼俯瞰，小相岭雪林幽深，梯田状的九海、串珠状的连三海点缀其中，冰冻静谧，银光闪耀；而视野所及，越西坝子、冕宁乡村、安宁河流域……尽显山河壮丽、造化神奇。

我们在顶峰停留了一个小时，尽情享受着自然的馈赠，随后开始下撤。回程的路上，我们计划探寻小相岭著名的冰川湖泊，选择了向东前往九海湖泊群的路线。下山没有路，木且带领我们从陡峭的山崖速降下去，然后穿过矮杜鹃林到达九海。冬季的积雪甚厚，抵达目的地时，已是20点40分。我们在海子边的雪地上扎营，这里海拔4000米，冬季的夜晚气温骤降，羽绒睡袋也难以御寒。

静谧的冰蚀湖：古冰川创造的美景

九海是俄尔则俄东侧山间的冰蚀湖泊群，是冰斗或冰谷堵塞而成的湖泊，依山势自下而上分布着9个湖泊，形成串珠状，海拔从3710米到4150米不等。冬季海子都已冰封，唯见一道羊背石深入湖中，形若卧龙。海子之间，流水已经形成巨大的冰瀑，在阳光的照射下晶莹剔透。木且说若是等待冰雪融化，流水从最上面的海子层层跌落，非

在小相岭上，可以远眺冕宁第一高峰，海拔 5298 米的则尔山，可以看见角峰、刃脊、冰斗等古冰川遗迹　（摄影 / 黄红斌）

常壮观。这些湖泊一般呈椭圆形，面积不大，但是景观各异。可惜没有更高的位置，我们无法看到它们的全貌。

吃过午餐，我们前往九海的墨海，决定第二天在那里拍摄日出。墨海是个月牙形的高山湖泊。湖底地质可能富含某种矿物质，浅水处呈现铜黄色，深处则是深灰和暗蓝色。我们抵达的时候，山风习习，寂静无声。三面高山环绕，洁净的青灰色岩石从林中耸立出来，点缀着几处巨大洁白的冰瀑。墨海流泻的河流，平缓地向西延伸，然后突然消失。墨海周边几乎完全被杜鹃林占据，很难找到适合扎营的开阔地。木且把我们带到墨海的东南岸，大家分头寻找营地，最后三个帐篷分散在密林里。今晚是此行在小相岭的最后一晚，每个人都回想着这几日的美景久久不能入睡。

从2003年第一次亲密接触开始，我们与小相岭的缘分便难以割舍，此后几乎每年都要重返小相岭，重返“第四纪”。2004年元旦，我们再次出发，前往小相岭的连三海。

在小相岭的莽莽大山之中，类似九海的冰蚀湖共有20余处，在这些冰蚀湖中，连三海是最易抵达的。它位于冕宁县灵山寺后山，由3个连在一起的高山湖泊组成，海拔从3950米到4050米不等，海子周围尽是茂密的冷杉和杜鹃组成的森林。

在灵山寺与当地向导会合后，我们中午开始登山，黄昏时安全抵达连三海。此时的连三海在夕阳的照射下，金光闪耀，格外生动。我们的营地建在离湖面40米的冷杉林中，光线穿过树冠斜射过来，洒在五颜六色的帐篷上，仿佛一队鲁莽的闯入者，置身远古洪荒中。次日一早醒来，万里无云，阳光明媚，连三海一半是冰，一半是水，金色的阳光从俄尔则俄垭口斜射过来，在冰和水面上形成一条金色的亮带。冰面如镜，倒映着太阳，散发出冰蓝色的光芒。我们大口地呼吸着清冷的空气，沉醉于此。

在向导的带领下，我们围着连三海的三个海子绕了一圈。海子周围植被茂密，无路可走，我们只能在林海中穿行。在连三海西南方向400米处的山脊上，有一处海拔4150米的观景点。我们登临此处，可以清晰地俯瞰连三海全景、山脊对面的角峰、角峰下面的冰川刻槽、冰川移动所留下的5个小湖泊等第四纪冰川遗迹。东面不远处，海拔4500米的俄尔则俄顶峰仿佛近在咫尺，水面伫立着小相岭山脉的最高峰——铧头尖，更远处则是贡嘎山的雄姿。

接近黄昏时，我们终于回到营地。夜晚起了大风，刮塌了帐篷。这一夜，小相岭给我们展现了它残酷与狰狞的一面。也许这才是真实的自然，或者它本是隐秘尘世，是我们的莽撞打扰了它的静谧。

物种基因库：生命的乌托邦

地处青藏高原向云贵高原和四川盆地的过渡地带，小相岭不仅有类型丰富的冰川遗迹，生物资源也得天独厚，是一处难得的物种基因库，是研究我国东西部结合地区山岳植被、生态环境的理想场所。它不仅是冰川作用的地质遗迹，更是生命演化的乌托邦。2006年至2008年的春夏之交，我们又数次来到小相岭，不为登山探险，只为探寻幽山深谷中的动植物世界。

小相岭山脉的海拔从1988米到最高峰4791米有着近3000米的相对高差，在山体不同的高度上，孕育着诸多珍稀且颇具观赏性的植物物种。根据《冕宁县志》记载，小相岭山脉生长着香柏、银杉、扇蕨、棕背杜鹃、西康玉兰、银叶桂、香果树、康定木兰、大王杜鹃等国家一、二级保护植物。珍奇的高山花卉、参天的冷杉林和大面积的高山草甸，构成了小相岭最美的植物景观带，特别是南、北两坡的杜鹃花海，每到花季，如海潮浪涌，缀满山岭。

在小相岭的东侧，海拔2200—3100米的地方，主要植被是杜鹃等灌木和乔木。在小相岭地区，分布着30余种高山杜鹃，其中以黄色高山杜鹃最为珍稀。而杜鹃又因海拔及气温的差异，从海拔2200米左右的灵山寺，到海拔4500米的俄尔则俄主峰乱石坡附近都有分布。海拔不同，花期也不同，由低到高，高山杜鹃从5月一直开到8月。

第四纪冰川的运动，在山体上留下了巨大的U形槽谷，这就是当年冰川的运动轨迹，在今天，成为一种地貌景观 （摄影/黄红斌）

小相岭上的鸳鸯海，这一带是冷杉、云杉和杜鹃组成的植被 （摄影／黄红斌）

海拔3100—3300米的望天坡一带，在向阳面或者迎风面，大多分布着大面积的高山草甸，到8月时，那里都将是马先蒿的世界。海拔3200米—3500米的区域，在山的阴面，笼罩着墨绿冷傲的冷杉林，另一面则铺满竹林，那是熊猫的家园。然而，由于人类的活动，特别是108国道的穿越，割裂了大熊猫的行动线路，因此在这一地区已很难见到大熊猫的踪迹。

这里还生长着由高山松、云南松和冷杉、云杉组成的森林，不时发现峨眉冷杉、麦吊云杉、长苞冷杉、水青树、白辛树、红豆杉、珙桐等珍稀乔木。绵延的绿色海洋，山高林密，生活着众多的野生动物。林业普查资料显示，小相岭山脉中生活着小熊猫、红冠锦鸡、红腹角雉、短尾猴、林麝、斑羚、圆龙齿类蟾、宝兴树蛙、赤麂、豹猫等动物，如同横断山脉的广大地域，小相岭也是一座伟大的第四纪冰期生物避难所。

在海拔3450米的溪水旁边和山间岩石间，植物种类依然众多，这里的景观异常奇特，岩石本身的颜色和生长于其上的地衣，形成一幅幅色泽浓郁的“自然抽象派油画”。组成这些油画的往往还有很多珍稀药用植物，如驴蹄草、川贝母、拟耧斗菜等。

6至8月，在海拔4000米以上的流石滩和冰川前缘，气候恶劣、辐射强烈、风大土薄、昼夜温差悬殊的高山之巅，气候瞬息变化万千，已接近植被生长的极限。然而，就是在这种极端的环境中，一株株高约10—60厘米，浑身披满绒毛或刚毛的莲座状植物却迎风而立。这个在冰霜砾石环境中，登山旅行者所见的最动人容颜，就是被欧洲人极力推崇的“高山牡丹”——绿绒蒿。它们根部肥厚坚韧，其长度往往超过株高的几倍，深深扎根于岩石缝隙。圆锥状花葶顶端，绽放着蓝色、青蓝色、淡黄色、鲜黄色、淡紫色、红色等色彩绚烂的花朵，姿态各异。

隐藏在小相岭山脉中类型丰富的植被，让人倍感大自然造化的神奇。有研究人员参照《中国植被》和《四川植被》的分类原则，将小相岭山脉的植被景观划分为常绿落叶阔叶混交林、次生落叶阔叶林、针阔叶混交林、针叶林、亚高山灌丛草甸、高山灌丛、高山草甸、高山流石滩植被、高山永久冰雪带9大类。其中，针阔混交林、针叶林、亚高山灌丛草甸、高山灌丛、高山流石滩植被控制着该山脉的景观格局，而针阔混交林是小相岭的主要植物类型。

小相岭异常丰富的生物资源与地质遗迹景观，将这里构建成令人赞叹的“生命乌托邦”。然而，这处秘境也在悄然发生变化。2011年，当我们再次来到小相岭下的湖泊，摄影师孙有彬发现围绕湖周的杜鹃林几乎全是老树，已经难觅新枝。接下来的旅游开发，是否会导致更加不可逆转的后果？这片静谧山林带给我们太多的想象和感动，恢宏壮丽的生命交响曲已持续演奏了几百万年，然而也许人类一次不经意的行为，就可能掀起惊涛骇浪。

小相岭上的连三海，也是很美的冰蚀湖，冰川越过坚硬的基岩，把相对松散柔软的地表拔蚀和刨蚀之后，形成了三个呈三角形分布的湖海，被人们形象地称为连三海（摄影 / 黄红斌）

登上俄尔则俄顶峰，向西远眺，对面的金字塔雪山是贡嘎山主峰 （摄影 / 黄红斌）

当地人叫这里为龙脊岛，是因为湖中有一块长形的石头，这也是当年第四纪冰川运动留下的痕迹，冰川从上面越覆而过，冰川学家称为鲸背石，再小一些的叫羊背石 （摄影 / 孙有彬）

生长在小相岭陡岩上的拟楼斗菜，拟楼斗菜是珍稀植物，全世界有三种，中国有两种，这是其中的一种（摄影 / 孙有彬）

在小相岭丰富的杜鹃资源中，还有极为珍稀的黄色杜鹃花——问客杜鹃 （摄影 / 孙有彬）

① 生长在砾石堆中的刺芒龙胆 （摄影 / 黄红斌）
② 在流石滩上生长的总状绿绒蒿 （摄影 / 黄红斌）
③ 异叶虎耳草 （摄影 / 黄红斌）

螺髻山：漫山遍野的古冰川地貌奇观

■ 撰文／张文敬

螺髻山位于四川凉山彝族自治州境内，其南北长80千米，东西宽30千米，总面积约2240平方千米。之所以得名“螺髻山”，据说与其“姊妹”峨眉山相关，所谓“峨眉山似女人蚕蛾之眉，螺髻山似女人头上青螺状之发髻”。螺髻山山势险峻，海拔2500米以上的地方密布第四纪冰川遗留的痕迹，是地球在冰川时期留下的寒冷记忆。

螺髻山是现代的“冰川雨林”

我们去螺髻山的时候，正是柿红稻黄的金秋时节，我们先后深入螺髻山的黑龙潭、小槽河、清水沟和仙人洞进行了野外考察。

乘汽车离开繁华的西昌城，翻过大箐梁子，沿着则木河一路南行，来到海拔2510米处的索道站。未上索道缆车时我观测到了索道站附近山谷中的古冰碛堆积体，顺着山谷堆积的古冰碛物被后来的山水分割成好几道，上面早已生长着云南松、青冈树和杜鹃一类的灌木丛植物，侧目向右手山腰望去，有一处形如太师椅的古冰斗坐北朝南，似乎在向人们提示：注意到我没有？若干万年以前，当山谷冰川从螺髻山主峰蜿蜒而下的时候，我也曾经满载晶莹的冰雪，沐浴着比现在强劲得多的风霜雨雪，在这里守望着螺髻山冰雪王国的大门呢！

沿着索道线路，我可以看到由低到高的植被垂直变化：云南松林、桤木树林、青冈树林、箭竹林、枫树林、橡树林、云杉林，或单独成群，或彼此混交。

我的便携式GPS定位仪告诉我这里海拔3600米。

散发着阵阵浓密清香味的原始森林迎面扑来，林间地面的腐叶层间的石碛上生长着各种苔藓、蚤缀和地衣。一些悬钩子、蕨类植物生长在森林下层的空隙处，树体发紫发红的小乔木则是只有五六月份才开花迎客的大王杜鹃，不过与杜鹃比高的还有一些赤皮桦和花楸树。一些小松鼠在树枝间上蹿下跳，有着色泽美丽羽毛的山雉鸡在林间觅食，听见有人来，它们警惕地迅速隐没于浓密的灌丛树林中。虽已中秋，除了满树红果的花楸树之外，山中的枫树叶、桦树叶却还是黄中带绿，仿佛它们仍留恋远去的春天和刚过去的夏天，不大情愿进入深秋和冬季。

螺髻山森林王国的主体是一种叫作长苞冷杉的优势树种，与它相邻为伴的还有铁杉和云杉，它们共同构成了螺髻山中的暗针叶林带。冰川作用形成的冰碛物土壤中含有十分丰富的植物生长需要的营养元素，这也许正是冰川区植被生长非常茂盛的主要原因，螺髻山因此也成为川西中高山地区一个难得的生物基因库。

据考察研究，这里仅高等植物就有180余科2000多种，其中珍稀保护植物种类就有30余种，比如德昌冷杉就属于当地的特有种，另外还有长苞冷杉、连香树、西康木兰、棕背杜鹃、大王杜鹃、领春木等，都属于国家保护种类。构成原始森林的主体物种川滇冷杉和长苞冷杉在区内便多达11.4万亩，广袤的原始森林不仅为西昌月亮城提供了天

笔架峰与主峰相对，是经过冰蚀、风蚀和水蚀等多种外营力形成的锥状山峰（摄影/游小军）

然生态屏障，同时还成了各种野生动物的美好家园。螺髻山上已知的野生动物有4000多种，其中大型兽类有60多种，鱼类有30多种，两栖爬行类有42种。赤鹿、豹子、小熊猫、獐子、羚羊自由自在地生活在这片密林之中，更有雄健的金雕、珍贵的琵鹭、娇美的红腹角雉、孤傲的白腹锦鸡、机警的白头鹞或在林间嬉戏觅食，或在云中翻飞翱翔，显现出螺髻山作为冰冻圈褪去后的生物圈的勃勃生机。

此情此景，我不禁又回想起2006年7月与《中国国家地理》单之蔷先生同走318国道川藏路时提出的“冰川雨林”的概念。从某种角度上讲，螺髻山暗针叶林或海拔稍低的针阔混交林也具有“冰川雨

海拔 4359 米的螺髻山主峰，在地壳抬升过程中形成了倾斜岩层，在第四纪冰川作用下，形成了典型的冰川地貌——金字塔形角峰、马鞍状刃脊 （摄影 / 游小军）

林”的某些特征，这显然与这里曾经发生过规模不小的第四纪古冰川作用有关，只是现在没有现代冰川的影响和呵护，它们的特征不似川藏线上的冰川雨林突出而已。

黑龙潭：螺髻山上最大的古冰川湖泊

在去黑龙潭的途中，要经过一段山溪谷地，除了冬季，黑龙潭都会有源源不断的水流从这个沟谷中冲刷而下。在冬季，这段谷地倒也别致：水流在一夜之间被低温冻结，悬挂在石砾谷床之上，成为一处美丽的冰瀑。

黑龙潭出口海拔约3650米，这是一个水域面积为35公顷的古冰川湖泊，也是螺髻山中最大的一个古冰川湖泊。在螺髻山，像黑龙潭这样的冰川湖泊，大大小小共有36个。

黑龙潭的景致无不显现出古冰川作用的雄伟气势。只见湖盆三面环山，在湖的西南侧水域中，有一座生长着树木和蒿草的孤岛，先前有人将其定位为冰川漂砾，但我一眼便看出那是一处典型的“羊背岩”。

羊背岩是因冰川流动而形成的。当冰川缓慢地向前向下游流动的时候，冰体以几乎无法感知却持之以恒的力量对冰流所经过的原始谷地进行着永不停息的雕塑作用。就在那物换星移的漫长地质历史长河中，冰流所到之处，无不留下痕迹。当前方遇到更硬的岩坎时，冰流依然义无反顾地超越过去，但毕竟超越的时候速度受到了阻滞，于是慢下来的冰流分出一部分力量对谷床下伏岩石进行“挖蚀”，“挖蚀”的最后结果自然就形成了后来的湖盆地貌。就在对谷盆挖蚀过程中，竟然也会遇到岩坎一样比较硬的“钉子户”，冰流最终无法将其彻底“削”平，于是便形成了“羊背岩”。羊背岩总是呈长条状，长轴方向与当年冰流方向一致，而且上游方向的坡度较缓，下游方向坡度较陡，造成这种差异自然与冰流前进方向有关。当上游冰流作用于岩石时处于向前和向上的“推磨”状态，“推磨”相对而言属于渐变过程。当冰流越过“钉子户”向下游流动时，在冰体与岩体之间产生一种类似“拔蚀”的作用，相对而言“拔蚀”速度就会快一些，对基岩的雕刻作用也会大一些，所以大凡羊背岩总是呈现出上游坡度较平缓、下游方向较陡的形状。而且就在羊背岩的上游面会发现平整的磨光

乘坐缆车到达螺髻山，首先映入眼帘的便是黑龙潭，这是螺髻山上最大的冰碛湖。（摄影 / 游小军）

面和矢状的擦痕，“矢”的大头向下，而在羊背岩的下游面往往会发现一些新月形“劈理”构造，那正是当年冰流“拔蚀”留下的证据。

既然冰川在这里刨蚀出了这样一个湖泊，那么湖的“下游”必然也会有明显的痕迹。东面山口接待中心宾馆下面正是当年冰川超覆翻越而过的大冰坎，只可惜在开发修建宾馆时未曾有人告诉说这里曾是古冰川留下的宝贵遗迹。走到宾馆基石上仔细寻找后，果然发现大面积冰川溜光面的痕迹。与这隔沟相望的对面山岩上，赫然有一条冰川刻槽，命名为“三号刻槽”，这里也就是所谓“冰川槽谷”的上端。“要是当年不在这建这座宾馆该有多好啊！”我不无遗憾地说道。

深入湖泊群

从黑龙潭西北方向的步道往上，我们继续考察海拔更高的牵手湖、冰川洼地和仙草湖。

牵手湖是两个并肩而立的高山古冰碛湖。在当年冰蚀过程中，谷床中部有一块基岩极硬，加上湖泊具有各自提供挖蚀能量的冰流，当冰川解体后，形成了丰水季节相连，枯水季节分开的古冰川湖泊，当地人称为牵手湖。在我以往的冰川科学考察中，上、中、下游串联一线的所谓“串珠湖”见过不少，像螺髻山在一条谷流域中的双湖联袂的“牵手湖”却并不多见。理塘、稻城和黑水打古沟上源的海子山中的海子湖，虽然成百上千个湖像是落满玉盘的大珠小珠一般，不过那是高原冰盖型古冰川湖泊，形成机制另有其因，与螺髻山中的冰川湖泊不尽相同。

仙草湖四周群山环抱，山上树木森森，林中深郁闭密，高大的杉、松枝上松萝舞拂，更具冰川雨林特色。湖水清澈明亮，不过却有很多水草生长在湖水之中，这是螺髻山中目前不多的有大片水草生长的古冰川湖泊。繁茂的水草呈圆弧状分布在湖面上，只有圆圆的湖心水域能完全映出周围的群山和蓝天白云。迷人的景致让人叹为观止，不只因为那扎根湖底、漂浮湖面的水草，更有那漂亮的由水草铺就而成的与湖水交接界线形成的“八卦阴阳”的太极图案，真让人为大自然的“创造之手”叫绝。

湖泊等水体中生物，尤其是一些水草类植物的大面积繁殖，被解释为水体由于受到污染而引起的富营养化结果，螺髻山中仙草湖中的水草大面积出现却可以找到另外一种答案：自高山古冰川湖泊形成以来，其上游来的冲积物越来越多，而出水口的湖水侵蚀基准面又越冲越低，于是湖水越来越浅，湖面越来越小，当湖水浅到某一水位时，恰巧一些飞鸟或动物不经意将这些水草的种子带到湖中，于是它们便渐渐蔓延开来，接着就出现了目前我们看到的仙草湖。

高山高原的古冰川湖泊大致分为三种类型：一种是冰碛堰塞型，这种湖泊的堤坝完全由古冰碛物堵塞而成，一旦湖堤被冲蚀成与湖底高度相当时，湖泊便自然消失而成为普通的山间河谷；第二种是冰蚀湖泊，像前面提到的川西高原不少的海子，古冰川在运动中将基岩挖蚀成一个又一个负地形洼地，湖水在丰水期可以从较低处溢出，但是由于湖泊的湖盆基底主要由负地形的基岩组成，这类湖泊将会更长时间地存在下去；第三种就是冰蚀—冰碛型湖泊，像黑龙潭、牵手湖和仙草湖都为此类，它们在漫长的冰川运动中，具有一定规模的锅穴负地形，湖盆出口还有一定规模的古冰川堆积物的堵塞，这些湖泊虽然不会像冰碛堰塞湖那样一旦湖的堤坝被切穿，湖泊就会彻底消失，但仍然有湖盆被上游的冲积物质越填越厚、湖水越来越浅的一天，最终可能被彻底填埋而失去高山湖泊的壮丽景色。

螺髻山中的“冰川洼地”原本就是一处面积为五百多平方米的古冰川湖泊，原先的湖岸线仍隐约可见。准确地讲，原先的古湖盆也应该叫冰蚀洼地。诚如前面所述，这处冰川湖一方面湖盆中已堆满上游冲来的冰碛类石砾，同时出口早已被流水冲切夷平，比湖盆内砾石面还低，这样一来，湖水自然不复存在了。

沧海桑田，大自然可以造就出纷繁复杂的地貌景观，也可以在地质历史时针的移动中将其更迭消失，真所谓世无定事，物无定形，大自然的演替变化确非人力可为。

遇见“世界级”古冰川遗存

冰川刻槽也是古冰川作用存在的有力形迹。古冰川刻槽一般出现在冰川中游较为狭窄、坡度比较陡峻的地段。当上游的冰流涌入这里时，冰流将会对所过之处的谷床基岩或崖壁进行“侧蚀”，也许就在冰流对谷床壁侧蚀的同时，冰流正好裹挟着一个或若干个硬度相当甚至大于谷床崖壁的石块，在坚硬的谷床基岩或崖壁之上刻画出又宽又深的凹槽。如果冰流这时正位于向前向上的超覆状态，那么这个冰川刻槽的方向或许就是向前向上。一般而言，冰川刻槽的方向总是向前

螺髻山上最大的冰川刻槽，有40余米长，弧形刻槽平均高度达2米，擦痕和磨光面很明显，可以称得上是“国家级”的冰川刻槽

（摄影 / 刘乾坤）

向下，正如我们即将要去考察的三号和一号冰川刻槽。

三号刻槽位于黑龙潭出水口下方约50米处的流水沟的南侧崖壁的中部——也就是接待中心宾馆对面的山崖之上。

三号冰川刻槽明确地告诉我们当年的冰川不仅磨光了出水口两侧的广大基岩坎，同时，一支下伏冰流就在这冰下狭窄的甬道中对崖壁慢慢地雕蚀，终于为我们留下了集冰蚀湖、羊背岩、冰川溜光面、侧碛垅和冰川刻槽、冰擦痕、冰川劈理于一处的第四纪古冰川遗迹景观群。

一号古冰川刻槽位于清水沟上游海拔3520米处沟谷北岸，一座倾

一号刻槽及冰川擦痕和磨光面，历经数百万年风雨，依然清晰可辨 （摄影/刘乾坤）

斜的小木桥让人步行在上面时提心吊胆，但这一号称“世界第一大冰川刻槽”的古冰川遗存驱使着我这个与冰川打了四十多年交道的人不得不亦步亦趋涉险斜桥而过。走到近前，我在雾霭中久久不愿离去，细细地品味、久久地抚摸这果真气度不凡的古冰川刻槽。

古冰川刻槽、磨光面刻槽擦痕我见过不少，南极边缘的岛山之中，北极腹地的冰原附近——当然那里的规模才是硕大无朋的——还有川西高原的贡嘎山海螺沟冰川海拔3100米附近的两岸谷床上，也可见到堪与此处媲美的漂亮冰川刻槽。但我相信，冰川学家们一定会惊叹这处冰川刻槽形态之完美、规模之巨大。当然我们不可随意宣称什么世界第一，但此处古冰川刻槽实可定位为世界级古冰川遗存。

一号刻槽长约40米，最宽处约3.5米，平均高约

黑龙潭湖中露出的一个“小岛”，就是当年冰川不能拔蚀掉的基岩，在冰川地貌中被称为羊背岩或羊背石　（摄影／刘乾坤）

2米，自上游向下游方向自然斜卧，仔细看去，在刻槽内外还有不少古冰川擦痕，更难能可贵的是，在可及的刻槽所在的谷床岩壁上全是一片古冰川的磨光面。更令人兴奋的是，在从一号刻槽返回索道站的途中小径旁边，发现了一处豹斑冰蚀漂砾，这种漂砾只能是古冰川作用。以前也只在文献中知道这一现象的存在，想不到在螺髻山中竟能见到她的芳踪。

我在想，当年的冰川流经清水沟竟有如此伟力，将经过之处的谷壁磨蚀成如此恢宏的“天槽”，势如破竹的浩瀚冰流必定夺路而下，那么它的末端下到了什么地方呢？我便继续前往清水沟下游的入口处考察。

这是一条村间小路，当汽车进入沟口后，我们弃车步行，攀缘到一处乱石垄岗，放眼四顾，只见右侧山坡的高处有几处漏斗状洼地，在较高的一处洼地的上部，有几十道类似梯田状的冰缘地貌，那就是典型的“冻融阶地”，那漏斗状的洼地就是古雪蚀洼地。要是这种冻融阶地地势较低，当地农民还真可以就势将其改造成种庄稼的梯田呢，这种现象在川藏公路新都桥到甘孜县一带较为普遍。在沟口的左侧，还观察到一座古冰斗，当地人把这种地貌称作“碓窝山”。碓窝是一种将稻谷加工成大米的工具，这种叫法既别致又形象。古冰斗的高度与螺髻山索道站右侧山间古冰斗差不多，凭古冰斗出口的高度可以推断出第四纪冰川最盛时期的螺髻山古雪线曾一度降到了海拔3000米以下。冰斗的出口海拔就在3000米左右，按普通冰川学的理论，古冰斗的地形出口一般都代表着当时古雪线的高度。以此推断当时螺髻山的降水量远比现在大得多，多到可以让大量的积雪在海拔4000米以下的地方形成冰川。

螺髻山上的杉树极多，以长苞冷杉为主要优势树种，还有铁杉、云杉等。图中杉树便是螺髻山的优势树种——长苞冷杉 （摄影 / 游小军）

冰川经过所形成的U形谷，两侧的垄岗为冰川侧碛垄，也叫侧碛堤 （摄影/刘乾坤）

崖壁上的磨光面和冰川擦痕 （摄影/刘乾坤）

螺髻山仙草湖里，水草丰茂，是螺髻山上众多冰川湖泊中少见生长大面积水草的湖泊，四周森林茂密　（摄影 / 游小军）

我们所站立的乱石岗其实就是古冰川堆积的冰碛物，但这还不是当时冰川的最末端，那么它的末端究竟在哪里呢？当我们回程爬上清水沟下游北侧的一处山岗时，俯首望去，清水沟出山口下方有规则地分布着几十处环状堆积物。经验告诉我，这些面向清水沟谷地的环状堆积物必定是冰碛物。当年冰流流出谷口后，由于应力的突然松弛，冰流变薄，冰舌变宽，我们称这类冰川叫作山麓宽尾冰川，而这些散存在山麓坡面上的弧形堆积物是当年冰川末端留下的“终碛垄”。可以肯定，当年的清水沟冰川末端至少下到过海拔2000米的地方。这地方的地名叫“呷尔”，依此算来，在若干万年之前，清水沟冰川的长度最短也在10千米。按现在国际冰川编目的标准，这种冰川也算得上大型山谷冰川了。

事实上，当我们行进在西昌到普格一线的公路上时，还不时在海拔1500米一带的山前河谷区发现了许许多多大型古冰川漂砾，它们是当年由更大的冰川直接携来于此的呢，还是由冰川解体后的冰川泥石流搬运而来的呢？螺髻山古冰川之谜还有很多。

大家可能会奇怪，为什么我仅提一号和三号古冰川刻槽，而忽略二号呢？其实我也考察了二号，发现二号是被人为地误判为冰川产物，它其实只是一处岩石构造凹槽。冰川槽谷的横断面必须是以基岩出露为主的“U”字形的谷地，这里明显表现为流水作用改造的“V”字状。

螺髻山第四纪古冰川遗存，就规模而论，同南北极和青藏高原相比，当然不能算大，但它的美真是让人赏心悦目，回味无穷。更难能可贵的是，仅就第四纪古冰川地貌观赏源而言，目前所能展现在人们眼前的不足全部的三分之一，更多的冰川湖泊、更多的磨光面、更多的冰川刻槽还在等待人们的发现，更有那螺髻山主峰的角峰刃脊、成串的古冰斗、真正的冰川槽谷仍藏在深山人未识。

我想象着，如果在技术和财力允许的情况下，我们可以在螺髻山中海拔较高、隐蔽度较好的地方，人为扩大降雪量，用风吹雪的力量将冬季积雪集合在一处，制造出一条科研用的“婴儿冰川”，看着它能否在现代环境下慢慢长大，还兼有时光倒流的观赏价值，不亦快哉！

环崖丹霞：中国丹霞新景观

■ 撰文／李忠东

2010年，我国南方湿润区6个丹霞地貌景区——湖南崀山、江西龙虎山、福建泰宁、浙江江郎山、广东丹霞山和贵州赤水，以“中国丹霞”统一命名，成功申报世界自然遗产。这6个丹霞地貌区成功申遗，被视为我国地貌学的一次成功。毕竟“丹霞”作为中国人自己发现并命名的地貌类型，能获得世界的认可，实属不易。丹霞地貌景观丰富多彩，有峭壁挺立，有峰林耸峙，有飞瀑流泻，近年来，又在四川发现并命名一个新的地貌景观——环崖丹霞。

发现丹霞地貌中的新面孔

这6个丹霞地貌区是中国南方亚热带湿润区丹霞地貌的典型代表。申遗文件对“中国丹霞”是这样定义的：中国丹霞是一个由陡峭的悬崖、红色的山块、密集深切的峡谷、壮观的瀑布及碧绿的河溪构成的景观系统，整体为临水型峰丛—峰林景观，被天然森林广泛覆盖。构成丹山—碧水—绿树—白云的最佳景观组合，是中国乃至世界上最美丽的丹霞景观。

当我们将这6处丹霞地貌放在一起进行比对时，却发现一个有趣的现象。除贵州赤水外，湖南崀山、江西龙虎山、福建泰宁、浙江江

环崖丹霞所处的地貌特征是红层，在雨季，河流的颜色呈褐红色，图为赤水河汇入长江的画面，泾渭分明　（摄影 / 杨建）

郎山、广东丹霞山这五个丹霞地貌区，在宏观上皆发育有大面积的平顶型、圆顶型峰丛和峰林。如湖南崀山的“鲸鱼闹海”（峰丛）、广东丹霞山的巴寨岩、福建泰宁的大金湖等。或者有高大奇险的峰柱，如江西龙虎山的金枪峰，江郎山的三爿石，广东丹霞山的元阳石等。这些丹霞地貌都有一个共同的特点，即规模宏大、造型奇特、色泽艳丽的山、峰、石、柱、崖、墙。它们兀立于地表，具有地标意义，引人注目。而贵州赤水的丹霞地貌则明显不具备这样的特点，这一地区的丹霞地貌形态主要为丹崖陡壁、赤色长墙、高悬飞瀑，且全部隐藏在沟壑与丛林中。从高处看，群山起伏，植被遍覆，完全不具备很多丹霞地貌地区在宏观上所具有的雄奇险峻。唯有沿河流溯流而上，走进水系的细枝末节，于沟谷深处，才逐渐显现出它的雄奇。不仅是赤水，我国西南部川、黔、渝交界处的四川省乐山市、泸州市，重庆市江津区一带，所分布的丹霞地貌，也都具有这个特点。

在近一年的寻访中，我们在这一地区发现了众多呈瓮形（瓮，是川黔一带农村常见的一种土陶制成容器，主要盛装谷物、酒等，其特点是肚大口小）的沟谷和环形的绝壁地貌。并且形成环形赤壁—瓮谷—瀑布的有趣组合，其特点十分鲜明。而查阅相关文献，却较少有这种丹霞地貌形态的专题论述，更没有关于这种丹霞形态全面系统的调查成果，这又是为什么呢？如此与众不同，难道它们是另一种我们所不熟知的丹霞地貌类型吗？

从“红圈子”到环崖丹霞是一种推论

四川盆地北侧和西侧的地貌都直截了当地完成从低到高的转换——山体从四川盆地骤然拔地而起，群山高大沟谷深邃，谷岭落差巨大。而四川盆地南缘向云贵高原过渡地带，在地质构造上有些特殊，从盆地中部的丘陵到南部的低山、中山，再到云贵高原，地形逐级过渡，平缓得让人无法察觉。

在川渝黔三省交界处，以赤水为中心的丹霞地貌，虽然与东南部的五处丹霞景观地同时命名为中国丹霞世界自然遗产，但它既不属于东南地区的丹霞地貌，更不同于西北干旱区的丹霞地貌。在这里难以见到“顶平、身陡、麓缓”（公认的丹霞地貌形态特征）的典型峰丘和

在沟谷中，除了高大的环形绝壁外，还有一些小型的环崖，受流水溯源侵蚀影响，正在发育环形的崖壁　（摄影 / 李孚嘉）

突出的堡寨式、城堡式、石柱式形态。这里的丹霞发育于连绵群山的深处，隐匿在由亚热带常绿阔叶混交林所组成的茫茫林海，只有沿着水系进入到山体内部的峡谷中，赤红色的陡峭崖壁、高悬的瀑布、层层跌落的流水，这才展现出它真实的一面——外面平淡无奇，内部别有洞天。

更为奇特的是，那些出现在地形由平缓的宽谷，向陡窄的峡谷转换的拐点（地貌学上称之为“裂点”）上的环崖绝壁，直径达数百米的弧形红崖，像一面面环幕，这些环形绝壁的后缘常有高悬的飞瀑。发育环形绝壁的沟谷，则主要为口小肚大的瓮形沟谷，这种特殊地形所形成的封闭小区域，有着独有的生态系统以及数量众多的桫椤群落。

最早引起学者关注的是重庆西部的江津区四面山，以其著名景点望乡台瀑布为例，就是一个巨大的环形山崖，巨大的瀑布从高处跌落，蔚为壮观。就在四面山景区内，还有水口寺、土地岩等地都有瓮形谷、环形丹霞绝壁与瀑布，它们无一例外地出现在宽谷向峡谷转换处的“裂点”上。

在传统的丹霞地貌形态分类上，无论是著名的地理学家黄可光提出的类丹霞地貌、宫殿式、窗棂式、蜂窝状丹霞地貌分类系统，还是丹霞地貌专家黄进提出的宫殿式（柱廊状、窗棂状）、方山状、峰丛状、峰林状、石墙状、石堡状、孤峰状等分类系统，都很难运用于这一地区的丹霞地貌形态分类。

这样一种明显的地貌自然会引起人们的注意。乐山师范大学的罗成德教授在长期从事四川盆地红层地貌研究时，已经发现川、黔、渝之间的四川盆地西南缘，存在这种既不同于东南部传统丹霞地貌区，又不同于西北干旱区丹霞地貌，也不同于四川盆地其他地区的特殊丹霞。他于2002年发表的《四川盆地丹霞地貌的几个问题》一文中，首次提出红圈子的问题。他认为四川盆地南部较普遍地分布着一种环状陡崖地貌。这种地貌在乐山市的马边县、沐川县和泸州市叙永县以及合江县等地叫“锅圈岩”，取其形如农村柴草灶放锅的灶圈；在贵州省习水县一带被称为“圆洞”，取其形近圆形；泸州市古蔺县黄荆老林景区一带则叫“红圈子”或“环岩”。罗成德教授认为它既是一种环形陡崖，又是赤壁丹山，并提出将“红圈子”作为这种特殊丹霞地貌的名称。并阐述了这种红圈子地貌的含义：岩圈直径50—1000米不等，高数十米至400米不等，平面闭合度200°—300°不等，四周岩石壁立，后壁有瀑布悬挂，底部有倒石堆或深潭。

然而，罗成德教授的这篇文章并未引起更多人的关注，在之后包括黄进教授的研究中仍一直将其作为南方湿润区丹霞的一种早期阶段，并且对区内广泛出现的环状陡崖地貌均鲜有记录。我认为使用当地百姓的俗称作为这种丹霞的形态类型并不是一个最佳选择，不同的地方对这个地貌均有自己约定俗成的叫法。因此“红圈子”一词，尽管极其形象，但缺乏清楚的地貌类型指向，而且显得有点俗气和直白。

因此，我建议使用“环崖丹霞”这一名称，来命名四川盆地南缘川、渝、黔一带这种特殊的丹霞地貌。徐霞客曾在《徐霞客游记》中描述过一种地貌：“其山皆不甚高，俱石崖盘亘，堆环成壑，或三面回环如玦者……”虽然我们无法考证徐霞客记录的是何方地貌，但它描绘的这种地貌在形态上却与环崖丹霞十分吻合。

“环崖”能形象地概括这一地貌形态的特征，精准地提炼和表达出“环状陡崖”这一最显著的识别码。后缀冠之以“丹霞”，则明确这种地貌形态在地貌学上的归宿，可清晰地将想象指引到“色如渥丹，灿若明霞”的意境。

我们正在定义一种新的丹霞地貌类型

听说我们要寻找环崖丹霞地貌，摄影师李忠义显得有些兴奋。当我把照片拿给他看时，他猛拍脑门，恍然大悟说：“就是红圈子嘛，我老家那一带也有。”

李忠义老师是泸州市叙永县人，对那里的山水了如指掌，于是这次考察的行程便从叙永开始。在叙永县的画稿溪，我们再度见到了环状陡崖的壮丽美景。画稿溪，位于云贵高原与四川盆地的过渡地带，谷岭之间的高差一般在300—500米。

沿着叙永县水尾河的一条支流溯流而上，峡谷的谷口略为窄束，越往里走，沟谷愈显深幽，但地形却反而显得开阔，表现出箱形沟谷的特征。沟谷两侧陡立的岩壁微微呈弧形向内凹。岩壁的下部，常有进深数米的浅洞，成为当地人供奉山神、菩萨的地方。两壁岩墙之间的河谷落差并不大。河床的岩石主要为相对坚硬的砂岩和相对较软的泥岩，岩性不同导致流水侵蚀差异，在河床形成高低错落的阶梯状小跌瀑。没有水流的地方，有“活化石”之称的桫椤成群分布。这种与恐龙同时代的濒危植物，树形优美，树干粗大，数量众多，人行其中，恍若穿行在中生代的密林里。

行至沟谷的尾部，绕过一片桫椤的遮挡，一个赤红色的环形岩圈出现在眼前。环形岩圈直径80—120米，垂直高度80米，平面闭合度超过200度。岩壁表面裸露光滑，通体赤红，一帘线状瀑布从环形岩圈的后缘顶部飘然而下，直坠谷底。环形绝壁之下，崩落的巨大岩块随处可见，这是这种丹霞地貌形成演化的证据。在后来的两条支沟中，我们也见到了同样的地貌与植被。

与叙永县隔水相望的是贵州的赤水市，佛光岩是赤水世界遗产地的核心区域。我们从佛光岩沟谷的入口缓慢进入时，完全没有想到前面会有一面拔地而起、气势逼人的红色峭壁。沿着被流水冲刷得光洁的红色河床渐渐深入，不经意间就进入到瓮形谷的内膛。瓮形谷内，空气潮润，仿佛可以挤出水，常绿阔叶林及各种河谷灌草铺天盖地，绝壁中央最凹处，一条银白色的瀑布从空中飘然而落，白色的浪花与水雾在山谷中纷纷扬扬，恍若仙境。

站在谷底向环形绝壁望去，蓝天呈一弯弧形，极目环崖皆为红色，是那种纯粹的、不含一丝杂质的红。尤其雨后初晴，“雨余红色愈精神”，万绿幽谷皆被这明亮而鲜艳的崖壁抢了风头。组成绝壁的岩石，从正面平视，如一本本整齐叠放的厚薄相间的书。但从两侧或底部看，则呈弧形弯曲，像一个个不同厚度的红色的岩圈套在一起。

这不就是我们要寻找的典型的环崖丹霞吗？

在赤水河的另一条支沟——金沙沟，我们再度见到了被称为“神州赤壁”的环形绝壁，环崖弧顶的瀑布高达1000多米。其实，不仅是神州赤壁，燕子岩溪发育的两级瀑布、仁溪沟所发育的5级瀑布、丙安沟上游华条沟多级瀑布、金沙沟支流两千米沟、沙干沟支沟小沟的七级瀑布，均出现在环形绝壁之上。其中华条沟的百丈洞瀑布、沙干沟支沟小沟的锅圈岩瀑布更是规模宏大，环形特征完整而典型。赤水河作为西南黔、川、渝环崖丹霞带中心区域的地位基本可以确立。

丹霞地貌的形成可以从地层岩石、构造条件、地表的植被—土壤—水文类型等许多方面进行分析，环崖丹霞的形成亦大同小异。这里在中生代的大多数时间，一直处于大型内陆盆地，沉积了厚达上千米的红层。尤其上白垩统嘉定群（夹关组）泛滥性河流环境，所沉积的砖红色砂岩夹紫红色泥岩，为环崖丹霞的形成奠定了物质基础。之后，这一区域发生褶皱、断裂运动，形成一种特殊的“倒置地形”（正常情况下，背斜成山，向斜成谷，这里由于向斜两侧的数条背斜被流水强烈侵蚀，形成谷地，向斜地层反而凸起形成山脉），从而为区内陡崖、深涧、瀑布的形成奠定了非常好的地形条件。

在气候上，这里属于四川盆地南部暖季霜冻最少区和盆南山地中亚热带暖温带区，年降水在1200—1300毫米，是四川盆地除华西雨屏区外，降水最丰沛的区域。年日照时数仅1000—1200小时，几乎是四

在到达瓮形谷底的途中，有的沟谷会有连串的跌水，很秀美。图中水流形成的旋涡，在没有人为干扰的情况下，水流推动小石块作圆形运动，天长日久，会把红层旋蚀成壶穴景观 （摄影 / 李忠东）

川盆地的最低值，因此水分蒸发量小，加之红色砂岩、泥岩透水性差，便决定了这一区域地表水极为发达，具有一定落差的地表径流，为丹霞地貌的形成提供了足够的动能。

那么环状陡崖又是如何形成的呢？中生代地层大面积抬升，同时产生不同方向的节理、裂隙，流水沿这些节理和裂隙进行侵蚀，形成两壁直立的深沟，称为巷谷。之后，这一地区发生了间歇性断块抬升，导致河谷河床在纵向上形成阶梯状的陡坎，流水至此皆成跌水或瀑布。由于这一区域岩石属于厚层或块状砂岩，岩层在跌水处也就是裂点容易产生重力崩解，而水平岩层容易受到水平掏蚀作用的影响，即沟谷在发育过程中，崖壁沿底部的岩洞和崖廊崩塌，使沟谷向横向拓宽，类似嶂石岩地貌中的 Ω 形嶂谷，也就是本文中的瓮形谷。在此基础上，流水的溯源侵蚀作用（河流沿沟谷的源头方向侵蚀，不断使河流向上移动，河谷延长，河谷中的瀑布后退的一种地质现象），使岩壁以流水为中心出现不均匀后退，再加之流水的冲刷与打磨，便逐渐形成马蹄状的环形绝壁。

在调查中，我们发现并不是这一区域的所有沟谷都能形成环状绝壁。比如赤水风溪沟的赤水大瀑布（十丈洞）以及之下的中洞瀑布，瀑布跌落的悬壁便为直线，而不是弧形。与之相邻的四川叙永黄荆老林的八节洞，也无一为环形绝壁。不能形成环形绝壁的沟谷，都有一个共同的特点，那就是在地形裂点出现的瀑布均为帘状（即面状），瀑布的宽度和河床的宽度相同或接近。帘状瀑布对崖壁的冲刷较为均匀，崖壁的中心和两侧的后退速率基本一致，崖壁表现出均匀后退的特点，因而只能形成平直的绝壁。而形成环形绝壁的瀑布，无一例外为线状瀑布，其对崖壁的冲刷不均匀，崖壁中心流水常年冲刷的地方，其后退速率较大，而两侧只能接受季节性流水（丰水期有水，枯水期无水）的冲刷，因而后退速率相对较慢，后退速率的差别导致形成环形绝壁。因此，从目前研究结果来看，笔者认为水平岩层的水平掏蚀作用是这种环崖绝壁形成的基础，线状瀑布对崖壁的不均匀冲刷则是关键。除此之外，还有没有其他原因呢？我们期待有更多的专家和爱好者提出新的观点和见解。

然而，普遍之中总是有例外的情况发生。正当我们为解开环崖绝壁形成之谜而窃喜时，在乐山市马边县境内，发现一连串的环形大绝壁，绝壁后缘并没有瀑布和流水，显然与我们熟知的“溯源侵蚀”无关。这又是怎么回事呢？

马边莜坝大岩圈是环崖的另一种形态

在乐山市马边县文联主席张三才那儿，一张拍摄于马边县莜坝乡“石丈空”的照片，引起了我的兴趣。在这张照片上，有一面绝壁，光洁如镜，具有明显的弧形特点。通过查阅地质图得知，马边县的靛兰坝—莜坝与宜宾市屏山县中都镇一线，正好位于一个特殊的弧形构造带上，其中心位置正好为最容易形成丹霞地貌的早白垩世砖红色砂、泥岩。那么这里是不是也有环崖丹霞呢？如果是的话，那么马边的莜坝极有可能就是川黔渝环崖丹霞带分布的最北界。

我迫不及待打开卫星图片，顺着中都河一路追溯而上。在深绿、浅绿、灰黄、灰白的色调中寻找河流的每一次拐弯，山体的每一处变化。果然，在中都河上游的几个拐弯处，卫星图上清晰地显示出环状的山崖，再把搜索范围扩大至中都河的支流，这样的环状地貌多达几十处。

让人感到费解的是，在中都河上游南侧海拔1741米的人头山，有一条东西横亘的刀脊状山脊。这个长达5千米的连绵屏障，构成西宁河与中都河的分水岭。就在这条几乎平直的线形山脊的南侧，连续发育12个环形大岩壁，在卫星图上它们左右相连，就像紧紧相扣的连环套。在远离河流、汇水区面积也极小的单斜山陡立面山脊上，这些环状崖壁是如何形成的呢？

来到马边县，张三才一行陪同我们考察，从县城出发，一路向东越过胭脂山，进入一个叫石门坎的狭窄地带，四周地形立即感觉到明显的变化。红色砂岩所形成的单斜山兀立平畴，如巨大的屋顶斜坡。而在靛兰坝一带的河谷，发育一段深切河曲，直线2.5千米的距离，中都河在红色峡谷中迂回婉转，如蛇曲龙行近10千米，形成近20次弯曲。尤其是在穿牛鼻一带，河流由西向东环绕山体，近180度旋转，形成一个Ω形拐弯。从起点到终点，最窄的颈部仅仅40米宽，河流居然绕行了1000米。

张三才告诉我们，往屏山县中都镇方向，有一个地方叫火烧岩，比石丈空大得多。顺中都河向下，未到火烧岩，左岸已经不断出现环形岩壁。虽然一路已经惊喜不断，到达火烧岩，当那面大岩壁扑面出现时，仍给我极大震撼。形成环状陡崖的砖红色砂岩，岩层近于水平，岩圈直径达700米，高达400米。绝壁临河而立，气势逼人。绝壁之上，赤色岩层裸露，在朝霞夕晖照映下，“色若渥丹，灿若明霞”。

和我们在四川盆地南缘泸州、赤水、四面山看到的环形绝壁相比，莜坝的环状大岩壁几乎全部出现在河流的左岸（所谓左岸，是面朝河的下游，左手边称为左岸），也正是这条河流的凹岸。而之前我们看到环形绝壁则主要发育于沟谷地形转折的拐点，这个拐点大多位

马边县人头山，在山顶出现连续的环崖，这种山顶的环崖形成原因，与瀑布的溯源成因有所区别，其形成原因是古河道的侧向侵蚀 （摄影 / 李忠东）

01 自由曲流形成

侧蚀作用形成的环形丹霞

02 地壳抬升形成沉切曲流

03 岩性差异导致右侧岩层快速剥蚀风化，相对较硬左侧岩圈保留在山的顶部

溯源侵蚀 (3—1)

溯源侵蚀 (3—2)

溯源侵蚀作用形成的环形丹霞

溯源侵蚀 (3—3)

两种成因的手绘成因图　（绘图 / 杨金山）

于沟谷的尾部，并且一定会伴随一帘高悬的线状瀑布，出现环形绝壁沟谷往往同时为瓮形山谷。显然，那一带环形绝壁的形成主要受河流溯源侵蚀的控制。而莜坝的环形大岩壁弧形后缘并无瀑布发育，那么它的形成又是什么原因呢？

突然，我想起之前看到的像蛇一样蜿蜒于红色峡谷的深切河曲。一般说来，“河曲”只能形成于由松散的沉积物组成的平原或宽谷中，但在四川盆地丘陵地带，却常能看到S形“河曲”深深地嵌入岩层之中。这种“嵌入式深切河曲”是平原和盆地中早期形成的“河曲”，在后期地壳强烈抬升，河流快速向下切割而成。它在不同时期受到两种侵蚀作用的影响，早期以侧蚀作用为主，形成河曲，后期以下蚀作用为主，河床不断降低，直至嵌入岩层。那么这些环形的岩壁不就是河流侧蚀作用形成后，一面被地壳运动越抬越高，一面被河流越切越深，最终形成的吗？

而位于中都河上游人头山上环环相扣的12个环形岩圈，难道也是这样形成的吗？那么如今那条曾经蜿蜒的河流，又消失在哪里呢？

我们再次查阅地质图。地质图上，人头山出现环形岩圈的地方，正好是白垩系地层与侏罗系地层的分界线，南北两侧两套地层之间岩石的软硬不同，导致风化剥蚀出现巨大差异。北侧相对坚硬的白垩系块状砂岩，由于抗风化剥蚀能力较强，被保留在山体顶部，而南侧相对较软的侏罗系泥岩、页岩，由于抗风化剥蚀能力较弱，被夷为平地或浅丘。这不但造成地形的巨大反差，那条侧向侵蚀形成岩圈的河流也因地形的变化，改变方向，向南而去。

经过一年多的考察，目前发现环崖丹霞的范围，至少包括四川盆地南缘，向西至乐山的马边、沐川一带，向南延至叙永、古蔺、贵州的赤水和习水，而东则至四川合江、重庆江津，止于綦江的老瀛山。若从地形图上看，这个区域则呈微微向南凸的弧形条带，几乎连成一片，总面积达13000平方千米，已知的环崖丹霞景观就有数十个之多。

我们常常感叹大自然的多彩多姿，美轮美奂，又常常疑惑，这些奇异景观为什么偏偏在这里出现呢？大自然为什么独钟情于一山一地？从巨厚的砖红色砂岩的形成，到地质作用提供了空间条件，再到地壳的抬升作用，直至温润气候、丰沛的流水直接作用于岩石，环崖丹霞的形成是大自然的鬼斧神工，得益于这里的奇特构成，也得益于光阴。

佛光崖的环崖极为明显，环崖上有天然形成的通道，这是好多环崖共有的特点　（摄影 / 李忠义）

形成环崖的动力是这种成线状的瀑布，因其裂点是以瀑布的溯源侵蚀逐渐后退而形成的，整个环崖的后退速度有明显的差异。图为神州大赤壁瀑布与环崖丹霞　（摄影 / 李忠东）

同样的地貌上，水资源也同样丰富，但这种帘状瀑布不会形成环崖。图为四川省古蔺县八节洞瀑布群　（摄影 / 李忠东）

蔚为壮观的江津四面山的代表景观——望乡台瀑布，瀑布两侧是长达千米的环形崖壁（摄影/李忠义）

任家硐的环崖极为明显，环崖上有天然形成的通道，这是好多环崖共有的特点（摄影 / 李忠义）

环崖丹霞的底部和沟谷中，往往都生长着较多的珍稀植物——桫椤　（摄影 / 刘乾坤）

隐秘的兴文岩溶世界

■ 撰文 / 李忠东

兴文世界地质公园位于四川盆地南缘与云贵高原过渡地带，这里阳刚之态与阴柔之气交融，巍峨雄阔与妩媚幽野并存，汇峰、崖、岩、林之实与洞、坑、缝、谷之虚于一体，集雄、奇、幽、秀、野于一身，是一处不走进不知道其美的地方。

距今4.6亿年以来，这里沉积了巨厚的碳酸盐岩，这种可以溶解于水的岩石，在构造作用下发育了大量的断裂、裂隙、节理。兴文气候温润，降水丰沛。这些流水以我们看得见的地表水和看不见的地下水两种不同形态在岩石的裂隙与节理之间相互转化、彼此切换，共同构成公园的复杂的水系统。它像一把无形的刻刀，不断地对山体、岩石进行侵蚀、溶蚀、切割，最终雕凿出天坑、石林、洞穴、峰丛等千姿百态的岩溶奇观。与此同时，流水又以不同的姿态或奔涌于山谷，或蜿蜒于平坝，或潜流于地下，或悬垂于崖壁，或汇聚成湖泊，与山、峰、石、洞等景观一起组成兴文精彩纷呈的山水画卷。

兴文地质公园由石海洞乡、僰王山、太安石林和凌霄山景区组成。这四个景区均沉积了巨厚的灰岩，但这些灰岩形成的时代则完全不同，物质成分也有较大差异，因此所形成的岩溶景观也截然不同。它们既相互独立，又彼此关联，共同组成公园复杂多样的岩溶世界。

石芽是在土壤中初侵蚀形成的，连绵起伏，被称为“石海”（摄影 / 杨建）

石海洞乡：小岩湾与天泉洞

在建立世界地质公园之前，这里曾经叫“石海洞乡”。石海指的便是小岩湾石海，而洞乡则是指天泉洞。

石海是当地人对成群出现的石芽的俗称。这种因可溶性岩体受地表水的长期溶蚀作用而形成的尖锥状岩石，单独看像一个个破土而出的笋芽，成群分布时，则如波涛翻涌的大海。小岩湾石海的分布面积达2平方千米，有棋盘式、车轨式、放射状、石林状等不同形态，远观波澜壮阔，蔚为大观。

事实上，古人很早就发现这种岩石不同寻常的美，《兴文县志》记载：“千石岩，岩石林立，若屋宇，若虬龙，若虎豹，或起或伏，或群或散，千姿万状，望之奇绝。”冠之以“奇绝”，可见古人很早就开始欣赏地质之美。

乘坐游览观光车深入景区，匍匐于地的石芽逐渐被更为高大的各种奇峰怪石所取代。或石林群聚，或峰丛环立，或孤岩残柱兀立，各自成景又彼此相映成趣。在游人眼中，它们又幻化成人、兽、鸟、禽等，以七女峰、毛狗山、夫妻峰、天涯望归人、生命之根等富于想象的名字，并编排出许多更富想象的神话传奇。

其中，夫妻峰和生命之根最具观赏性。夫妻峰屹立于山脊，之下有碧潭相衬。在地学上称这种景观为孤峰或岩溶残柱。虽属孤峰，但它并不孤独，两个底座相连，上部并立峰体，活像一对夫妻，千年万载守望在这里。夕照中是它最美的姿态，柔软的斜阳余晖将峰体镀成金黄，如灯光照亮的舞台上，正在演绎着动人的爱情故事。

生命之根与夫妻石相对而立，是典型的岩溶残柱，它傲然挺拔，雄壮威武，颇具阳刚之美。景观命名虽落俗，却也能让人心领神会，见之难忘。

分布于这里的石芽、石林、峰丛、峰林、孤峰，其实代表着地表岩溶发育的不同阶段。石芽是地表岩溶的“小学生”，它们体形弱小，容貌初成，代表着岩溶发展的初级阶段；石林、峰丛、峰林身形婀娜，体态丰腴，代表着岩溶发展的成熟阶段；而孤峰则孑然而立，如垂暮老人，代表着老龄化的地表岩溶；所有这些最终都将在地表的持续剥蚀中消失殆尽，了无痕迹。

小岩湾除前面所述凸起于地表的正地貌——地表岩溶外，还有负地貌——凹陷于地表的岩溶，如洼地、漏斗和天坑。尤其是天坑，坑口若碗，坑壁如桶，陷落于大地，深不可测，这种地貌的极致形态，对游客有莫名的吸引力，公园的小岩湾天坑便是这样。

小岩湾天坑，俗称“天盆”，东西长625米，南北宽475米，口部面积达20万平方米，最大深度为248米。攀上盆东缘的绝壁之巅，天坑的形态一览无遗。它就像陷落在地球的一口深井，上部岩壁裸露，光洁如墙，中下部堆积物遍布，其上覆盖着深黛色的植被，如临深渊。沿着天坑内壁的小路绕行，四周绝壁拔地而立，视野被赭红色的岩墙局限，蓝天如盆；而下至坑底，则如井底观天，蓝天如洞，感觉更奇妙。

也许大家不知道，2001年之前，“天坑”还只是对重庆奉节县小寨天坑的特称。类似的地貌在各地有不同的名称，如“龙缸”“石院”“石围”“岩湾”等。2001年，“天坑”作为一个专门的喀斯特术语被专家提出。2005年，国际喀斯特天坑考察组在重庆、广西一带大规模考察后，“天坑”这个术语在国际喀斯特学术界获得了一致的认可，并用汉语拼音“tiankeng”作为这类岩溶地貌的国际通行名词。这是继峰林（fenglin）和峰丛（fengcong）之后，第三个由中国人定义并用汉语和拼音命名的喀斯特地貌术语，也算是我国地质学家对地貌学的特殊贡献吧。

在小岩湾天坑的东南侧坑壁，细心的游客会发现这里的岩石与其他地方的岩石大不一样。这些岩石内部结构显得极为混乱无序，像是在形成的过程中发生过强烈的干扰，这种奇特的岩石就是风暴岩。它是岩石在形成过程中，大海的风暴旋涡流将半固结岩层击碎、卷起，部分砾屑被带走，其余砾屑迅速堆积而成。并不引人注意的岩石，蕴藏着惊人秘密。2亿年前发生于大海边缘的一场突发事件，就这样被真实地记录在这里。它就像一个密码，通过对这些密码的解读，地质学家便轻易地为我们解开有关这里古地理和古气候更多的秘密。

天坑的雄壮与风暴岩的微观变化让我们了解到大自然的神奇力

天坑和它周边的溶丘地貌　（摄影 / 杨建）

峻峭挺拔的喀斯特石林景观　（摄影 / 杨建）

量，而天坑绝壁上的天泉洞，又为我们构建了另一个同样神秘的地下岩溶世界。

从小岩湾天坑入口，坐观景电梯沿天坑陡峻岩壁向下，两三分钟便到坑的半腰。再沿着天坑半腰的一个缓坡向下行几十米，便进入到天泉洞奇幻的空间。

天泉洞，原名袁家洞。它的主洞及大小支洞总长约4.2千米，但这些结构繁杂的洞穴并不是处于同一个平面，而是像树枝一样穿插在不同高度的岩层内部。当我们通过测量将洞穴的展布形态绘制在图上时，发现看似随意延伸的洞穴，其实也有规律可循。如主洞主要沿岩层走向展布，支洞沿岩层倾向发育，而更小的支洞则多受到了节理裂隙控制。而当我们把图投影在立体的岩层断面上，则发现天泉洞从下至上分布在四个不同高度的层位中，它就像建立在地下的迷宫，上下勾连，左右贯通，奇妙无比。

天泉洞有三绝：穹庐广厦岩溶洞厅、泻玉流光岩溶天窗以及洞中的钙华沉积物。

“穹庐广厦”为天泉洞第一洞厅，位于前洞口，入洞之前得先入此厅。大厅高30—40米，长200米左右，宽50—80米，面积达23600平方米，这个规模在我国天坑排行榜上居第19位。它与公园的天狮洞入口洞厅一道，成为四川难得一见的两个面积都大于2万平方米的岩溶洞厅。进入洞厅，立即便会为它的高大空旷震撼。它就像一个神宫广厦，洞顶拱券如穹庐，其上石钟乳垂悬，其中居然还有一棵小树倒生于崖顶，虽阳光罕至，依然绿叶婆娑。洞厅的底部平坦，尽头直通天泉洞曲曲折折的洞道。

泻玉流光是公园当仁不让的宠儿，还常常成为公园的形象代言，出现在各种宣传资料上最显眼的位置。它是洞厅顶部的岩层因重力崩塌，洞顶与地表相通所形成的孔穴，称之为“天窗”。正午12点是观赏的最佳时间。阳光直射入洞，空气中的灰尘迅即被点亮，无数的亮斑在阳光中飞旋，奇幻无比。倘若头一天刚好下过雨，细细的流水便从窗顶飞落，在光影中纷纷扬扬，更是绝妙无比。洞中游客的心情，常常被这束天光照亮，争先恐后站在光柱下的平台中跳跃起舞，人也成为风景。

与穹庐广厦的空阔与泻玉流光的奇幻不同，天泉洞中的化学沉积物则更像是一个琳琅满目的博物馆，需要移步换景地慢慢去品味。石花、石幔、石瀑布、石笋、石柱、石珊瑚、石葡萄……无数以“石”冠名的小景组合成结缘胜景、石林仙姿等不同的景段，让人迷恋其间。据导游介绍，游客能够进入游览的区域，还仅仅是这个宏大地下系统的第三层和第四层。保存更加完整的第一层和第二层，已经被封闭起来，实行更加严格的保护。据说沉睡在地宫中那部分更加精妙，更加不可思议。

天泉洞仅仅是兴文庞大的洞穴系统中的一个。在这片千山万壑之间，还隐藏着天狮洞、天梁洞、桫椤洞、牛胎洞等数百个这样的溶洞，大自然的秘密与深邃又怎会轻易让人知道呢?

太安石林：体布龙鳞世所罕见

太安石林位于兴文县西北部的两龙乡，距县城约35千米，是一处尚未开发的景区。通往景区的简易公路路窄、弯多、碎石多。石林隐藏在竹、树、灌丛与藤蔓之中，远远望去，一色青翠苍茫，哪有什么石林？进入密林，隐藏在林中的石头便千姿百态地出现在眼前。

全球岩溶石林地貌最发育的地层当首推距今2.7亿年的二叠系地层，是岩溶石林地貌的最主要地层。而在四川盆地却有三处比二叠系石林还要古老2亿年的奥陶系石林，其中就包括兴文的太安石林。太安石林的成景岩石为奥陶系宝塔组龟裂纹灰岩，这种形成于4.6亿年前海底的岩石，以其表面龟裂纹构造密布、形似龙鳞而罕见。所以从外貌上，太安石林便足以颠覆人们对石林的传统印象。

景区中的石林，通常高2.5—4米。或一大片垒聚，远观如城堡群落；或三两结伴，如挟酒纵啸、浅斟低唱的文人；或孤石独立，如形只影单的行者、苦僧。每一个石林单体都发育溶槽，岩石在竖向上向内凹陷，呈扇形卷曲，耸脊边缘锐利如刃。石林上部和下部粗壮，腰部纤细，仿佛婀娜的少女。更为奇绝的是，构成石林的岩石表面均匀地密布着龟裂纹构造，给石林穿上了“豹皮纹”的外衣，煞是好看。

此外，有些地方，强烈的溶蚀作用甚至将岩层溶穿，在石林的岩体形成可以对望蓝天的溶穴。这些溶穴或小如孔洞，或如天窗，或如拱门，或如天生桥，妙趣横生。

古老的石林遍布峻岭，大多与竹林伴生。竹长于石，石生于竹，形成了“竹中有石，石中有竹，竹石共生”的景观。让人常常迷惑，是石恋着竹，还是竹恋着石？有的峰林上或有青藤绿蔓缠绕，或有小树生长于顶部，脚下或碧草成茵，或野花点缀，让略显单调的石林也生机盎然。

而在石林之下，我们看不到的地方，还密布着网一样的岩溶洞穴，其中回龙洞最具特色。洞内发育有大量的石幔，最高达3米，洞中的暗河还生活着盲鱼、盲鳅、盲虾等洞穴生物，它们的眼睛已消失或严重退化，体色缺乏，身体呈透明或半透明状，与洞穴中的其他动物、植物、微生物等组成公园最为神秘的洞穴生物群落。

太安石林是没有开发的景区，原始而生态地存在于此，处处充满了野趣。石林除隐藏在竹、树之中，也常显露于田野之间，甚至生长于村民的房前屋后，显得极其随意，完全没有刻意打造的痕迹。通往这些“景点”的多是老乡们晨出暮归的乡间小路，或者根本没有路。古老的石林伴随着这里的居民日出而作、日落而息；而这里的居民，每天在石林间穿来走去，也见惯不惊地把它们当成自己家园的一部分。只有偶尔来此的游客才会惊讶于它们的存在，感叹这里世外桃源般的寂静与美丽。

深涧幽巷，洞天飞瀑——僰王山

僰王山位于公园北部，原名叫“博望山”，为了与这里曾经有过的僰人文化契合，后来改名“僰王山”。僰王山所处的区域槽坝相连，阡陌纵横，唯有僰王山兀起平畴，环状陡崖四壁凌空，主峰黑帽顶高耸入云。僰王山是地质景观和自然景观组合最为奇妙的景区，这里峡谷深邃、溪涧幽巷密布，流水飞瀑、暗河洞天、奇崖绝壁与竹海、桫椤、湖光山色相融相嵌，可谓无山不绝、无岩不奇、无石不妙。造物主的神奇，便隐藏在僰王山的起伏与皱褶之间。

僰王山的岩层最美。组成僰王山的岩石为距今约4.2亿年前的志留纪薄层泥质灰岩与粉砂岩互层，这种形成于浅海环境的岩石，层厚1厘米到10厘米，观之如纸。岩层水平，垒叠如书，在景区形成雄奇壮美的千层岩景观。

溶洞中的沉积物丰富，形成了奇妙的洞穴景观　（摄影 / 杨建）

有处景点叫唤雨崖，流水沿千层岩的垂直节理裂隙切割而成。陡崖高约30米，宽20—30米，层状岩石凹凸有致，富有韵律。崖壁上碧草青蔓点缀，崖顶飞瀑泻落。瀑水在岩壁间反复撞击，飞溅如雨雾。立于崖下，脚下湿滑如油，四周岩壁逼仄，雨雾纷飞扑面，真是说不尽的清凉幽静。

龙潭幽谷由一段暗洞和一段盲谷组成。进入这个神秘世界的暗洞入口窄如细缝，人需躬腰弯背方能进入。沿裂隙延伸的暗洞宽不过数米，洞壁岩层如书般重重叠叠，洞底平坦，流水无声。顺着流水，沿着洞壁行数十米，便见出口。朝着出口的亮光走出去，眼前豁然敞亮，一个箱状槽谷出现在眼前，这便是龙潭幽谷。幽谷两侧岩层直立，谷底宽不过20米，两侧和底部均生长着低矮的树木和各种灌草，深幽曲折。幽谷的尽头，一面弧形崖壁拔地而起，一帘瀑布从崖缝间喷涌而出，在崖壁间划出一道明亮的弧线，直坠崖底。瀑布之下，深潭碧莹，一束阳光精准地照耀潭边的突起的岩石。身着苗族服装的导游，优雅地俯身蹲在潭边的岩石上戏水，在一米阳光中恍若舞台追灯下的主角。

飞雾谷是一条与龙潭峡谷平行的峡谷。这两条沟最大的特点是多瀑，尤其以飞雾谷为甚。第四纪以来强烈的抬升，河流的下蚀作用加剧，往往发生溯源侵蚀，并逐渐在沟谷中形成直立的陡坡，河水沿陡坎直泻而下，便形成数量众多的瀑布。

从河流的上游一路向下，千姿百态、形形色色的瀑布，伴随左右，让人目不暇接。婚纱瀑布是飞雾谷的第一级瀑布。溪流从竹里深处流出，呈七级逐次跌落，并在下部骤然散开，状如婚纱。三叠瀑由三个阶梯状的瀑布组合而成，瀑水从层状崖壁跌落，三级逐次退缩，在岩壁中冲刷出深深的凹槽，很好地诠释着溯源侵蚀的力量和峡谷形成的过程。春雪瀑布掩映在竹海，沿岩壁呈面状洒落，如丝帛长垂，亦如春雪铺地。飞雾谷中，除了规模可辨的瀑布，还有许多介于瀑布与跌水之间的流水，它们或如丝线，或如珠帘，或如泻玉。行走于山谷，微风轻拂，竹海荡漾，流水中竹叶飘零，青草随波，美不胜收。

除河流溯源侵蚀型瀑布而外，僰王山的侵蚀型漏斗瀑布也是一绝，飞雾洞瀑布便是其中的经典。飞雾洞是僰王山的标志性景观，由两个竖井状的落水洞组成，当地百姓分别称为上洞和下洞。两洞之间，以一段地下暗河（地表上为天生桥）连接，上洞深约60米，洞口翠竹环抱，藤蔓丛生。溪水于林中奔涌而下，直坠洞底，形成一道瀑布。这条瀑布，在地表上仅能看到一半，另一半落入洞中，给人深不可测之感，而要窥其全貌，则须下至洞底。流水从洞顶飞流而下，如白练水袖直扑而来，浪花惊溅，水雾空蒙。

下洞是飞雾洞的入口，洞深约70米。地面与洞内形成巨大温度差异，从洞外向洞里看，洞中始终氤氲着淡蓝色的轻雾薄烟，相当缥缈迷离。沿着洞口向下，每走一步都有接近仙境的奇妙。

下至洞底，四侧的岩壁由单层仅几厘米厚的岩石一层一层平整地垒叠而成，如巨厚的书页。阳光与雨水能影响的地段，这些岩层表面便生长出深绿色的苔藓，甚至一些蕨类等植物，让洞中生机盎然。

连接上下洞的暗河，宽仅数米，长不过50米。两端堆积着巨大的崩落岩块，这些岩块也是由志留系薄层泥质灰岩组成，像一堆被掰开的饼干。绕过这堆“饼干”，走向洞口，然后穿过去，眼前突然开

中午时分，阳光从天窗中倾泻下来，犹如一束舞台灯光 （摄影 / 杨建）

阔明亮，上落水如深井般壁立，井底的人顿觉渺小。刚刚在地表看到的那帘瀑布，飘然而下，壮美极了。

从飞雾洞出来，天色渐晚。残阳洒落在我们经过的一片竹林，翠绿色的楠竹在夕阳中婆娑摇曳。导游小刘结束了一天的工作，一脸轻松。身着黄色苗装的小刘，在竹影斑驳中婀娜妩媚。光影好的地方，我们请她当模特，以竹林为背景拍照。此时的她便成为这里的主角，成为僰王山最美的风景。

分手时，小刘真诚地邀请我们七月再来。她说，那个时候，山更绿、谷更幽、瀑布更丰沛。她还说公园还有一处需要徒步才能进入的景区，叫作凌霄山。那里山势更加高峻，同样峡谷深幽，瀑布如练，并且还有成群的桫椤和神秘的僰人遗址，更加神秘悠远……

水平岩层形成的竖井，一条白练轻舞 （摄影 / 杨建）

龙涎瀑从陡崖中飞流直下，在崖底形成深潭　（摄影 / 杨建）

书页岩上的帘状瀑布，秀美婉约　（摄影 / 杨建）

岩体在溶蚀过程中形成的溶蚀残柱，被形象地命名为夫妻峰　（摄影 / 杨建）

溶蚀、重力崩塌等原因，形成了一个近乎圆形的天坑　（摄影 / 杨建）

西部高原

3

惊艳世界的横断山

从成都平原一直往西；是国人心目中的景观大道——318国道，而且可以一直抵达国境线上的边境口岸樟木，一路上是高山峡谷的横断阻隔，却也是景观连连。在这些需要每天持续翻越的高山上，有一个个垭口，成为了极佳的观景平台，可以远眺群山，也可以俯瞰峡谷。

四川西部就是大家常常说起的川西高原，这里是青藏高原东缘，著名的横断山区。这里有四川的最高峰，海拔7508.9米的贡嘎山，以及绵延不绝的雪山，以至于在2003年《中国国家地理》的“四川专辑”中发出了“看山要看极高山”的感叹。现在，川西高原正逐渐成为世界级的热门旅游地和科考探险地。

在牛背山上向西南眺望，可以见到四姑娘山的幺妹峰和纤细的山区公路　（摄影 / 吕玲珑）

亚洲最大的观景平台

■ 撰文 / 孙吉 程军

二郎山西坡的泸定县拥有从亚热带到寒带的所有气候类型，极高山的密集程度与多样性在地球同纬度地区首屈一指。在二郎山上可以东望川西平原和天府之国的群山，西望横断山脉的诸多雪峰，目睹从贡嘎雪山顶端到大渡河河面并存的雄浑景观，没想到，离成都不到200千米的地方可以饱览如此壮观的遗世美景！

泸定县拥有上百座5000米级雪山

在大香格里拉区域，拔地而起的贡嘎雪峰具有毫无疑问的地标意义。这座中国名山，在世界范围内拥有极高的知名度，西方人对“木雅贡嘎”一词相当熟悉，但是这个名词更多让人联想到贡嘎西坡的人文色彩。除去少数科考探险家对贡嘎东坡有所了解，更多地质地貌、动植物等方面的独特景观长时间深藏山野，鲜为人知。尽管这个秘境正在当代旅游的浪潮中逐渐展露，然而带领人们进入东坡的318国道却偏偏一晃而过，沿着大渡河谷直抵康藏高原，没有留给行人足够的穿行与驻足时间。实际上，贡嘎东坡那些恢宏壮丽的自然生态，那些散落在昔日古道上承载着古老文化的山村古镇，更能体现出贡嘎山本身的典型意义。摄影师吕玲珑在贡嘎东坡进行了长达一年多的探险摄

二郎山系所在邛崃山脉，是青藏高原与四川盆地的地理分界线，在空中能看到，画面左边是邛崃山西边的青藏高原，右边云海下便是富饶的四川盆地——成都平原　（摄影 / 曹铁）

影，我们的采访便沿着他的拍摄线路展开。

二郎山山巅是青藏高原与四川盆地的分水岭，山巅西侧属于甘孜藏族自治州泸定县，东侧隶属于雅安市天全县，这里也可能是中国最易到达的地理景观分界点之一。为了让我们在进入泸定县之前有一个直观的感受，陪同我们的泸定县文化和旅游局负责人黄永邦建议我们走老川藏线，这样我们才有可能到达二郎山垭口。当越野车从天全境内的东坡一路上行，刚抵达海拔2987米的垭口（老川藏公路），一路相伴的温润秀丽的亚热带常绿阔叶林景色骤然消失，大自然豁然呈现出辽远苍茫的一面：东坡丰茂幽暗的森林被西坡矮小坚韧的灌丛所代替，巍峨的群山以雄浑之姿，占据了视野所及的无边天际，群山之上，矗立着一列高拔出尘的雪峰，在高洁旷阔的蓝天之下连绵伸展，无言睥睨大地，散发的凛冽冷傲之气，震慑了我们一行五人。

“那是贡嘎群峰用最壮美身姿升华出的磅礴背景，”同行的程军不无自豪地告诉我们，“泸定境内拥有中国最雄浑多样的山地景观。”

初听到让人觉得并不是一个能让人信服的观点——中国三分之一的国土面积是山地，从南到北，有数不清的山地县市，区区泸定何以宣称拥有中国最雄浑多样的山地景观？我随口问道：“喜马拉雅山、昆仑山、冈底斯山、唐古拉山、天山等世界上最雄伟的巨大山脉都不在泸定境内，这个说法是否有点夸大其词了？”

“之所以有此一说，是因为我们需要从一个独特的角度来审视泸定的地貌特征。”程军这样解释道。车驶过垭口，缓缓下行于一片云南松组成的人工林地中。同车的有人说：“在泸定境内，满目都是高大耸峙的山峰，无论从哪一个地点环顾四周，山连着山，山拥着山，山外还是山。我们不能忽视这些山峰在数据上呈现出的意义。”后来我们查到泸定的相关地质测绘资料，粗略统计，泸定海拔6000米以上的山峰有27座，海拔5000—6000米的山峰77座，海拔4000—5000米的山峰160余座，海拔3000—4000米的山峰难以统计。根据极高山的定义（绝对高度大于5000米，相对高度大约1000米），泸定县拥有海拔5000米以上的极高山104座，这意味着在面积只有2165.35平方千米的泸定，每百平方千米就有5座极高山。贡嘎群峰是西南地区极高山最集中的区域，其70%的区域都位于泸定，贡嘎山周围有海拔6000米以上的山峰45座，完全位于泸定境内的就有10座，还有16座属于泸定县与康定市的界山。如此多的山峰数量相信在全世界鲜有比肩者，而这种极高山的密度则完全可以傲视天下了。

牛背山：亚洲最大的观景平台

理论上看，横空出世的横断山脉东部边缘与成都平原西面直接相接，雄浑山体宛若一面巨大的屏风，不仅阻隔了太平洋东南季风的西进，亦使山峰东面受盆地暖湿气流影响，降雨充沛，空气湿度较大，而西面由于暖湿气流难以到达，加之气流越山下沉的增温减湿作用明显，“焚风效应”强烈，空气干燥，降水稀少，造就了不少“一山隔阴阳”的山岭，非常适宜观赏日出、云海等气象景观。二郎山恰好位于两种地貌的结合部，其距离川西平原中心成都的直线距离不过170千米，最大落差在7000米以上。这让人无法不产生这样的联想：在二郎山区域应该能找到这样一个观景点，它一边可以饱览天府之国的秀美风光，一边可以欣赏雪域高原的辽远壮阔。

一路的交流，让我对这种奇观产生了一睹方休之心。于是在到达泸定的第二天凌晨两点，我们在孙光骏老先生的带领下，前往一个最佳的观测点——海拔3670米的牛背山山脊。老先生在泸定县已经工作生活了49年，早年参加勘测队，走遍了泸定境内的大小山脉。（牛背山与泸定接壤，行政区划属荥经县）

上山的路是一条运输矿石的便道，颠簸难行，因此即便是出发时满天星辰尚在夜空闪烁，当我们走完45千米的路抵达山顶时，已经是早上6点。

晨雾弥漫，寒气十足，亟待破晓。我们刚做好拍摄准备，一道霞光忽然晕染了东方的天际。在波涛滚滚的云海之上，一座座山峰梦幻般呈现开来，极目而望，自东向北、再向西，泥巴山、瓦屋山、峨眉山、夹金山、四姑娘山和二郎山，天府之国的所有名山峻岭在此时都变成了玲珑盆景。而翻滚的云雾之下，群山丘陵逐级降低，缓缓融入稻浪翻滚的天府平原。

当我们随着渐次明亮的日光转过身来，云海之上的贡嘎雪峰跃然眼前，林立的群峰金碧辉煌、威严无比。此刻的牛背山脊如同浮云孤岛，分隔着天上人间，连接着旷世美景。牛背山地处泸定县与荥经县交界的地方，当年到牛背山的路大多数取道泸定，很多人误以为牛背山是泸定县所辖，在行政区划上，牛背山属于荥经县，现在两县正在共同开发牛背山，一条从荥经至泸定的观景大道已经修筑完工，大众都能轻松到达这个被称为“亚洲最大观景台”的地方欣赏壮丽河山了。

也许在绝对海拔上，泸定并没有与诸多地域争雄的实力，但是泸定地处横断山区东缘，贡嘎主峰有四条主山脊：西北山脊、东北山脊、西南山脊、东南山脊，其中东北山脊和东南山脊均位于泸定境内。这意味着不出泸定县就可以完整地欣赏到贡嘎山的东坡、北坡和南坡，而且是唯一能够一睹贡嘎山东坡、北坡真容的地方，审美上的意义十分独特。泸定境内的群峰争相耸立，直插云霄，众星捧月般簇拥着贡嘎主峰，构成了一种“一半在天上，一半在人间”的奇观。牛背山，正是欣赏贡嘎东坡的绝佳所在，在这里看到的云海，可以说独步国内。

摄影师吕玲珑曾经为他所拍到的这种景观所折服：“这可能是中国最大的观景台了！”我们继续在山顶的风中等待，山脚下再次出现另外一个雄浑壮观的自然造化——在山顶罡风的吹送下，不多时，牛背山西面逐渐云开雾散，雄伟高拔的贡嘎群峰与险峰叠嶂的山峦夹峙着一条曲折大河不断奔腾延伸，直达天际——气势恢宏的大渡河大峡谷赫然出现。

发源于青藏高原巴颜喀拉山脉的大渡河纵贯南北，一泻千里，全河落差3600米，沿途70%的地域都是高山峡谷。大渡河大峡谷北起丹巴，南至乐山沙湾铜街子电站，总长度超过六百千米，包括嶂谷、隘谷等多种形态。在泸定境内的80余千米，大渡河在大雪山脉与邛崃山脉的夹峙之下，更有贡嘎山雪峰映衬，左冲右突，奔腾咆哮，显出别样的雄浑壮美。

瑰丽雄浑的大渡河峡谷景观

泸定处于康滇地轴和川西褶皱带的接触部位，也是板块俯冲带部分，强烈的新构造运动造就了超拔出世的贡嘎群峰，更因此塑造了不为人所熟知的另一奇观——大渡河大峡谷。在此拍摄了一年多的摄影师吕玲珑告诉我：从审美的角度来说，泸定境内的大渡河大峡谷所有的美景，都是围绕着贡嘎山展开，是这座伟大的山峰赋予了大渡河大峡谷和泸定最多样、最壮美的山地景观和峡谷景观。

为了探寻大渡河大峡谷更多鲜为人知的秘密，从牛背山下来的第二天，精神矍铄的孙光骏便带领我们一路奔向泸定最南端的得妥乡牛肉房的大渡河边。这里是整个泸定最温暖湿润的地方，河谷两岸的山峰上覆盖着亚热带常绿阔叶林，在大渡河的急浪翻滚中显得更加郁郁葱葱。我们用 GPS 测得这个泸定县境最低点的海拔是986米，这意味着如果以这里为基点计算，与贡嘎山主峰的相对最大高差达到了6522米！当然从严格意义上来讲，这并不能代表大渡河大峡谷的深度。根据地质学家范晓所说，一个峡谷的深度，一般而言是指峡谷所在河谷

翻过二郎山垭口之后，便可以远眺蜿蜒而来的大渡河，同时，川藏公路也就有一段是沿河而行，不时都可以见到大雪山山脉的雪山 （摄影 / 温钧浩）

的平均海拔与相邻分水岭的平均海拔之间的相对高差，为了测得准确的数据，需要选择不止一个断面来测量。贡嘎山主峰与大渡河之间隔着磨西河分水岭，所以将主峰海拔与大渡河河面海拔之间的高差来作为大渡河大峡谷的深度，是不严谨也是不准确的。

尽管如此，我们还是感到无比兴奋，因为如此巨大的高差常常意味着与之相符的丰富多样的垂直景观。于是从惊讶与颠覆开始，我们一路体验着浓缩在泸定山地之间的地球上同纬度最完整的自然生态。

沿着得妥乡一路北行，途经沈村、冷碛等富饶的河谷村镇，峡谷两岸海拔1600米到2400米的阶地和冲积扇上，镶嵌着一个个宁静的村庄。温暖的亚热带气候让这里充满生机，是高原上的宜居之地，放眼望去是阡陌纵横的良田，稻香四溢、果木成林、炊烟袅袅，衬托出峡谷别样的秀美。

行至磨西镇，大峡谷短距离内景观变得丰富多样，这个著名的第四纪洪积和冰碛物组成的舌状台地，被雅家埂河和燕子沟河左右夹峙，形成一条面积达10多平方千米的“上山龙”。沿着这条“上山龙”一路往雅家埂方向上行，不同的植被景观层层递进，让人目不暇接，海拔2400—2800米，是山地暖温带针阔混交林带，海拔2800—3600米，是山地寒温带针叶林带，再到海拔3600—4200米的垭口地段，这里已经变成了亚高山寒带灌丛草甸带，矮小的灌丛杜鹃和绿绒蒿迎风成片地绽放。

在雅家埂海拔3830米的垭口，我们看到了这样一个奇特的现象：这个贡嘎山与五色海子山群之间的低凹山梁（“埂”为“山梁”之意思），亦是今天康定与泸定的分界线。垭口附近的草场，为两地居民的传统牧场，但是可以清晰看到的是，康定的藏族牧民与泸定境内的彝汉居民以垭口为界，分族而居，小小的山梁似乎成了一道天然的文化分界线。

从雅家埂垭口下山到冷竹关、烹坝海拔1000—1600米的河谷，天气顿时变得酷热难当。这里地处横断山区典型的干旱干热河谷区域，山坡干燥的土壤上生长着大片仙人掌，呈现一派荒漠景观。

我们最后颠簸着抵达加郡海子山的一个彝族村寨，在山顶一片田地之中，向西北方向眺望，一幅壮观的立体自然画卷顿时出现在眼前：碧空之下，是贡嘎山巅晶莹剔透的冰峰雪岭，海拔4900米以上的高山冰雪带终年银光闪耀，雪线往下，海螺沟和磨子沟巨大的冰川体悬挂在山间，穿过海拔4600—4900米的高山寒冻带垫状植被带和海拔4200—4600米的高山寒带草甸带，延伸到莽莽的丛林之中，点缀着色彩斑斓的杜鹃花的不同类型丛林带则层层分布，一直到荒凉的干旱河谷才戛然而止。大渡河大峡谷将最完整最壮丽的一面呈现给我们，视觉与心理遭受的冲击已经远远超过了二郎山垭口所见。

这是一幅瑰丽而雄浑的美丽景观，为我们围绕贡嘎山东坡的零散感知画了一个完整且完美的句号。一路上，我们领略地球同纬度最多样、最恢宏的山地景观，同时不断谈论着造就如此罕见景观的原因。一般来讲，影响植被地理分布的最重要因素是热量与水分条件，其次则是地形。热量引起植被的纬度地带性，水分导致植被的经度地带性，地形则形成植被的垂直地带性。而贡嘎山东坡以及大渡河峡谷的这种景观组合显然不能以单一的原因解释，其独特之处就在于他所在地理位置和环境恰恰综合了这几种影响植被分布的条件：贡嘎山东坡主要受太平洋季风影响，气候温湿，山体对东南季风的阻截增雨效应增强，而临近的大渡河河谷深切，谷窄而陡，四周均为高大山体所环

在石棉县境内，可以远眺海拔约1000米的大渡河，与海拔7508.9米的贡嘎山同框（摄影/温钧浩）

绕，处于邛崃山脉的雨影区，气候干暖，形成亚热带干热河谷。贡嘎山主峰海拔高达7508.9米，巨大的地形落差形成了“暖干—凉湿”的垂直气候梯度，随着山脉海拔的不同，热量、降水量、湿度、风力及土壤的物理和化学性质都发生有规律的变化，这种变化，导致植被类型相应地发生垂直分布，形成了自下而上7个山地植被垂直带谱。

“不仅如此，在贡嘎山的物种中，中国特有种的比例高达40%—50%，且随着海拔上升而增大。在中国这个北半球植物多样性最丰富

牛背山地处四川盆地与青藏高原接壤地带，这里的云海蔚为壮观，远处，就是蜀山之王贡嘎山和它的卫峰群（摄影/吕玲珑）

的国家，贡嘎山地区是中国特有属三个多样性分布中心之一。”[1]复杂的地质构造与地貌特征更造就了贡嘎山东坡无数神奇的沟谷湖泊：海螺沟的冰川、森林、温泉共生，燕子沟的冰蚀与冰碛地貌山峰，磨子沟同样巨大的冰川与森林，雅家埂的高山杜鹃，湾东沟的地质奇石……白海子、黑海子、绿海子、杜鹃海、连一海、连二海、连三海……每一处沟谷都是人间胜景。

贡嘎山赋予了大渡河峡谷最具多样性的壮美景观，在流经了无数的雪山之后，大渡河大峡谷的壮美在泸定达到了巅峰。对比其他几个世界著名大峡谷的数据：科罗拉多大峡谷全长446千米，峡谷最深处1800米；雅鲁藏布江大峡谷全长504.6千米，平均深度2268米，最深处达6009米；秘鲁的科尔卡大峡谷全长90千米，深3203米；广义的大渡河大峡谷全长超过600千米，除去汉源盆地等几段宽谷地段，谷深在2000米左右，最窄处仅有75米，毫无疑问应该归于全世界最壮观的峡谷之列。

1. 杨宗干、赵汝植：西南区自然地理．西南师范大学出版社，1994

在牛背山上向东眺望，日出时分，景观极为绚丽，翻滚的云海下便是沃野平畴的成都平原（摄影/吕玲珑）

清晨，初升的太阳，翻滚的云海，云海下便是富饶的天府之国，这样的景象，是摄影爱好者的最爱　（摄影 / 张强）

牛背山极为壮观的，除了云海，还有翻腾的云瀑。云海上的角峰是贡嘎山的卫峰，海拔 6070 米的田海子山 （摄影 / 谭凌）

牛背山被称为亚洲最大的观景台，在这里，可以远眺邛崃山脉的诸多名山。图为在牛背山上远眺大雪山山脉的贡嘎群峰　（摄影 / 温钧浩）

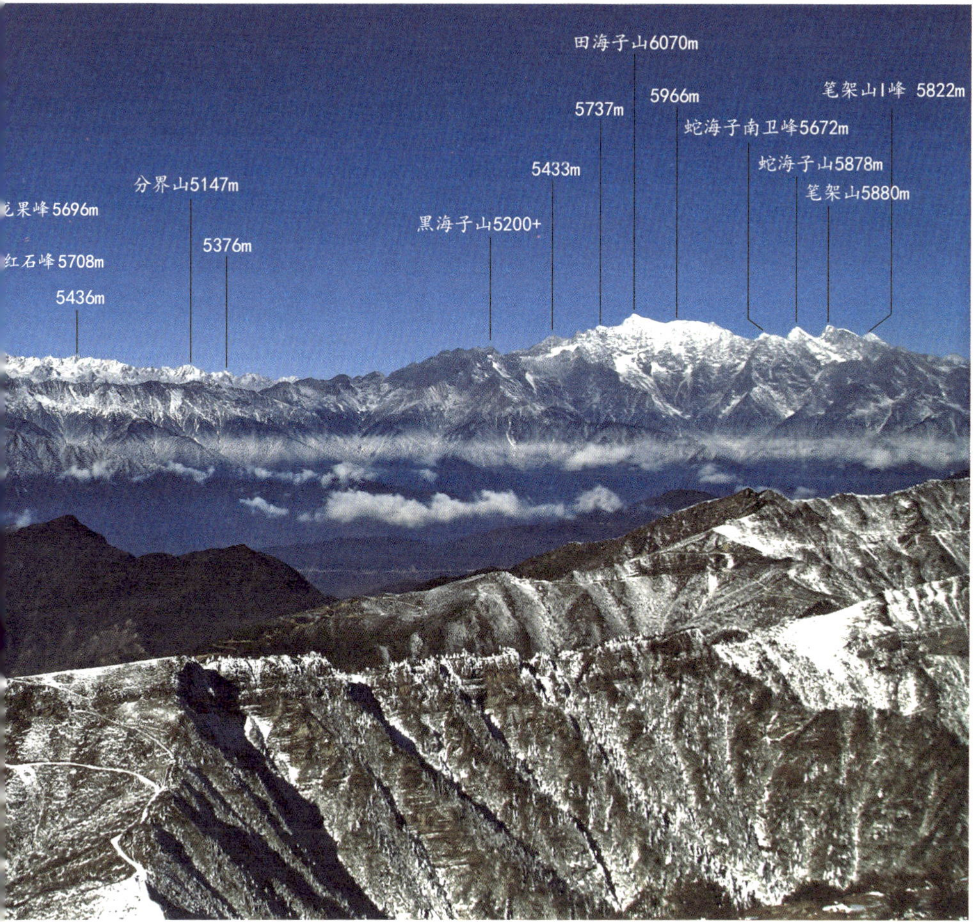

田海子山6070m
5966m
5737m
笔架山Ⅰ峰 5822m
蛇海子南卫峰5672m
蛇海子山5878m
笔架山5880m
5433m
分界山5147m
果峰5696m
黑海子山5200+
5376m
红石峰5708m
5436m

雪山下的针叶林　（摄影 / 吕玲珑）

四姑娘山：世所瞩目的东方圣山

■ 撰文 / 李忠东

川西高原是雪山之乡

在我国西部的所有景观之中，荒漠广袤而苍凉，湖泊太过柔美，唯独山，倚天而立，连绵千里，对视觉和心灵的冲击最为强烈与持久。

喜欢置身于山，或满眼是山的感觉。悬垂于浮云的泰山、云雾缥缈的黄山、刀劈斧切的华山均是大美之山，但都不及雪山那样令人惊心动魄。长年游走在青藏高原腹地的作家马丽华在《灵魂如风》一书中以“焦干”来形容她所看到的山，“焦干而苍茫”。进入青藏高原腹地之后，看到的山大多如此，直白的太阳和焦躁的风蚕食着空气中的水分，没有水分的空气蚕食着生命，没有生命的大山便注定只能“焦干而苍茫”，但雪山是一个例外。雪山是山和水的完美结合，有了水，山便不再“焦干”，就像有了灵魂的躯壳，就会有生命的鲜活。

青藏高原的东部是盛产雪山的地方，西北干燥而凛冽的空气到达这里已经是强弩之末，而印度洋的暖湿气流沿着山脉之间的南北向河谷长驱直入和从东部而来的太平洋季风在此相遇，使这一区域变得温暖而湿润，形成丰沛的降水。而在高海拔区域降水变成降雪，从而在横断山东部形成大面积的雪山和海洋性冰川，使大雪山脉、邛崃山脉和岷山山脉成为青藏高原东部著名的中国海洋性冰川分布区。从卫星图上看，从南部的贡嘎山到北部的羊拱雪山，甚至延伸到雪宝顶，这一区域几乎裹挟在雪山的包围之中。尤其在邛崃山脉中部，山体高亢，山势嵯峨，冰峰林立，白雪皑皑，冰川悬壁。暖湿气流在高海拔的山体上部形成雪山和冰川，但在低海拔的山体中部和下部却形成丰富降水，温暖湿润的气候给这里的河谷带来无限的生机，形成大片的原始森林和草甸。

在横断山东部众多的雪山之中，海拔7508.9米的贡嘎山和海拔6247.8米的四姑娘山是其中的代表。而在人们的心中，他们恰好有“蜀山之王”和“蜀山王后”的美称，他们如一对情侣屹立在四川盆地的西部，亿万年守望和庇佑着天府之国的富庶和安逸。

四姑娘峰是四川第二高峰

四姑娘山位于四川省阿坝藏族羌族自治州小金县的东部，四川盆地的西部，拥有五项桂冠：国家级风景名胜区、国家级自然保护区、国家4A级风景区、国家级地质公园、世界自然遗产地，是“卧龙—四姑娘山熊猫世界自然遗产走廊”的重要组成景区。

这里属于邛崃山脉中心位置，邛崃山是横断山东部山脉之一，平均海拔约4000米，大致呈南北走向，东陡西缓。邛崃山还是中国第一级阶梯和第二级阶梯的分界线之一，也就是四川盆地与青藏高原的地理界线。由于该山海拔较高，地处纬度较低，自然带垂直分异明显，生物多样性复杂，是大熊猫、金丝猴等的主要栖息地。

邛崃山系的最高峰便是四姑娘山的幺妹峰，海拔6247.8米。四姑娘山具有双重含义，它既指以四姑娘山为中心的一个区域，又指那座

晨雾中神秘的四姑娘山　（摄影 / 汪秉宁）

海拔6247.8米的高峰，即幺妹峰。

四姑娘山的地貌特点可以用“四山夹三沟”来概括。四山，指的就是构成四姑娘山的四座独立的雪峰，它们分别是海拔5025米的大姑娘峰、海拔5276米的二姑娘峰、海拔5355米的三姑娘峰和海拔6247.8米的四姑娘峰（幺妹峰）。这四座雪山在上部彼此独立，但下部相连，在空间上呈一字排列。其中，海拔6247.8米的四姑娘峰是四川第二大山峰，有人将其称之为“蜀山王后”，与200千米之外的贡嘎山共同组成四川的王者之峰。

在这四座雪峰的南侧，雪山之水聚溪成河，切岩劈崖，形成一系列由北向南、彼此平行等距排列的河谷。从空中俯瞰，它们就像一把梳子，以沃日河为梳的柄和骨，平行并列的六条河谷为梳齿，其中得以开发的三条沟分别为双桥沟、长坪沟和海子沟。

蜀地多山，北有秦岭、大巴山，南有大娄山，东有华蓥山，西有横断山，中部还有峨眉山。但能“称王封后”的山唯贡嘎山和四姑娘山，它们是蜀地当之无愧的王者之峰。那么，四姑娘山何以封“后”呢？这要得益于四姑娘山的雄伟、奇崛、惊险和神秘。

四姑娘山6247.8米的海拔，这在青藏高原不是一个了不起的高度，因为8000米级的高峰就有14座，况且还有成群结队的海拔7000米级高峰。但在青藏高原东部，在整个西南，在四川，这个高度便足以名列前茅。据统计，四川除了一枝独秀的贡嘎山及其卫峰，海拔6000米级的独立山峰仅仅只有5座，它们分别是海拔6247.8米的四姑娘山、海拔6174.5米的格聂山、海拔6168米的雀儿山、海拔6060米的央莫龙峰和海拔5998.5米的仙乃日。四姑娘山在5座6000米级的山峰中排名第一，是四川仅次于贡嘎山的第二高峰。人们把贡嘎山称为“蜀山之王”，把四姑娘称为“蜀山王后”，由于地理原因，他们“两人”永不会面。

四姑娘山是座险峻与神秘之山

不仅如此，四姑娘山比它周围的山峰高出于许多，如高出5355米的三姑娘峰近900米，因此在视觉上显得尤其雄伟和突兀。在成都一个网红群，名为“在成都遥望雪山群”，他们一直在寻找杜甫“窗含西岭千秋雪”的古老意境，以成都市的地标为前景拍摄雪山是他们最乐此不疲的快事。在他们的镜头中，四姑娘山出现得最多，也最为震撼。

青藏高原腹地7000米、8000米级的高峰如林，但视觉上并不甚觉得其有多高，这是因为我们是站在海拔4000米以上的高原上去看雪山，雪山的绝对高度大，但相对高度并不突出，不过两三千米而已。而四姑娘山则正好相反，它虽然绝对高度并不突出，但它从几百米的四川盆地边缘拔地而立，它与四川盆地的高差达5000米以上。在这里，地形的爬升不是像台阶一样逐级完成，而是呈一条直线，山体骤然而立，在极短的距离内扶摇直上几千米，从盆地到雪山，从平原到高原，直接而迅速。

四姑娘山是有名的登山胜地，可以满足不同级别的登山爱好者的需求。四姑娘山有四座雪峰，由低到高分别为大姑娘峰、二姑娘峰、三姑娘峰和四姑娘峰。有趣的是，这四座雪山自然而然形成不同级别的攀登难度。大峰和二峰是初级登山培训活动的理想场所，三峰是一座初级技术型雪山，攀登三峰的最后一段需要面对一个坡度50°—60°的石壁，需要使用绳索和上升器上攀，并借助下降器下降，完美的准专业级难度。而四峰则是一座造就攀登神话和传奇的山，一座考验勇敢者肉体和心灵的山。据资料，四峰的登顶记录寥寥无几，总共不过20余次，远远低于珠峰和贡嘎山。它的面前有失利者的泪水和骸骨，也有勇敢者的荣耀。

四姑娘山所在的邛崃山脉，群山起伏，冰峰如丘，环峙着一系列5000米、4000米级的高山，而其下则是深邃而幽长的高山峡谷，在峡谷之中基本没有一睹“蜀山王后”美姿的机会。加之这一区域位于华西雨屏带的边缘，受印度洋西南季风的影响，空气湿润，雨雾天气较多，即便有机会登上高地，因常常云遮雾绕，虽给雪山增添了些仙气和神秘感，但也增加了观看雪峰的难度，因此四姑娘山亦是一座难见尊容的雪山。

山从海里来

在人类的时间轴里，年是最大的时间单位，然后是月、日、时、分、秒。而在地球的时间轴里，以亿年、千万年、百万年为单位，百万年是最小的时间单位，百万年以下，就算是可以忽略不计的正常误差值。在生活中，我们常常用“爱你一万年”来表达爱情的永恒，在我们的印象中，一万年是地老天荒般的漫长，而在地质学家眼里，一万年是来不及被记录的一瞬间，他们开口就是千万年、亿年前。

古老的四姑娘山地区是从海洋中升起的，这个海便是特提斯海。那个时候的四姑娘山，不见高山耸峙，唯见海浪荡漾。这片海水并不深，气候温暖，生物种类众多。如今，在四姑娘山的有些地方还可以寻找到属于那个时期的海洋生物化石。

在距今2亿年左右，海水逐渐向西退去，四姑娘山地区连同横断山慢慢从海洋中露出来，沧海桑田的神话成为现实。大约在1.5亿年前，地球深处的炽热岩浆沿着通道侵入地壳，然后在距地表约3000米以上地方缓慢冷却、凝固，形成四姑娘山花岗岩体。需要说明的是，这些花岗岩并不是一开始就是出露在地表，而是在地壳抬升作用下，整个区域隆起成山，流水、阳光、寒冻、风力、重力等外营力的风化剥蚀，将覆盖在花岗岩上面的岩石剥蚀殆尽之后，埋藏在地壳深处的花岗岩方才暴露出地表。这种岩石坚硬性刚，抵抗风化剥蚀的能力较强，四姑娘山主峰等诸多尖锐硬朗的雪峰均为花岗岩构成。

在西坡长坪沟木骡子所见幺妹峰峭壁　（摄影 / 汪秉宁）

6000万—7000万年前，青藏高原地区发生了一个影响深远的大事件，从南方大陆脱离出来的印度板块，从遥远的南方一路漂洋过海近6000千米而来，与欧亚大陆激情相拥。印度板块插在欧亚板块之下，造成喜马拉雅山脉隆起，导致青藏高原的整体抬升。与此同时，南北方向的挤压导致物质被迫向东西两端流淌，但东部却又遇到扬子地块的顽强抵抗，于是被迫发生顺时针旋转，转而向南寻找发展空间，便形成一系列南北走向的紧凑山脉，这就是横断山，而四姑娘山也就这样伴随横断山的隆起而隆起。

进入360万年前的第四纪之后，四姑娘山地区的隆升加速，尤其是自180万年前以来，隆升速度更是惊人，平均隆升速率为每年3.67—17.06毫米。四姑娘山地区高山地貌开始形成，并最终形成了现今海拔超过6000米的极高山地貌。

青藏高原快速隆起的第四纪，地球也进入冰川时代，变得异常寒冷，地球表面大多数地区被冰川覆盖。这一时期，四姑娘山地区也发生多次冰川活动，冰川围绕山体，像八爪鱼一样，从山顶向四周蔓延，形成许多树枝状的山谷冰川。

在距今2万年左右，随着冰期的结束，地球温度慢慢升高，冰川逐渐后退，最终缩到山体顶部极小范围，这就是我们今天看到的四姑娘山现代冰川。冰期结束，地球温度升高，冰川慢慢退却，仅少数保留在山顶。但冰川运动时对地貌的改造和冰川作用留下的痕迹却永不磨灭地留在这里，形成四姑娘山最为壮观的冰川侵蚀地貌和冰川堆积地貌，角峰、冰斗、刃脊、鲸背岩、终碛垄、U形谷、冰川湖等皆随处可见。

四姑娘山是开启雪山审美的钥匙之一

四姑娘山位于我国地貌第一阶梯青藏高原的东部边缘，属于第二级阶梯四川盆地向高原的过渡地带。区内山势陡峭，现代冰川发育是最显著的特点之一。区内地势均为东北高、西南低。沃日河及其支流溯源切割强烈，山高谷深坡陡，相对高差达2000—2500米。在地貌分区上这里属于大渡河高山峡谷地带，根据山岳海拔、切割深度可进一步分为中切割极高山、深切割高山和深切割高中山三个地貌区。

这里可以说是地球表面地形起伏最大、地貌变化最丰富的区域。从天府之国的成都出发，一路向西北，我们便可以体验到山体骤然而立，由平原而山地、由山地而高原的剧烈变化带给我们的刺激。而且这个区域的地形变化不是渐进式的由平原向丘陵，由丘陵再向低山，然后中山、高山逐级过渡，一个台阶一个台阶地往上爬。这里的地形变化是一种突变，从平原到高原，低山到极高山，直接而迅速，毫无过渡。在地形剖面上，这条线呈直立的陡崖式。从平原至挂满冰川的极高山，只需要两三个小时的车程，地貌转换之快，既挑战着我们心脏的承受力，也挑战着我们的认知。

《中国国家地理》曾经在2003年做过一期四川专辑，取名“上帝为什么造四川”。非常有意义的是，传统上一直为四川旅游景点代言的九寨、黄龙、乐山、峨眉、三星堆等“名片”在专辑中受到空前“冷落”，被浓墨重彩描绘的是贡嘎山、稻城亚丁、四姑娘山等当初的非主流景区。杂志旗帜鲜明地宣称：“看山要看极高山！”

按照山地类型划分标准，极高山是指海拔5000米以上，相对高差大于1500米，有雪线和雪峰的大山，这无疑是一个雪峰、冰川、草甸、森林、湖泊和神秘的组合体，想想都无比美妙。而四姑娘山便是极高山的经典，而且还是距中心城市最近和游客最容易进入的极高山。

四姑娘山之美，美在山形，这里的山形和我们在低海拔地区看到的山都不同。如果借用建筑学中的天际轮廓线的概念，来看一座山峰以蓝天为背景勾勒出的轮廓线，便不难发现，我们所看过的中低山在蓝天下所勾勒出的天际轮廓线呈平缓、圆滑的曲线，而四姑娘山的雪峰在蓝天中所勾勒出的天际轮廓线却异峰突起，山峰呈尖锐的三角形，直指苍穹，两侧的山脊像锋利的刀刃。这是因为四姑娘山的雪峰由于海拔较高，山体的形态主要是由冰川拔蚀、刨蚀作用形成，冰川坚硬性刚，以刚制强，形成的山体形态也就尖锐粗粝，棱角分明，具

四姑娘山指四座相连的山峰，从左至右分别是四姑娘峰、三姑娘峰、二姑娘峰、大姑娘峰（摄影 / 汪秉宁）

有一种阳刚之美。而低海拔地区的山主要是流水作用形成，流水温和性柔，以柔克刚，所塑造出来的山体形态也就圆润平滑，具有一种阴柔之美。

欣赏四姑娘山的雪峰，便是欣赏她的那种粗犷与豪迈。金字塔状的尖锐角峰如芒如锥，角峰与角峰之间的刀刃状山脊如线起伏。

四姑娘山地区海拔5000米以上的雪峰就有52座，如五色山、猎人峰、阿妣山、鹰嘴岩、日月宝镜山、尖山子、牛心山、婆缪山等。这些山峰鳞次栉比，整个极高山—高山山岳地貌系统完整，而且峰体形态典型多样，其峰形有三棱锥、四棱锥、五棱锥、圆锥状等。多数山峰山体雄峻挺拔，苍劲有力，峭峰陡立，直指蓝天；峰顶冰雪覆盖，冰川高挂，银光闪烁；山麓森林茂密，绿草如茵，清澈的溪流潺潺不绝。

四姑娘山由大姑娘峰、二姑娘峰、三姑娘峰、四姑娘峰四座毗连的雪峰组成，均为海拔大于5000米的山峰，其中四姑娘峰海拔6250米，为四川第二高山峰，素有“蜀山王后”之称。四姑娘峰和三姑娘峰（5335米）山体由花岗岩组成，二姑娘峰（5276米）山体由石英岩与石英砂岩组成，大姑娘峰（5025米）山体由灰岩与砂岩、板岩组成。除大姑娘外，其余三峰均呈金字塔形，巍然屹立在群峰之巅。四姑娘山终年以白雪为裙，常常云遮雾罩，犹如四个婀娜多姿的妙龄少女。

1982年，国务院将四姑娘山确定为向全世界开放的十大登山运动场地之一，先后有日本、美国、加拿大等国家和中国香港、澳门等地区的登山队曾于此设营登山和观光旅游。尤其是主峰——四姑娘峰因难度高、登顶线路多样而备受中外登山探险家的瞩目。除四姑娘山终年白雪皑皑、高耸入云而外，还有五色山、猎人峰、阿妣山、老鹰岩、日月宝镜山、尖山子、牛心山等也是各国登山爱好者经常涉猎的目标。

三条沟都是绝世美景

说起四姑娘山的地貌，冰川作用是避不开的因素。在这里的每一处山水，甚至每一块石头，每一个生命，都和几百万年前的那次冰川运动有千丝万缕的关系。从天而降的雪花，聚集在山体顶部的低洼处，汇集成粒雪盆。粒雪盆里的积雪在重压下被压实并重新结晶形成冰川冰，持续增量的冰川冰不堪重负，开始向低处流动，最终越过粒雪盆出口而下溢流，形成蜿蜒于山谷的冰川，这就是山谷冰川。如长蛇般的山谷冰川在运动的过程中，对两侧和底部的岩石不断地进行刨蚀和侧蚀，山谷变得越来越宽，越来越光滑，越来越像滑板比赛的U形赛道，地理学上称为冰川U形谷，简称为U形谷。冰川时期结束，山谷中的冰川逐渐消退，被冰川改造过的U字形山谷变得温暖而湿润，森林和灌木开始疯长，它们占据了山谷的两侧。在山谷的底部，雪山的融水汇集成溪水，从容地蜿蜒流过，没有水的地方是花和草织就的彩毯。在四姑娘山地区，分布着很多这样的山谷，它们通常沿山脉呈放射状分布于海拔3500—5000米之间的区域，成为自然美景的荟萃地和游客趋之若鹜的胜地，双桥沟、长坪沟和海子沟就是其中的经典。

双桥沟，全长约30千米，为四姑娘山规模最大的一条冰川槽谷，其最宽处超过1千米（流沙坡沟—撵鱼坝间），一般宽度在700米左右。

四姑娘山主峰上的旗云　（摄影 / 汪秉宁）

双桥沟是游客最易进入的沟，区间游览车可直通沟尾的红杉坪。双桥沟的山水景观与生态景观俱佳，且组合奇绝。前段有杨柳桥、阴阳谷、白杨林带、日月宝镜山、五色山；中段有撵鱼坝，包括人参果坪、沙棘林、尖山子、九架海；后段为牛棚子草坪和长河滩，包括阿妣山、猎人峰等景点，可谓移步移景。令人惊奇的是，“5·12”地震一方面给景区造成巨大创伤，另一方面因泥石流堰塞，又在沟里形成盆景滩、四姑娜措等沼泽性湖泊，成为景区的新景点。

双桥沟四季皆美，春夏的花铺天盖地，秋天的红叶如火如荼，冬天的冰雪晶莹如童话，但双桥沟最美的还是秋天。每到10月，满谷的流光溢彩，金黄的红杉、杨树，火红的槭树、黄栌以及黛青色的云杉、冷杉交织缠绕，就连河谷中沙棘也满树是金黄的小果实，满是秋意。

秋天的天空更是天高云淡，山峰愈加峥嵘嶙峋。河溪也显得轻盈，它们从容地千回百转于森林、草甸，而草甸早在不经意之间变成金黄，大片的衰草用绚烂的色彩作别此生，而种子早已埋入土中，静静地等待着来年春风的唤醒。

其实，双桥沟的冬天也是美的。我就曾在冬天走进双桥沟，车子沿着冰雪覆盖的公路缓慢前行，好一个冰清玉洁的童话世界。“千峰笋石千株玉，万树松萝万朵银”，山峰上挂着雪，大地上覆盖着雪，森林一片皑皑，就连每一棵蓑草都挂着晶莹剔透的冰。流淌的溪水凝固了，盆景滩、四姑娜措成了一片雪野，但也不完全是雪野，湖水一半冻着，一半还泛着微波，湖中枯树最有型，落光了叶子，枝干的线条更加分明。更有湖畔的雪山、挂着雪凇的树林倒映在尚未结冰的淡蓝色湖面，亦真亦幻，将湖的静与山的空灵烘托到了极致。

四姑娘山的冬天看上去冰冷，但并不死寂。黑白的山和树林似乎更接近于大自然本身，这样的纯粹最能勾出最丰富的情愫。冰雪覆盖着大地，但并不严实，处处露着生机。秋天果实仍在枝头，在冰雪中透着红。河水也并非完全冰冻，冰层下仍有溪水潺潺之音。想起鲁迅描写江南的雪的一句话："这里可是美艳滋润之至了，那是还在隐约着的青春的消息，是健壮的处子的皮肤。"

长坪沟是四姑娘山对游客开放的三条沟之一。清代乾隆年间，清廷两次征战金川都曾在此厮杀，如今硝烟早已散尽，古战场遗迹也湮灭在荒草之中，但当年的金戈铁马、刀光剑影仍不绝于史书。

长坪沟全长29千米，非常适合骑马或徒步，实际上出于环境保护考虑，旅游公路修至喇嘛寺后便不再往里修筑，也只能骑马或徒步。人一进入沟中，立即被裹挟在雪山与原始森林之中。两侧高大的山顶成排展布，宛如一道巨大的高墙，其上冰峰耸立，山势嵯峨雄伟，白雪皑皑，冰川如蛇。暖湿气流在山体顶部形成雪山和冰川，但在峡谷底部却形成丰富的降水，带来温暖的气候，给峡谷带来无限的生机，形成大片的原始森林。

长坪沟分布有21个景点，樟木寨、喇嘛寺、枯树滩、红石阵、木骡子等各有看头，其中枯树滩和红石阵令人印象深刻。枯树滩，虬曲盘桓的枯树一半扎根水中，一半伸向天空；而红石阵，表面生长着橘色藻类的花岗岩冰川漂砾铺天盖地，状如红海。长坪沟还是观赏四姑娘山幺妹峰的最佳之地，骑在马上，或行走在栈道，绕过一片密林，不经意间，一座雪山如女神一般屹立在眼前，雪山带给人的惊喜和心灵震撼难以言表。

经长坪沟可直通四姑娘山的山脚下，还可绕过四姑娘山经毕棚沟

四姑娘山双桥沟枯树滩　（摄影 / 汪秉宁）

四姑娘山秋色 （摄影 / 汪秉宁）

穿越到理县，因此长坪沟是户外运动爱好者的天堂，她是登顶三峰、四峰的必经之路，登山营地建于此。同时，长坪沟至理县毕棚沟是一条国内外知名度较高的穿越徒步线，每年有大量的户外运动爱好者从这里翻过垭口穿越到理县。但这又是一条有一定风险的穿越线路。长坪沟沟尾支沟众多，山脊通往不同地方，且积雪深厚，走错一步，谬之千里，常有户外运动爱好者在此遇险。

海子沟是开放的一条沟，基于生态保护，政府作出海子沟永不修建公路的决定，因此，这条风景绝美的沟，只能骑马或徒步进出，成为户外运动爱好者最喜欢的一条沟。

以海子为名的地名在青藏高原很多。在青藏高原，我们常常看到一种悬在山顶或坡脊之上的湖泊和另一种顺沟谷延伸的湖泊，藏族人称这种湖泊为海子，因小巧玲珑又色若蔚蓝色的大海而得名“大海之子”。这两种湖泊都是冰川作用所形成的，悬在山顶或坡脊上的湖泊名为冰斗湖，是一种冰川侵蚀作用形成的湖泊，冰斗湖位于现代冰川下游，是冰川退缩后原粒雪盆积水（也称为冰斗，冰川刨蚀形成的洼地）而成，湖的形态或如圆镜或如水滴，湖线圆润光滑。冰斗湖的左右和后方是三面峭壁相围，前端陡坎壁立如削，常有瀑布飞坠。从空中看，冰斗湖碧莹如玉，悬浮在山谷。而位于沟谷中，顺沟谷延伸的湖泊，名为冰川堰塞湖，是山谷冰川在运动过程中，两侧的岩块泥沙不能落入冰体，冰川消融后退时，将挟带的砂砾泥石等物质堆积在沟谷壅塞河道，汇集成的一种湖泊。

四姑娘山的海子沟，便是因沟中发育这样的冰川湖泊而得名。海子沟是四姑娘山三条沟中最难以进入的沟，因全程需要徒步，游客很难到达，但游客也可以只到锅庄坪、朝山坪。在那里，天地空阔，高山草甸密如彩毯，四姑娘山近在咫尺，仿佛触手可及，尤其是四姑娘山的落日，雪峰毕现于蓝天，恍若美钻，让人怦然心动。

但要领略最美的海子沟，则需要挥汗如雨。一路向雪山深处行进，数十个高山湖泊渐次出现，犹如一个个蓝色的宝石，精致地镶嵌在雪山草甸之间。大海子、花海子、浮海、白海、蓝海、黄海等，名字各不相同，形态水色也各不相同，或深如蓝洞，或翠若碧玉，或荒凉若火星，或半江碧草半江湖水，它们均是古冰川形成的冰斗湖或冰川堰塞湖。行至黄昏，登上高处，俯瞰美湖，雪山、巉崖一半在云端，另一半倒映在湖面。微风乍起，水波轻荡，山、水、巉石，蓝天、流云均被风扭曲，卷入潋滟波光，美不胜收。

四姑娘山生物多样性堪称高原基因库

四姑娘山地区位于横断山区东缘，最高峰幺妹峰是横断山区的第三高峰，不仅拥有傲人的绝对高度，而且相对高差也很大。特殊的地理背景，使得区内生态条件复杂，生物群落类型多样，植被垂直带谱明显，物种丰富。这里是世界上高山植被区系最丰富的地区，也是生物多样性分布中心之一。四姑娘山的植物区系成分以喜马拉雅成分占优势，具有横断山脉地区的典型性和代表性。据初步考察，本区有高等植物120余科、500余属、1200余种，珍稀特有种较多，其中列为国家重点保护植物的有四川红杉、独叶草、桃儿七等12种。本区又是典型的高山草甸动物类群分布区，动物种类丰富，垂直分异十分明显，已发现的脊椎动物有54科270多种，其中列为国家重点保护的野生动物有大熊猫、牛羚、金丝猴、白唇鹿、雪豹、绿尾虹雉、小熊猫等30多种。这里是我国横断山区陆生生物多样性保护的关键区域之一，在全球生物多样性保护和行动计划中具有重要地位。

区内地形地貌复杂，高低悬殊，气候和土壤垂直变化明显，使得自然植被从河谷到山顶，随海拔升高，呈现出垂直分布的变化，从低到高依次为：针叶、落叶阔叶混交林，高山灌丛、草甸，高山草甸，高山流石滩植被带。这种比较完整的植被垂直带谱，具有典型的中国—喜马拉雅植被区的特点。这里以壳斗科植物为代表的高山硬叶常绿阔叶林，以松科植物为主形成的暗针叶林和亚高山常绿与落叶针叶混交林，以及以杨柳科、桦木科和胡颓子科植物为主构成的沟谷森林群落，代表了我国横断山东部过渡地带极高山地区的典型植被。

同时，复杂多样的自然条件为植物群落及其种群的生长发育和分化提供了比较多样化的生态地理环境，进而组合成为多种类型的自然植被，加上山体走向和坡向及气候条件的不同，不同成分的灌丛、乔木、草甸分阴阳坡又形成不同的森林植被群落。

野生植物中最为珍贵的植物为乔木化生长的沙棘，原本属低矮灌木的沙棘树，沿双桥沟两岸生长，树龄保守估计也在500年以上，树高10余米，树干直径可达数十厘米，乔木化的沙棘成为这里一道独特的风景。

结构复杂、类型丰富的生态系统，使这里成为动物的天堂。在动物地理分布上，这里地处南北交界地带，导致了南北东西动物均在此生存和繁衍，区系成分十分复杂，成为四姑娘山动物资源的一个重要特色，极具科学研究价值。这里是国家Ⅰ级保护动物大熊猫、牛羚、金丝猴在四川分布的西北边缘，我国白唇鹿分布的西南边缘，这些重要物种的交汇分布，表现出这里自然地理过程和生境类型的过渡性、混合性、复杂性和独特性；雪豹、豹、雉鹑、斑尾榛鸡、绿尾虹雉等多种Ⅰ级保护动物的同域分布现象，反映出这里的生态系统的过渡性及特殊性，说明这里的生态环境及生物多样性具有重要的保护价值和科学研究价值。

四姑娘山红石滩　（摄影 / 汪秉宁）

四姑娘山湿地景观　（摄影 / 汪秉宁）

枯树滩和阿妣峰 （摄影 / 汪秉宁）

在四姑娘山的三条沟中，海子沟是没有人为开发的，户外爱好者和高山摄影师很喜欢经过海子沟到达四姑娘山上拍摄高山冰川湖泊，图为八角棚海子　（摄影 / 朱涛）

岷山出名湖

■ 撰文 / 刘乾坤

川西北高原通常是指四川省阿坝藏族羌族自治州。在川西北高原上，九寨沟和黄龙是两处世界闻名的地貌奇观，以钙华池群和高山湖泊吸引了全世界的目光。21世纪，依托这两处世界遗产的影响力，阿坝州又提出了大九寨国际旅游区的概念，这一概念包括了阿坝州全境及成都、广元的部分地区，是一处优质景观密集的区域。在这一区域内，湖泊是具有代表性的亮点，除了九黄的高寒岩溶湖池景观外，还有堰塞湖、冰蚀冰碛湖和残留湖等景观。

九寨沟与黄龙：高寒岩溶的华彩

岷山山脉自若尔盖高原逐渐拔升，一直往南延伸到成都平原，绵延数百千米，塑造了不少湖泊的形态。主峰雪宝顶海拔5588米，是中国东部往西部的第一座冰川，所涵养的水源，为这一地区的喀斯特运动提供了良好的条件，雪山绵延的岷山催生了两个世界级的景观：九寨沟和黄龙。

这一区域碳酸盐岩较为集中分布，这些露出地表的大面积碳酸盐岩地层，在温暖的河谷、沟谷长出茂密的森林。这些碳酸盐岩岩层厚，最厚的沉积厚度近5000米，而且品质纯正，在高山地形和典型山地气候的条件（如冻融、雪蚀、山洪等）和地质变迁的复杂运动下（地壳抬

中国最宽的瀑布诺日朗瀑布，水源源自自然形成的高峡平湖——镜海　（摄影 / 杨建）

树正群海由很多条钙华堤分割，钙华堤上生长着许多落叶乔木，在秋天，绚丽缤纷（摄影/杨建）

九寨沟的湖泊，因为是钙华的析出物，加上高原洁净的空气，良好的植被，湖水异常湛蓝，人们给了一个专属名词——九寨蓝。图为五花海　（摄影/杨建）

升、沉降等），发育了一种独具特色的岩溶类型——高寒岩溶。

特殊的断块构造格局以及对不同岩石长期的选择性侵蚀使碳酸盐岩层出露，集中分布于沟源的分水岭地段，如黄龙沟、牟尼沟和九寨沟大禄乡。受沟谷和水源的影响，黄龙的岩溶景观以钙华池群为主，其生长的速度可谓惊人。一座废弃的寺庙，在数百年前，就被钙华“淹没”了大部分，现在只剩屋顶部分了。感恩于雪宝顶最大的冰川7号冰川的“水塔”，源源不断的冰川融水，孕育了黄龙郁郁葱葱的原始森林，还有长达3600米的钙华，而且钙华类型包括了钙华边石坝彩池、钙华滩、钙华扇、钙华湖、钙华塌陷湖、坑，以及钙华瀑布、钙华洞穴等，特有的浅黄色钙华，在碧绿的丛林中，宛若翻飞的长龙，故名黄龙。距黄龙不远的大禄乡，还有一个缩小版的钙华池群视仙池，藏语名叫嫩恩桑措。

相对黄龙海拔更低的九寨沟，那些错落有致的湖泊群如同宝石般熠熠生辉。镜海，映着雪山、森林、白云，水天一色，波平如镜。镜海出水口是一道宽谷，在宽谷中形成了诺日朗群海，这些群海是九寨沟标志性景观——诺日朗瀑布的“发动机”。诺日朗群海位于镜海的下方，丰富的地表水带来不同的堆积物，在这些堆积物与喀斯特作用的共同作用下，形成了宽窄不同、高低不一的钙华堤，在宽谷中，把湖面分成了大大小小18个湖泊，相映成趣。再加上不断涌入的地下水，让群海终年水量充沛，也就催生了中国最大的钙华瀑布，也是中国最宽的瀑布，其宽度达270米。

最能直观感受钙华堤的地方是火花海，妙趣天成的钙华堤宛如游龙，轻盈地在缓缓的流水间划出一个个湖池，在岁月的长河中，有的树和灌丛坚韧地在堤上生根，形成堤上树、水中影的曼妙风景。

受天气、倒影、水生生物等多种因素影响，九寨沟每个湖泊的色彩各有其特点，而有一种蓝色是让所有人都难以忘怀的，却又找不到合适的词来加以表述或形容，最后约定俗成取名“九寨蓝”，世界因此又多了一种美丽的色彩。

冰川湖泊：遥远的美丽

相对于其他形态的湖泊，冰川湖泊更难看到。在交通不发达的古

雪宝顶东坡的甲勿池，由于离冰川很近，有一定冰川作用，同时，也有构造原因，是多种原因形成的高原湖泊　（摄影 / 邓崇刚）

代，人们很少关注冰川湖泊，一是海拔高，往往在无人区；二是交通不便，能去的人少之又少。随着现代旅游的迅速发展，公众的视线也随着科考的足迹前行，那些深藏闺中的冰川湖泊进入了公众与传媒的视野。

雪宝顶的冰川融水，除了孕育了九寨和黄龙两个世界级景观之外，还为涪江水系创造了美丽的湖泊景观，位于松潘的花绿二海和平武的甲勿天池便是岷山深处的两个美丽湖泊。这两处湖泊的海拔都不到3000米，但由于离雪宝顶较近，在第四纪冰川开始消融的时候，受到一些冰蚀作用，加上构造运动和堵塞，形成了独特的冰川湖泊，四周可见典型的冰川地貌——角峰、刃脊等，还有茂密的植被，一年四季都呈现不同的景致，梦幻般的色彩，令人过目难忘。

南北向延伸的邛崃山脉和岷山山脉，除了雪宝顶，还有诸多现代海洋冰川发育，如四姑娘山、达古冰川等，这些现代海洋冰川在第四纪曾经是冰雪王国。随着地球内外营力的作用，冰川开始消融，人类开始出现。第四纪冰期为我们塑造了数不胜数的地貌景观，目前我们所见到的冰川景观多为那时所塑造。

第四纪冰川在消退时，留下了诸如角峰、冰川U形谷、侧碛、终碛等地貌景观，还留下了诸多的冰川湖泊。在四姑娘山，有一条沟就是以海子命名，叫海子沟。这条沟通常是登山者、美景爱好者选择的沟，没有通车，按四姑娘山的开发计划，这条沟将永远不修建公路与索道，为徒步旅行留下一块净土。这条沟相对于双桥沟与长坪沟来说，进入难度更大，但是其高山湖泊景观异常迷人。在这条沟中，大小湖泊有14个，其中景致好的高山湖泊有大海子、八角棚、石布龙海和犀牛海，八角棚是欣赏雪山倒影与星空的绝佳地方，石布龙海是一个由4个海子组成的串珠湖，这些高山湖泊倾倒无数的驴友与摄影爱好者。

在第四纪末期，在四姑娘山的北端，羊拱雪山也同样开始退缩，冰川开始解冻，厚厚的冰雪消退之后，大大小小的湖泊开始次第呈现，最大的东错日月海可见退化的冰斗。在冰川鼎盛时期，冰川的运动对地表的刨蚀和拔蚀形成了今天所见的两湖相间的冰蚀冰碛湖，两湖相间的是坚硬的花岗岩，顶住了冰川的侵蚀，形成了两湖之间的石堤。东错日月海东西长1800米，平均宽300米，是达古冰川景区里面最大，也是被认为最美的冰川湖泊。每年冬春季的四五个月的时间依然布满冰雪，在夏秋两季可见到一泓碧水，映着周围的石坎、石海、角峰、刃脊等第四纪古冰川地貌。

堰塞湖：往往是一夜成湖

岷山、龙门山一带，发生泥石流的几率较大。在内外营力的共同作用下，山谷坡地山石的崩塌挟带泥块顺势而下，堆积物阻塞了河道，形成湖泊，这样的湖泊也是大九寨区域的特色，如九寨沟上游的“长海”、白水河的干海子及茂县的叠溪海子。

相较于九寨沟缓慢形成的湖池而言，堰塞湖可谓是一夜成湖，如叠溪海子，这个海子也是一夜成名。叠溪海子就位于公路边上，现在逐渐成为一处观景点，乘车前往九寨沟黄龙的游客往往惊艳于这处秀美的高原湖泊。殊不知，这是因为地震形成的巨大堰塞湖。

1933年，岷山间的一场大地震，伴随着地动山摇的垮塌和人们的哀恸声，曾经繁华的蚕陵古镇被岷江水淹没，继之而生的是一个被山体垮塌堵塞河道而形成的高原湖泊——叠溪海子。

叠溪海子原是一处军事重镇，扼守通往甘青一带的要道，古名蚕陵镇，驻军和居民共有2500人左右。由于发生在深夜，据当地人说，除一个放羊的小孩在外面得以幸存，余者悉数魂归天外了。地震发生后，又发生了溃坝，现在存留的湖面比原来的面积小很多，目前的叠溪海子水域面积350多万平方米，由于地处岷江主河道，湖水的颜色变化很大。在夏季的丰水期，岷江挟带雨水冲刷的泥土，湖水相对

形成于1933年叠溪大地震的叠溪海子，雨季从上游会带来大量泥沙，形成沙洲　（摄影/陈和勇）

丰水期的叠溪海子，是典型的高峡平湖　（摄影/杨建）

浑浊，好在有四野的青山映衬，也不失高原湖泊的秀美。最美的时节应该是春秋两季：春季，山上与湖边的各种野花盛开；秋季，红叶摇曳，水映花叶，白云戏水，清风徐来，美不胜收。

距此不远，同样受1933年大地震影响，形成了沟多、海子多的松坪沟，现在是国家AAAA景区，保留了诸多地震遗迹，其中以连串的堰塞湖，如叠溪上海子、叠溪下海子、上白腊海、下白蜡海、白石海、长海、墨海等。

这里在高原上显得小家碧玉，异常秀美。沟谷相较于坡地更为温暖，这里的花，在春天比他处要开得早一些，而且种类繁多，能让每一个进出松坪沟的人驻足难忘。夏天清凉宜人，给各地游人提供一处天然空调房；秋天，则铺洒万千色彩，湖光山色，处处入画；冬天，冰湖冰瀑，塑造出简约的自然画卷。

花湖：古湖泊的遗影

在若尔盖高原，有着四川最为丰富的泥炭沼泽，这里芦苇摇曳，群鸟翩翩起舞，一泓清澈的湖水映着蓝天，因夏季湖中水毛茛开花，蔚为壮观，被人们命名为花湖。花湖不是严格意义上的湖，而是湖沼之间的水域湿地，是古湖退化而成。

中国科学院的专家们，曾在若尔盖高原一带，采取湖盆钻井取芯的科研方式，总结出这一带在温暖、寒冷、干旱等气候变迁中的几个大的变化，再通过在不同的岩层中获取的动植物化石，证明若尔盖高原曾经是林草相间的地方。随着造山运动的隆升与沉降，原有的森林消失，大型食草动物如披毛犀、原始牛等逐渐消失，在更新世早期和

盛夏时节，若尔盖花湖波平如静，水天一色　（摄影/詹灵）

中期，形成了达10000平方千米的湖泊群，横跨今天的四川甘肃两省。今天，我们所见的花湖、错尔干湖等便是古湖泊的遗影。

水域面积不如往昔，却成为野生鸟类在夏季的重要栖息地。随着我国环保力度的加大和生态环境的改善，花湖、措尔干湖等湖沼相间的湿地，被越来越多的鸟类爱好者所喜爱，他们来到这里，感受高原的壮阔之美，欣赏各种鸟类灵动的身影。在花湖一带，最吸引人们眼球的是黑颈鹤，这种候鸟被视为吉祥之鸟，终生一夫一妻，冬季迁往四川南部和云南一带越冬，黑颈白身，是花湖的精灵。

除了黑颈鹤，常见的还有赤麻鸭、灰雁等候鸟，更吸引观鸟一族的是猛禽。在花湖及周边，因为良好的食物链，猛禽云集：高山兀

若尔盖草原上的另一个残留湖——哈丘湖，湖畔绿草如茵，牛羊成群 （摄影 / 邓崇刚）

鹫、秃鹫、胡兀鹫。除三大鹫之外，还有大鵟、猎隼、白尾鹞、黑耳鸢、短趾雕、草原雕、白尾海雕等。

大野与险峻中，这些秀美的湖泊，总是让人心旷神怡。高原的风，总是会带着花香和鸟语，告诉都市中的你我，自然界总是那样的神奇，总是那样的诱人——在欣赏壮阔的雪山冰川之外，在湖畔赏花、识虫、观鸟，将会是未来高原流行的一种旅行，也是很多人的生活方式！

森林掩映，黄龙的钙华池群熠熠生辉，婉若游龙 （摄影 / 杨建）

与花湖一样的残留湖措娜尖，位于嫩瓦乡，距离花湖 30 千米左右，在夏季，迎来了很多棕头鸥 （摄影 / 邓崇刚）

达古冰川地区，被大家称为最美的冰川湖泊——东措日月海　（摄影 / 王福耀）

雪宝顶的冰川融水，催生和滋养了黄龙的钙华景观　（摄影 / 杨建）

若尔盖花湖，湖沼相间，秋天，植被变成金黄色，在天高云淡的湛蓝色中，颇为艳丽（摄影 / 陈和勇）

同样位于岷山山脉的牟尼沟，不断有小型的泥石流或者滑坡等现象出现，在河道中阻断河流，形成了串珠状的堰塞湖　（摄影 / 杨建）

海子山：冰帽冰川侵袭后的奇迹

■ 撰文 / 李忠东

在青藏高原东缘的横断山区，高山峡谷此起彼伏，往往会让人误以为，这一带都是这样的景观，不承想，在四川理塘县和稻城县之间，有一片平坦的高原，恍若火星：上百个海子（湖泊）与上亿的石块相互交错在海拔相差无几的平面上。这些海子是如何形成的？这么多的石块是谁搬运来的？

千湖石海：蕴藏着青藏高原数十万年的秘密

2000年，我第一次从成都驱车去稻城。当我们千辛万苦穿越四川盆地与青藏高原之间的陡跌地带，摆脱高山与深壑的纠缠，越上理塘一带的山原面时，大地顿时变得辽阔而高远，心情也随之舒缓。从理塘离开318国道向南，是通往稻城和云南香格里拉的公路。100年前美籍奥地利人约瑟夫·洛克偶然的闯入，让世界第一次认识了这片雪域胜景。100年后，稻城和香格里拉成为全世界都想路过的地方。汽车沿着波澜不惊的丘状高原疾驰，我慢慢发现窗外的地貌不知何时发生了改变。之前绿茵如毯、野花如织、生机盎然的浑圆状山丘不见了。一片山石裸露的山原莽莽苍苍，其上大小各异的海子星罗棋布，奇形怪状的巨大石块铺天盖地，仿佛我们在一瞬间闯入世界的边界，抑或在一瞬间穿越到另一个星球，蛮荒苍凉之气油然而生。这次的经历给我留下极深印象，之后每次经过这里，我都会仔细观察这种独特的地貌。这些铺满山野的石块是冰川运动时搬运而来的冰碛物，又称为“冰川漂砾”。单之蔷先生曾在2019年第12期《中国国家地理》的卷首语介绍过这种并不算罕见，但颇有些奇特的冰川地貌，他称这种景观是“冰川送来的礼物”。冰川漂砾的出现意味着冰川曾经到达

第四纪古冰川留下的侧碛堤 （摄影 / 李忠东）

过这里，这片大地曾经经历过冰川的侵袭和改造。冰川漂砾虽然算不得稀罕，但大多数的漂砾仅仅是出现在极小区域，一个山坡或一条沟谷，像这样大规模分布的冰川漂砾并不多见，甚至可以说绝无仅有。

稻城亚丁机场开通后，我得以飞临它的上空，通过鸟瞰，我再次对这种地貌有了更加深刻的印象。飞机盘旋在上空，天边乱云低垂，机腹下一片苍茫。灰褐色的大地上，洒落的湖泊像无数镜面，在透过云隙阳光的照耀下，闪烁着星辰般的光亮。走出舷梯，你会发现自己恍若降落在火星的表面，目之所及充斥着数以亿万计的冰川漂砾（石块），顿时有一种强烈的进入“异域”的即视感。

龙古花岗岩地貌——岩墙 （摄影 / 李忠东）

这片恍若火星的地方就是位于理塘县与稻城县之间的海子山，是一座由石头和湖泊构成的奇异之山。我们闯入的既非异域，看到的也非奇象，而是稻城古冰帽遗迹，一种始于70万年前的古老冰帽冰川侵蚀后的景象。

青藏高原及其周边地区的第四纪冰川是研究亚洲乃至全球气候变化的重要内容之一，有关青藏高原是否存在统一大冰盖的争论持续了百年。

我们生存的地球，历史上的大部分时间都是没有结冰的，也就是说地球表面温度大多时间都在0℃以上。地球历史上曾经有冰雪的时

从9000米高空俯瞰海子山群海　（摄影 / 温钧浩）

代仅有过短暂的三次，被地质学家称为“三大冰期”——距今7亿年左右的南华纪大冰期、距今3亿年左右的晚古生代大冰期和距今260万—300万年至今的第四纪大冰期，稻城古冰帽便属于第四纪大冰期的遗迹。这次冰期因为距离我们最近，同时伴随着人类的诞生和发展，其重要意义不言而喻。

稻城古冰帽位于横断山区的“东部山原峡谷区”，属于沙鲁里山脉丘状高原面的一部分，是青藏高原地区目前已知明确范围的最大冰帽（姚檀栋等，1983）。虽然以稻城命名，但古冰帽遗迹区的分布范围跨及了理塘和稻城两个县，总面积达6965平方千米（有资料记载为3000平方千米），属于稻城县的面积不足一半，约为3287平方千米，位于两县交界处的海子山是稻城古冰帽区中最为经典的核心区域。虽然目前海子山已无现代冰川，但在第四纪期间，这里曾多次形成古冰帽，并留下古冰帽特殊的侵蚀、堆积地貌遗迹。这座山四周是略微耸立的冰蚀残山，中间为低缓起伏的鞍状地形，保存了宽阔平坦的高原面，主体海拔在4600—4800米，是雅砻江支流无量河和金沙江支流麻曲河之间的分水岭。

海子山之所以显得沧桑与蛮荒，便是得益于这里大面积分布古冰帽遗迹，主要为冰蚀岩窝、岩盆、冰蚀丘陵、冰蚀洼地、角峰、古冰斗、冰川槽谷、冰碛垄岗，终碛堤、侧碛堤、羊背石等，它们主要分布于海拔4500—4700米的古夷平面上。其中，数以亿计的花岗岩漂砾（石海）和1145个冰蚀岩盆（湖泊），铺满整个山原区，形成叹为观止的“千湖石海”奇异景观。

来到海子山，游客的反应往往不同，有人喜其蛮荒，下了车便不舍离去，有人则恐其苍凉与高寒缺氧，匆匆逃之夭夭。对大多数游客

海子山遍布冰川漂砾 （摄影 / 魏伟）

高空俯瞰古冰帽群湖与曲流 （摄影 / 李忠东）

而言，这里只是路边的风景。然而这些看上去了无生机的石头、深深浅浅的海子，却是青藏高原第四纪冰川遗迹的组成部分，蕴藏着青藏高原数十万年来的秘密，有关青藏高原第四纪冰川的秘密。

青藏高原第四纪气候变化研究，通常被视为解开全球环境变化的关键，而古冰川事件则是第四纪时期气候波动最直接、最有力的地质证据。因而，分布于青藏高原及其周边地区的第四纪冰川也就自然而然成了研究亚洲乃至全球气候变化的重要内容之一。

从19世纪末开始，便不断有国内外地质学家、探险家进入青藏高原开展科学考察和探险活动，高原上广泛分布的第四纪冰川遗迹自然引起了他们的关注和研究兴趣。但有一个问题始终困扰着他们，也令他们争论不休。这个问题就是：在第四纪冰期青藏高原是一个被冰川完全覆盖的统一大冰盖，还是冰川只覆盖了青藏高原的局部高山区域，彼此并不相连？

这个问题首先得从冰川的类型说起。冰川是极地或高山地区地表上多年存在并具有沿地面运动状态的天然冰体。冰川主要有两种类型，大陆冰川和山岳冰川。大陆冰川又称“冰被”或“大陆冰盖”，是指覆盖着极厚冰层的广大陆地，其特点是面积大、冰层厚度大，有的面积达百万平方千米以上，厚度达几千米。山岳冰川又称山地冰川，主要分布在中、低纬度的高山区。而冰帽，是一种规模比大陆冰盖小、外形与其相似的冰川形态，它是大陆冰川和山岳冰川的过渡类型。

理论上，一个完整的冰川作用周期，一般而言在冰期时，冰川的发育要经历由小变大的过程，即由山谷冰川向山麓冰川、冰帽、大冰盖转变。进入间冰期（冰期与冰期之间相对温暖的时期）后，冰川发育则正好相反，即由大冰盖逐渐向冰帽、山麓冰川、山谷冰川转变，直至全部消失。但地球上大多数的冰川由于受到地形、气候等因素的影响，不太可能拥有完整的冰川作用周期，往往只经历其中的一个或几个阶段。科学家们争论的焦点就在于青藏高原在第四纪冰期是否经历过大冰盖阶段，是否形成过一个统一的大冰盖。

其实这个问题早在20世纪之初就出现了严重分歧。早期，有些国外学者通过对比北欧斯堪的那维亚高原大冰盖形成的众多侵蚀湖盆，提出青藏高原普遍为冰川覆盖的看法和假设。20世纪80年代，德国科学家库勒（M. Kuhle）在考察青藏高原第四纪冰川遗迹后，推测青藏高原末次冰期雪线高度降到海拔3800—4000米，从而推断大冰盖的面积为200万—240万平方千米，厚度达1200—1700米。中国地质科学院的韩同林等根据对青藏公路和中巴公路附近等地区的观察，认为青藏高原上普遍存在冰蚀平原、冰蚀丘陵、冰蚀洼地、冰盆、冰阶、冰碛物和冰川漂砾等大冰盖的遗迹，推论早更新世冰期中除柴达木盆地外，均被大陆冰盖占据，并认为冰盖厚度至少在1700—3000米以上。

但大多数科学家并不认同他们的观点。如早期的著名探险家瑞典人斯文·赫定（Sven Hedin）经过多次对西藏西部高寒荒漠区的考察，认为青藏高原内部降水少，冰川规模小，没有形成过大冰盖。20世纪50年代末以来，以施雅风院士为代表的一批中国学者，对青藏高原现代冰川与古冰川遗迹进行的广泛考察，逐渐形成了青藏高原不存在统一大冰盖的观点。他们认为第四纪最大冰期时，青藏高原冰川发育有大型的网状山谷冰川、山谷冰川、山麓冰川、冰帽，但各山脉的冰川并没有相互联结，没有形成统一的大冰盖。

尽管大多数冰川学者并不认可青藏高原存在统一大冰盖的观点，但有关这一话题的讨论却丝毫没有中断。直至今天，仍然有许多学者踏冰卧雪、跋山涉水，不辞辛劳地力图寻找各种证据证明自己的观点并说服对方。这是跨越世纪的百年大争论，无论持什么样的观点，都客观地推动了学术界对青藏高原的持续关注。

正是在此背景下，当20世纪80年代科学家们在稻城县与理塘县之间的海子山发现大量古冰帽遗迹时，才显得格外意义重大。这一发现让持续百年的大争论重新变得活跃而有趣，它至少证明，不管青藏高原在第四纪是否存在过统一的大冰盖，在它的东南部的确曾经发育过一个大冰帽——稻城冰帽。

穹隆形的古冰帽就像一只“乌龟盖子”

理塘与稻城之间的公路，是一条著名的旅游公路。它由东北向西南从海子山的中间穿过，同时完美地穿越稻城古冰帽。这条公路像一把刀子，将古冰帽斜拉出一个口子，形成一条剖面，从而能让我们能更好地观察这种罕见地貌。

地质学家李荣社来到海子山考察时，曾经对稻城古冰帽的分布规律有一个形象的比喻，他将稻城古冰帽比喻成一只乌龟。中间地形平缓的夷平面是“乌龟的龟壳”，是冰川微弱侵蚀—堆积带，冰帽冰川主要覆盖在这里，但由于地形平缓，无落差或落差较小，冰川运动的动能不足，因而冰川作用较为微弱。这一区域所形成的古冰帽遗迹主要是冰川侵蚀形成的冰蚀岩丘，以及堆积形成的底碛等冰碛物。

而往外，则是“乌龟壳”的边缘，属冰川中等侵蚀和堆积带。冰帽冰流从中央高地向四周流动，受到重力作用影响流速逐渐加大，冰下侵蚀作用随之增强，冰川对底部岩石的掘蚀和磨蚀，形成密集的冰蚀岩盆（冰川侵蚀形成的像盆一样的洼地，汇水可成冰蚀湖）、羊背石群（是由冰蚀作用形成的石质小丘，大量发育时，犹如羊群）和宽浅不一的冰下槽谷。如在公路沿线可见到的最大鲸背岩长达2千米以上，宽高逾百米。而在冰帽南部的冬措一带则形成长十余千米、宽2—3千米的冰蚀岩盆和槽谷。冰川后退，这些冰蚀岩盆往往形成串珠状分布的湖泊群。

再向外则是“乌龟的裙边”，是冰川强烈侵蚀的槽谷带。由于冰川到来之前这一地带发育有河谷，冰期到来时冰帽冰流沿着这些河谷流动侵蚀，不断将老河谷拓宽加深，形成放射状的冰川槽谷。这些冰川槽谷以冰岛型槽谷（冰川源于山区的冰盖，冰川常以冰瀑布形式向下流动所形成的陡而深的冰川槽谷）为主，也有一些准阿尔卑斯型槽谷（冰川源于冰斗或冰斗群，冰川对早期河谷加深加宽形成的槽谷），深度一般都在400米以上，在巴隆曲中游和尼亚隆雄曲中下游，有些冰川槽谷深达600—800米，深深嵌在花岗岩所形成的夷平面中。

冰帽最边缘恰如“乌龟的四只脚”，是冰帽强烈堆积带。冰帽冰川最盛时，边缘形成众多的溢出冰川，这些冰川长2—5千米，甚至下延至河谷、盆地。冰川从冰帽区带来的冰碛物，大量堆积在这一带，形成的垄状终碛和侧碛高达上百米。

稻城古冰帽尽管分布广泛，但大多数的区域都是难以进入的无人区，要开展全方位的科学考察十分困难。20世纪八九十年代，科学家发现距稻城县城以北数千米的稻城河谷北侧山麓分布着十余条由冰帽冰川所形成的冰碛垄和冰碛台地，由于可进入性强，这里很快成为科学家们解剖稻城古冰帽的最佳窗口。其中，龙古村以北有一个央英错，当地人称之为黑海，由央英错溢出的冰川所形成的大量冰川遗迹最为典型和壮观。十多年前，稻城当地一个商人欲将这里开发为景区，修筑了一条简易公路直达央英错。2018年，我沿着这条基本废弃的山路考察了这区域，亲眼看到稻城古冰帽这只巨大的“乌龟”从“四肢”到“裙边”再到“龟壳边缘”，冰川侵蚀由强到弱所形成的不同遗迹。从河谷刚进入山麓，数道巨大的冰碛垄蜿蜒如蛇，高达上百米，冰碛垄上绿草野花如毯，冰川漂砾四处散落。越过冰碛垄便进入到冰川U形谷，宽谷底部地形平坦，河溪曲曲折折，两侧坡脚岩石在寒冻风化作用下，遭受崩解破坏，大片巨石角砾堆积形成壮观的石河、石海。往上，便进入冰帽覆盖区，也就是冰川片状冰流的侵蚀区，冰川的磨蚀将花岗岩形成的山体研磨得圆润而光滑，冰川磨光面、鲸背岩、羊背石群、冰蚀鼓丘地貌随处可见。汽车挣扎着越过陡峭的“裙边”，便进入相对平缓的夷平面，无数的冰蚀岩盆及冰蚀岩盆蓄水形成的湖泊散布在夷平面上，黑海央英错就在其中。

海子山古冰帽遗迹形成的原因

科学家发现，进入第四纪之后，尽管高原面已由古近纪的1000米隆升到2300米左右，但这里的湖滨山地仍生长针叶林，气候虽然变得寒冷，但没有冰川发育。进入中更新世冰川时期，高原隆升到雪线以上，使这里发育了规模巨大的冰帽冰川，冰川厚度超过500米。在厚厚的冰层重力作用下，冰川流动不再受下面地形的限制，它们翻越边缘山地漫流到山麓，北面进入理塘盆地南部，南面则进入稻城附近宽谷。之后的间冰期，气候变暖，冰川一度消失，冰碛表面暴露在空气中，接受长时间氧化淋溶，发育了红土，河流重新下切并溯源侵蚀到古冰帽内部。紧接着，第二次、第三次冰期来临时，由于西面怒山山脉和东面贡嘎山的强烈隆起，阻拦了西南和东南季风带来的水汽，造成这里降水相对减少，冰帽冰川的规模比之前的老冰期要小很多，边缘冰流沿山谷外溢形成许多平行的溢出冰川。

大约在2万年前，随着冰期的结束，地球温度慢慢升高，冰川逐渐后退，最终退缩到山体顶部极小范围，如稻城南端的亚丁和海子山西侧格聂山仍保留着少量的现代山岳冰川。由于海子山整体海拔在4600—5000米之间，仅个别山地超过5000米，均位于雪线以下，因此

雪山与漂砾中的羊背石　（摄影／魏伟）

整个区域失去发育冰川的地貌地势条件，冰帽冰川融化消失。但是，尽管冰帽冰川消失殆尽，但冰川运动时对地貌的改造和冰川作用所留下的痕迹却永不磨灭地留在这里，形成今天我们看到的，令人叹为观止的稻城古冰帽遗迹。

冰川遗迹也可以成为美景。在海子山众多古冰川遗迹中，数以千计的冰蚀岩盆（冰蚀湖）以及冰川 U 形谷让人印象深刻。

冰帽与山岳冰川最大的区别是，冰帽是冰川对冰帽区整个区域的全部覆盖，冰川流体由冰帽的中心向四周溢流，冰川的侵蚀力越靠近中心越弱，越往外侵蚀力越强，而且几乎所有的侵蚀作用都发生在冰川之下。而山岳冰川主要是冰川围绕山体顶部呈放射状向四周漫溢，形成若干蜿蜒如蛇的山谷冰川或悬冰川。而冰川谷之间的山体并不完全被冰川覆盖，冰川退缩后，古冰帽遗迹遍布冰帽冰川作用区，而山岳冰川的冰川遗迹则主要分布在冰川经过的沟谷。稻城古冰帽遗迹的最大特征是形态各异的大大小小的冰川漂砾布满整个海子山山原，怪石嶙峋、铺天盖地，冰蚀湖泊星罗棋布。细究古冰帽遗迹，大致可分为冰川侵蚀地貌与冰川堆积地貌。冰川侵蚀地貌主要有：冰蚀残山、冰蚀鼓丘、鲸背石、羊背石、冰溜面、冰擦痕、冰臼、冰斗、冰窖、冰川悬谷、冰川 U 形谷、冰蚀湖泊等；而冰川堆碛地貌主要有：消融丘（冢、垄、堤）、侧碛堤（垄）、终碛堤（垄）、底碛、中碛、冰漂砾、冰碛台地、冰川锅穴、冰碛堰塞湖等。

在海子山众多古冰川遗迹中，数以千计的冰蚀岩盆（冰蚀湖）以及冰川 U 形谷让人印象深刻，海子山也因这些灿若星辰的湖泊而得名。海子山有多少个海子？据资料记载共有1145个，但实际上这个数字有蒙的成分。为了弄清海子山的湖泊数量，我们查阅了1:100000

地形图，图上所能画出来的湖泊数量为466个，核心区湖泊的平均密度约为每平方千米0.16个，还有大量的小湖无法在地图上标注。需要说明的是，海子山的湖泊受到降水的影响，每年都有消失和增加，数量上并非一成不变，它应当是动态的，但用数以千计形容应当不会错。

在空间分布上，靠近分水岭的高地上，以小型的冰蚀岩盆（湖）为主。远离分水岭的广大夷平面上，则形成较多大型冰蚀岩盆（湖），在后期的冰退过程中，冰蚀岩盆出口处往往遗留下数道冰碛垄，形成冰蚀—冰碛复合成因的湖泊。这些湖泊大致可划分为六大湖群，分别是兴伊错湖泊群、冬错湖泊群、希错湖泊群、哲如错湖泊群、扎错湖泊群和津然错湖泊群。其中兴伊错不仅是海子山最大的湖泊，也是稻城县最大的湖泊，它位于海子山中部，属古冰帽的核心区域。

有一条极简易的碎石路通过兴伊错，虽只有数千米，但要翻越数道垄岗状的小山包。沿途皆是巨大的漂砾，汽车需要在漂砾之间艰难地寻找车辙，毫无规则的坑和巨石令车剧烈颠簸。行至山间洼地，兴伊错便在眼前。在藏语中，兴伊错为“献湖”之意，有天赐神湖的意思。兴伊错面积达到7.5平方千米，海拔4420米，由三个相连的湖组成，湖底呈锅底形，一般深约3米，最深处达数十米，湖中盛产高原黄鱼，湖面栖息着成群的黄鸭。湖的西端有几道低矮的终碛垄，四周地势平坦，形成环湖湿地，湿地中巨大漂砾洒落，水草肥美相得益彰，倒像是刻意为之。靠近湖的地方，一湾沙堤将湖水隔成两部分，人行走在沙堤上，人影倒映在水面，照出的照片有天空之镜的效果，荒凉的海子山多出了些许情趣。

古冰帽冰川形成的坝子与格聂山同框 （摄影 / 温钧浩）

离开古冰帽的核心区，沿稻城河顺流而下，海子山满目荒凉的漂砾渐渐稀少，植被也终于由高山草甸和高山灌丛演变为亚高山针叶林。冰帽冰川最盛的时期，冰川作用曾经到达海子山下的稻城河谷，大量的冰碛物就堆积在河谷之中，形成各式各样的垄状、堤状地貌或冰碛丘陵。进入一条名为磨房沟的冰川U形谷，这是古冰川改造过的河谷，谷底宽阔平缓，河流温婉地以曲流的形态在冰谷中蛇行，没有水的地方，是稀疏的杉树和茂密的灌丛。远远一片花海引来全车的人的惊呼，司机非常善解人意地把车停在花海的边缘。组成花海的植物叫五齿管花马先蒿，这是青藏高原上最热情洋溢的植物，和我们以前所见的花海都不同，这些由纯五齿管花马先蒿组成的红色之海，其间没有夹杂其他花色，单纯而艳丽。走进花海，恍如进入梦幻，把身躯置身于颜色之海，眼睛和心情都被那抹红色耀得晕眩。

冰川槽谷又称冰川U形谷、幽谷，是冰川在运动过程中，对冰川底部和两侧的山体和岩石进行侵蚀而形成山谷，因为横剖面多呈U形而得名。通常在确认出现U形谷的地方，都意味着古冰川曾经从这里经过。冰川槽谷，往往是高原美景的荟萃地，许多著名的景区和游览线路都是围绕U形谷展开，如四姑娘山的双桥沟、长坪沟，亚丁的贡嘎银沟都以景美而著称。

科学家对青藏高原在第四纪是否为一个统一的大冰盖难以形成一致的观点，但都不否认青藏高原在第四纪冰期在局部形成冰帽的可能。那么除了稻城古冰帽，青藏高原还有哪些古冰帽呢？

1985年，著名的地理学家李吉均院士便发现并命名过一个“新龙冰帽”。这处古冰帽位于稻城古冰帽的北部，是沙鲁里山脉古老夷平面的一部分，古冰帽面积达2000平方千米。而在此之前，中国科学院长春地理所的孙广友先生在道孚县南侧大雪山中段发现过一片面积达700平方千米的乾宁冰帽。这两处古冰帽与稻城古冰帽都具有相同的特点，即均位于地形平坦的高原面上，都成群地分布着大小湖泊，它们所处的海拔大体一致，而冰帽区外侧也都有放射状冰川谷分布。

1975年，著名冰川专家、中国科学院兰州冰川冻土研究所郑本兴教授，还在嘉黎北部拉萨河、易贡藏布河及怒江支流罗曲上源的麦地卡盆地发现了面积约3600平方千米的高位盆地式古冰帽遗迹。而早在20世纪初，便有学者提出黄河上游存在局部大冰盖的主张。1989年，兰州大学地理系部分学者在实地考察后找到有利于冰川形成的证据，从而基本确认这里极有可能存在面积达6万平方千米的小冰盖。倘若这个观点进一步得以证实，稻城古冰帽所保持的青藏高原面积最大的古冰帽纪录将由黄河上游取代，这里极可能成为青藏高原迄今所知最大面积的古冰盖。

除此而外，科学家们还在唐古拉山口附近、北冈底斯山中段雪拉康日山、定日县东面拉轨康日—阿马山、川藏公路米拉山口等地发现一些小型的古冰帽。

随着科技的进步，人们发现自然奥秘的手段也突飞猛进，尤其是谷歌地图以及无人机的普及，让大量隐匿在青藏高原深处的自然地貌再也藏不住了。2018年，笔者在开展稻城地质遗迹调查时曾通过对遥感影像的判识，在海子山南端、稻城县中部的邦热唐发现一个疑似古冰帽，其面积约350平方千米。为了深入了解这个疑似古冰帽，我们冒着雨雪沿着一条简易放牧摩托车道进入它的北部，再等待两个小时之后才得到片刻雨歇机会。借助于航拍器，我们有幸领略这片极有可能是青藏高原面积最小的古冰帽的风采。在4800—5000米的冰原石山的环抱中，平阔的冰蚀平原上冰蚀湖泊灿若星辰，数条冰岛型冰川槽谷从河谷伸展向冰帽中心，将连绵的石山分割开来，槽谷中分布着规模更大的串珠状冰蚀湖，它们在远端石山、湖畔草甸的衬托下如绿玉翡翠相连。

在所有发现古冰帽的区域中，沙鲁里山无疑是最显著的。稻城古冰帽、新龙古冰帽以及新发现的邦热唐都分布在金沙江和雅砻江之间的沙鲁里山。它的东侧是大雪山，著名的蜀山之王贡嘎山便位于此。但为什么沙鲁里山可以发育冰帽，而贡嘎山只能发育山岳冰川呢？这其实得益于沙鲁里山核心区域连续的燕山期花岗岩，这种岩石由于岩性坚硬，所形成的古夷平面更容易被完整地保存下来，从而为古冰帽冰川发育提供了地貌基础。而大雪山尽管有不少高峰，但因切割强烈，除西侧乾宁古冰帽外，其他均为山谷冰川。

在海子山脚下的稻城河畔，有一座小寺，名为奔波寺，又名蚌普寺。这座始建于南宋淳熙五年（1178）有着800多年历史的藏传佛教噶举派（白教）古寺，修建在一个经冰川磨蚀的花岗岩体之上，它的前面是冰川作用形成的宽缓河谷，背面约1千米的地方就是灿若繁星的海子山冰蚀湖群。寺庙另一侧靠近树林的河边，是寺庙的僧人们喂养河鱼的地方。他们坐在水边的草地，把搁有糌粑的手掌伸入水中，如织的裂腹鱼、重唇鱼等野生高原鱼蜂拥而至，毫无畏惧地在手指间穿梭游动。长久以来，这里的鱼甚至对喇嘛的呼唤形成条件反射，每当听到藏语的呼唤，它们便会欣然来此享受美餐。而距这里约10千米的著杰寺背后，则生活着一群野生白马鸡，它们每天也会在同样的时间摇摇晃晃地从寺院背后的灌丛来到铺着青石板的寺庙大殿，愉快地接受僧人的喂食。

来到这里，你会发现这里并非真的了无生机，在嶙峋乱石之间顽强生长着毛茸茸的野花小草；河湖里也有游鱼穿梭，水鸟栖落；更有偶然闯入的野生动物以及当地人在此放牧的牛、马；海拔5000米的海子山上同样摇曳着生命之美。也许只有生活在海子山这样环境极端恶劣的地方的人们，才更懂得珍惜这里，更懂得珍爱这里的生命，他们比很多人都更擅长与大自然打交道。

鲜水河：断裂带景观

■ 撰文 / 李忠东

在四川西部，有一条鲜水河断裂带，自1700年以来，沿该断裂带发生震级 Ms≥6级的地震15次，其中，震级 Ms≥7级的4次，最近一次为1973年2月6日发生的7.9级炉霍大地震。历次地震给断裂带沿线的人们带来巨大的损失和刻骨的记忆，甚至改变了人们的生产生活方式，形成独特的“地震文化”。由于这里地处青藏高原腹地，地表流水侵蚀作用和人类活动影响都很微弱，多期次地震在震区形成的断裂、断陷等地震遗迹被完整地保存，成为国内外最好的地震断裂带遗迹现场博物馆之一，在这些地震遗址上，人们依然快乐地生活着。

鲜水河断裂带：地震频发

鲜水河是雅砻江左岸支流，古称鲜水、州江。鲜水河有东西两源，东源称泥曲（泥柯河），源于青海省达日县巴颜喀拉山南麓。西源为达曲，发源于四川省石渠县北。泥、达二曲在炉霍汇合后称鲜水河。鲜水河自炉霍逶迤东南流至道孚县，然后南折进入峡谷区，最终在雅江县两河口汇入雅砻江。

打开四川省的构造纲要图，有三根粗线条的构造线十分醒目，它们呈“Y”字将整个四川的大地构造分为三个地块，即川滇菱形块体、川青块体和四川块体。这三条粗线条就是鲜水河断裂带、龙门山断裂带和安宁河断裂带，它们成为三大块体之间的分界线，这三条断裂带也是最活跃、最强烈，因此也是最危险的断裂带。

通常所说的鲜水河断裂带主要是指北起甘孜东谷附近，大体呈北西—南东向展布，经炉霍、道孚、乾宁（八美）、康定延伸至泸定的磨西以南，全长约350千米。这条断裂形成于2亿年前的三叠系晚期，自产生人类的更新世(距今250万年)开始日趋活跃，有人类记录以来，鲜水河断裂进入地震高发期。最令人刻骨铭心的是发生于1973年2月6日的7.9级的炉霍大地震，顷刻间15700幢房屋倒塌，2175人失去了生命。这次大地震几乎影响了全球，在震区形成了长达90千米的地表地震断裂带，这些地震遗迹至今仍完好地保存在鲜水河两岸的谷岭之间。

1923年3月24日，几乎在同一个地方，还发生过一次7.5级大地震。不仅如此，自有地震记载的公元1725年以来，在鲜水河断裂带沿线共发生大于5.0级地震48次，其中6.0—6.9级为17次，大于7.0级为9次，最大震级为1786年康定8.0级地震。

在地震分布图上，我们往往用圆圈来标注曾经发生过地震的震中位置。圆圈的大小与发生地震的震级有关，震级越大，圆圈越大。在鲜水河断裂带地震分布图上，我们发现大大小小的圈密密麻麻，有些圈彼此相连，甚至相互重叠。这表明，历史上这条断裂带极其活跃，不但地震频发，而且往往在一个点上重复发生多次地震。

再把鲜水河断裂北段的三次X度地震区描绘在同一比例尺的平面图上，然后惊奇地发现1923年、1973年两次大地震的极震区正好同1816年炉霍大地震的极震区重叠在一起。因此有专家甚至认为，鲜水河断裂带打破了地质力学和地震学中X度地震不会在原地重复，以及出现了一次6.75级地震后，短时间内不会在原震区或边缘地区发生7至8级地震的传统理论。历次地震，除了带来伤害，也带来了良田和美景，断陷盆地现在是农耕的沃土，积水成湖成了高原美景，还有为了适应频发的地震而创造性建造的木石结构民居——崩柯，成为藏族民居的代表之一。

断陷盆地——地震造就的美丽家园

2016年9月底，我驱车从丹巴县的党岭乡翻越大雪山山脉北段，然后再穿过玉科草原进入道孚盆地，之后一路溯鲜水河而上。刚刚摆脱大雪山脉的崎岖高冷和玉科草原土路的泥泞，见到鲜水河河谷的平阔风光，让人心臆随之舒展，十分惬意。放松之后，我留意观察了一下沿途的地貌：从道孚县城至炉霍县城，然后溯达曲到达此行的目的地罗锅梁子下的卡萨湖，沿途的地形就像是一截一截的香肠，一段峡谷之后必定是一个开阔的平坝，然后又是一段峡谷和另一个平坝，沿河谷分布的平坝像一颗颗珍珠，被鲜水河串在一起。

其实，这些像珍珠一样的平坝都是历次鲜水河断裂活动所留下的断陷盆地。断陷盆地，又称地堑盆地，是断裂活动中的沉降部分，大多呈狭长条状，两侧受断层线控制，边缘经常可以看到三角形的断层崖。由于鲜水河断裂带具有左旋走滑性质，断裂带水平运动时会在垂直方向产生扭曲变形，从而形成一系列的新隆起和小型断陷，在隆起区，河流深切，形成峡谷地貌，隆起之间则形成盆地，峡谷与盆地便相间出现。

随着时间的推移，盆地中会充填从两侧山体剥蚀下来的沉积物，形成平阔的平原或积水形成湖泊。我国的四大盆地其实都是断陷盆地，而许多著名湖泊如滇池、泸沽湖、青海湖等都是断陷成因的湖泊，就连世界第一深湖、欧亚大陆最大的淡水湖——贝加尔湖也是断陷湖。

沿鲜水河断裂带呈串珠状展布的断陷盆地，由东南向西北，依次为乾宁盆地、龙灯坝盆地、道孚盆地、炉霍盆地、虾拉沱盆地、旦都盆地和朱倭盆地。流水带来的泥沙以冲积、湖积、洪积形式淤积在地震制造出的广袤空间，堆积厚度甚至达到数百米。群山环绕的盆地最终成为高原最为肥沃的聚宝盆。这些盆地沉积物是上天赐予的最好礼物，在其他平均海拔超过3500米的地方，早已超出农业生产的极限高度。但在鲜水河的谷地，却水草丰美、阡陌纵横、村舍俨然，到处飘荡着田园牧歌，孕育出独特的高原农耕文化。仅炉霍县境内，就有超过10万亩耕地，农业区人均耕地近6亩。除种植适合高海拔的青稞以外，小麦、豌豆、胡豆、马铃薯、玉米等主要农作物和萝卜、卷心白、葱、蒜、大白菜、南瓜等蔬菜也间有种植。至今，这里仍是青藏高原的粮仓，被列为全国青稞商品粮基地之一。

也许正是得益于这些丰饶的盆地，鲜水河河谷很早便有人类活动。早在20世纪30年代，就有外国专家在鲜水河岸采集到旧石器时代的石器。1983年，中国科学院组织的青藏高原科考队在炉霍县卡娘乡境内发现了5万年前的古人类下颌骨化石，之后又有考古专家陆续在宜木乡的虾拉沱等地发现古人类化石。可以说，鲜水河是康巴地区最早开始有人类活动的地区，他们得益于这里肥沃的土地，开展农耕生产，大规模种植青稞等农作物。从此，鲜水河两岸麦浪滚滚，花果飘香。鲜水河沿线陆续发现的数以千计的石棺墓葬似乎也证明了这一点。这些石棺分布在鲜水河流域百余千米的河岸台地，时间上从新石器时代到春秋战国，至秦汉达到鼎盛，直到隋唐进入尾声，跨越数千年。它至少证明，在历史上这里便是人类生生不息的家园。

黄土不亏勤劳人，正是因为有丰腴的盆地、鲜水河的滋润，居住在断裂带的人们才能在经历了多次大地震的毁灭性打击之后，迅速恢复生产、重建家园，一次又一次地浴火重生。

川藏北线上的卡萨湖便是地震催生的断陷湖，尽管小巧，在川藏线上却有着不平凡的美丽。卡萨湖的湖面，一半沼泽，一半湖水。碧莹的湖水卧在绿草、野花之中，水天一色。而到了秋天，站在湖东的山顶望过去，盆地的各种色彩相互交织混染，打造出斑斓而绚烂的视觉效果，像是进入了莫奈浓彩绘就的油画世界。

鲜水河谷中的拉伸盆地　（摄影 / 刘乾坤）

地裂缝——地震留下的伤疤

沿着鲜水河河谷向北前行，河谷两侧馒头状的山峰起起伏伏，波澜不惊，这是进入高原腹地之后典型的山原丘状地貌。在圆滑的丘状山体上，我注意到有许多沟壑深深浅浅、扭扭曲曲、纵横交错。车窗外一晃而过的山体，就像一张张布满皱纹、饱经风霜的脸。这些沟壑深浅不一、长短不一，粗看好像是流水侵蚀形成的冲沟；但仔细观察，这些沟壑大多分布在山体的脊坡，宽度几乎相等，明显与流水侵蚀形成的细沟、切沟不同，像是斧子随意劈就。

这些看起来像沟壑的裂隙，就是鲜水河历次地震形成的地震裂缝。

以惠远寺为界，可将鲜水河断裂带划分为北西和南东段，北西段主要由炉霍断裂、道孚断裂和乾宁断裂构成，其明显要比南东段更为活跃。据资料，北西段每年以10—20毫米的速度发生移动，受此影响，在鲜水河断裂带发生的9次7级以上地震中，北西段占了6次，而其中尤其以炉霍断裂带最为活跃。我们经过的地方，恰好是鲜水河断裂带的北西段，历次的活动在地貌上留下非常醒目的痕迹。在航片上，它就像留在大地上的一条伤疤，又平又直延绵数十千米。由于这里地处青藏高原腹地，地表流水侵蚀作用和人类活动影响都很微弱，多期次地震在震区形成的遗迹被完好保存，使这里成为国内外最好的地震断裂带遗迹现场博物馆之一。

早在20世纪二三十年代，这些纵横交错的裂缝就引起了在打箭炉（康定）的J.H· Edgar牧师的兴趣。1923年3月24日发生7.5级地震后，Edgar牧师翻越折多山，沿着鲜水河断裂带进入地震区，追踪地震破裂带。1930年，瑞士地质学家阿诺德·海姆（Aronold Heim）与Edgar牧

右侧山体上的裂隙便是历次地震形成的地裂缝 （摄影 / 刘乾坤）

师再次进入鲜水河地震带开展调查，在其《道孚地震区》一文中写道："该地裂缝带长约85千米，仍然沿炉霍断裂展布。按时代先后，地震地裂缝带可分为：近代的——包括过去40—50年来所产生的破裂；次近代的——包括后期侵蚀下明显加宽的地裂缝，时代可能始于晚第四纪；古代的——包括那些完全是侵蚀成因的表面效应，地震成因是由其他证据推断的地裂缝。"阿若德·赫姆的考察成果在《美国地质学会会报》发表，这是首次从地震地质的角度对鲜水河断裂带进行的研究，从而使鲜水河断裂带成为我国地震地质研究最早的地区之一。

地裂缝是在地震作用下，地表的岩体或土体产生开裂，并在地面形成一定宽度和长度的裂隙。在鲜水河两岸的山坡上，多期次地震所遗留下来的地裂缝穿山越岭，纵横交错，它们不仅发育在松散堆积物

雪中的炉霍崩柯建筑群　（摄影 / 杨孝康）

中，甚至把坚硬的岩层和山体也拉开。这些地裂缝或呈“X”形、“Y”形、“S”形、锯齿形、反“多”字形等不规则状，蔚为大观。

除地裂缝外，鲜水河断裂带对地貌的改造十分明显。断层两侧的山脊、水系、冲沟、第四纪堆积物几乎都受到扭错。在河谷两侧，我们经常可以看到多条支流水系出现同方向、同角度的统一弯曲，有些水系甚至扭成肘状弯曲。频繁而强烈的地震活动，还在鲜水河两岸，形成复杂多样、相互重叠的地震遗迹，如地震沟、断头沟、断尾沟、断塞坑、地震鼓包、地震滑坡、地震塌陷等，它们记录了鲜水河断裂带的每一次颤动，是历次地震留在大地上的珍贵档案。

崩柯，因地震而兴的美丽建筑

几年前，我在从事炉霍地震遗迹调查课题时，经常查阅《炉霍县志》。在县志中，我发现有关县城变迁十分耐人寻味。县志记载：

> 解放前，炉霍旧县城设在现新县城南面的半山坡上（老街），相距新城五千米，旧县城原为章谷土司之官寨。
>
> 清嘉庆二十年（1815），土司官寨修筑在寿灵寺的地基上，而寿灵寺则在旧县城遗址。次年炉霍发生大地震，县城震毁，官寨土司则与寿灵寺商妥易地修建，自此旧县城建在土司官寨遗址。
>
> 民国十二年(1923)炉霍又发生大地震，土司官寨遭毁灭及火灾，官寨又重建。直到民国13年（1924），炉霍县知事修建公署坐落于土司官寨东端，即为县城。后一直为旧县府驻地，直到解放被人民政府接管。

这段略显凌乱的文字传达出一种信息，土司官寨、县城、寿灵寺都是在地震中毁了又建，建了又毁，而且几乎无论搬到哪里都免不了震毁再重建的结局。鲜水河断裂带除了带给这里平阔的盆地、丰饶的土地、富庶的物产，也常常带给人们麻烦，有时候我们需要付出高昂的代价，甚至是家毁人亡。

在长期与地震打交道的过程中，居住在鲜水河断裂带上的人们也有自己的心得：既然无法逃避，那就在防震减灾上学会思考，比如改善的房屋的结构。

鲜水河流域道孚—炉霍一带的崩柯民居　（摄影 / 刘乾坤）

梁思成先生在《中国建筑史》开篇绪论中说："建筑之始，产生于实际需要，受制于自然物理，非着意创制形式，更无所谓派别。其结构之系统及形式之派别，乃其材料环境所形成。"纵观康巴藏区的藏式民居，大多为乱石垒砌或土筑而成，唯沿鲜水河谷，大量采用全木结构或木石结构，因为他们发现木结构的房屋远比土石结构抗震。这也许就是"乃其材料环境所形成"的独特结构，是顺应自然环境的智慧选择。经过一次次的改进，沿鲜水河断裂带，最终逐渐形成一种非常特别的防震建筑——崩柯。

"崩柯"在藏语中意为"木头围起来的房子"。这种建筑又称"箱式建筑"，是一种框架式木结构建筑，它们一般为二层或三层，底层关牲畜，二层人居。这种建筑内部结构全部是由木材穿插组合拼接起来的，这种结构就是崩柯的核心内涵，建筑学称之为“井干式”，它是以粗壮的圆木作为立柱，柱子上顶着大梁，大梁再架上檩子作为基本骨架来展开空间的分割和构成。基本的骨架构建完全后，把精选过的圆木从中间切割开来，光滑的一面向内，圆凸的一面向外依次横排作为墙壁。如果房屋的四面都是以半圆木作为墙壁的单层结构，通常称其为“单纯式崩柯”；如果有两面或三面半圆木作墙，而另有两面或一面是石砌墙或土夯墙的单层平房结构，则为“复杂式崩柯”。

此外房屋最外一圈的柱子之间，都要用“欠”(类似现代建筑的圈梁)相连，最下面的是地欠，中间的是腰欠，最上面的是天欠。欠条嵌进柱头后，还要在柱头上打进一根长20多厘米的栓子，把欠条栓死，从而将整体建筑连成一体，最大程度上保证它“小震不坏，大震不倒”。

炉霍虾拉沱拉伸盆地，是高原粮仓之一 （摄影 / 刘乾坤）

地震形成的堰塞湖卡萨湖和湖边因地震废弃的建筑遗址　（摄影 / 杨孝康）

崩柯建筑的抗震效果在多次地震中得以验证。2011年4月10日，炉霍发生5.3级地震后，四川省建筑科学研究院和四川省建设工程质量安全监督总站对震区的具有藏区风格的藏族人自建房进行了建筑工程震害调查。经调查，"未发现木结构承重房屋倒塌的现象，较为正规的木结构承重房屋从底层伸至2层的木柱在楼、屋盖处与梁间均采用榫卯连接，连接较可靠；木墙体均采用圆木对剖交接而成，木围护墙及木隔墙、纵横墙交接处采用榫卯连接，连接较可靠；这些做法使木结构部分的整体性和抗震性能均良好"。在此次地震中，木结构的崩柯完好无损，而非木结构的土石围墙则大量出现裂缝、斜歪、垮塌等情况。

由于全木结构需要大量木材，成本很高，且不环保。近年来采用石墙、夯土墙作为底层，以全木材作为上层的两层平顶楼房的“崩柯”成为主流。尽管这种建筑在遭遇8度地震时，底层围护墙可能垮塌，但整个建筑不会发生倾覆，最大程度上保证人员的安全，况且底层围护墙较为低矮，且底层主要关牲畜，围护墙即便垮塌也很难对人造成伤害。

也许正是因为家园来之不易，居住在鲜水河断裂带的人们似乎更加珍惜生命，热爱生活。这些看起来好像专门为防震而设计的建筑，其外部和内部的装饰都非常精美，甚至称得上豪华，成为康巴藏区民居的奇葩。尤其是在内部装饰上，他们利用木材便于着色和雕刻的特点，将家居建造成为雕、塑、绘的民间艺术殿堂，再加上地上色彩鲜艳的地毯、墙上图案精美的挂毯等，营造出华丽、典雅、富丽堂皇的效果，被人戏称为“散落人间的仙境皇宫”。

川西高原垭口：天然山岳观景台

■ 撰文 / 魏伟

垭口，指两山相连的马鞍状部位，通常是道路经过的地方，也是常规交通工具所能抵达的地方。在古代，这些垭口也是行进中的隘口，即便是现代交通条件下，也是重要的通道。这些在交通上易于到达的山体高处，在追求审美的当下，往往成为观景的平台，有心的人，会在这些垭口附近寻找心仪的美景，垭口，就悄然成为便捷而便宜的观景平台。

童年的歌曲

对于在城市中长大的我的童年来说，“垭口”是一个熟悉而又陌生的名词。家里有一部录音机，最早听的是父亲留下的磁带，里面最初放的是齐秦的歌曲，其中有一首叫作《垭口》：

我爱去两峰之会
因为那里的风最大
我不爱说话
因为我来自垭口
两峰交汇的垭口

是风的故乡

每当月落在大地

我独坐静听风吼 ......

当我长大后，接触了与雪山有关的地理知识，加上参与山地户外运动、山区自驾活动，对垭口有了直观的认识与更深的感悟。但偶尔在与身边不熟悉山地的朋友闲谈中，我发现他们有些人并不知道垭口为何物。齐秦《垭口》这首歌的第一句道出了其对于垭口的理解，“两峰之会”，仅仅四字有些含糊，需要调动想象力去理解两座山峰相会时，于它们之间的那个空间。歌词写意，不管你是否到过垭口，它多少给出这样的线索，这也表现出作为艺术创作的歌曲与科普内容之间的差异。

从成都平原拾级而上，在空中的俯瞰，大渡河如涓涓细流流淌在大雪山山脉和邛崃山脉之间。（摄影 / 曹铁）

我们再来看一些更加规范的释义，在《辞源》里，“垭口”的解释是“两山间的狭窄地方”。在《辞海》里，解释是“方言。狭窄的山口。多为进山通道必经之处”。通俗地讲，垭口即一座山当中，山脊上的低洼处，它可以是山脊中两个凸起幅度不大的山头之间，也可以是歌中唱到的两座有明显凸起的高峰之间的低洼处。

一座山可以有很多垭口，但是为人所利用并熟知的通常不多，有时就那么一两处。在山区，它们是一个区域进入另一个区域的必经通道，无论是旧时徒步、骑马，还是今天驾驶汽车，都是要找到最近、最缓、最低矮的山口把两地连通。

横断东西，无碍寻找精神图腾

整体位于青藏高原东部的横断山区，主要由七脉六江组成，七条山脉自东向西依次为：岷山、邛崃山、大雪山、沙鲁里山、芒康山—云岭、他念他翁山—怒山、伯舒拉岭—高黎贡山。六条大江为岷江、大渡河、雅砻江、金沙江、澜沧江、怒江。从七脉中的西边三脉名称的不统一就可以看出，纵向排列的山脉不仅在东西向造成了巨大的阻隔，即使是南北向的同一河流流域中，由于高山峡谷的巨大落差，湍急的河流造成的交通险阻，使同饮一江水的上下游族群未能对山脉的共性达成一致。因此，重重阻隔的横断山脉不仅造就了动植物的生物多样性，也造就了这一地区的民族多样性。不过这种阻隔不是绝对的，民族的迁徙、族群之间的沟通同样是这片土地永恒的主题，尤其是唐宋以来西南内陆与边疆地区围绕茶马互市而兴起的茶马古道，极大地促进了藏区和内地的经济、社会与文化交流。茶马古道分青藏、川藏、滇藏三线，也有人认为不包括青藏线，但这些线路并非一条路径，而是以主干道为主线，包含了周边的若干支线，其中今天四川境内的川藏线覆盖范围最广。国家正是沿着这些古代交通干道，建起了今天的通藏公路主干线。

观山寻山，是近年兴起的一种户外探索活动，此前媒体朋友创造出一个新词“追峰人”，指的就是这类人群。比起古人们因迁徙及茶马互市这样的贸易需求往来于横断山区各地，今天的社会发展到一定程度，物质与精神文明更加多元化，山峰作为被符号化的精神图腾，令追峰人不断穿梭在横断山区的各个角落。甚至在山区之外，平原上邻近的城市遥望雪山，也成为一种崭新向上的文化活动。山峰以它们自身的冰与岩，如同一块块有魔力的磁石，将人们的目光吸引。

观山、寻山不同于国内最开始兴起的户外徒步与登山。登山以攀登上目标山峰的峰顶为最终目的，户外徒步则意在通过在山区的行走寻找各种体验。在路径的选择上，今天的徒步活动中也会经常寻求低矮的山口通过，只是如上面提到的，古时的交通要道如今很多都修建成汽车可以通行的公路，与现代文明贴近，于是户外徒步穿越者放弃了它们，去到更加偏远的路径中去体验原始的快感。观山、寻山则以与各种山峰“会面”为终极目标，通过自驾、徒步、攀爬等手段，最终到达一个视野良好的高点，对山峰进行观看、拍摄。笔者认为在此过程中除了对自然地理方面探索发现的渴求，对山峰形态中美与崇高的追求外，还暗含着图腾崇拜的原始宗教情结。

那些深处于山脉腹地的山峰，非得让人历经一场艰苦的旅程，才能有机会一睹，今天看来，山区的公路垭口是最容易到达的高点。到达垭口后，再翻上附近的山头，往往便能一览众山，而垭口处由于被夹在两山之间，视野遮挡较严重，不是观山的好位置，以至于古往今来人们大都忽略了这点。

下面我们沿着川西地区的交通要道及它们所辐射的周边路网，游历四川境内的各大小垭口，探索一番雪峰与关隘之境。

青藏高原东沿，通天第一关

川藏线主线即今国道318雅安到拉萨段，出雅安后向西进入天全河谷，行驶一段后首先会翻越二郎山。

> 二呀么二郎山，高呀么高万丈，
> 古树啊荒草遍山野，巨石满山岗，
> 羊肠小道啊难行走，
> 康藏交通被它挡。

这是歌曲《歌唱二郎山》对这座进藏第一道关卡的场景描述。新中国成立之初，中国人民解放军开始向西藏筑路进军，首次面对中国西南的山地，歌词创作人洛水发出了切身感叹。从“古树荒草遍山野”的歌词中，二郎山的植被丰茂程度可见一斑。作为青衣江与大渡河的分水岭，二郎山位于邛崃山支脉夹金山脉的南端，处在邛崃山—大相岭这条重要的气候分界线上，也是地理单元华西雨屏的组成部分。

2001年建成的二郎山隧道，隧道口海拔2130米，而原需经盘山公路上升到海拔接近3000米的垭口。不过在垭口上可一睹大雪山脉贡嘎山一线的巍巍雪峰，时至今日，垭口旁高处的红岩顶仍是人们常去与群峰会面之所。早在民国以前，二郎山东南，大相岭上的泥巴山垭口才是传统的川藏驿道，旧时人们进入康区，需先翻越海拔更低的泥巴山垭口（2300多米），再经飞越岭垭口、化林坪、冷碛去往康定。如同二郎山，泥巴山亦为著名的“阴阳界”，尤其在冬季云层较低时，荥经与汉源两侧的天气迥异，以至于从汉源九襄镇通往泥巴山垭口的途中，时常可以远远看见云瀑在垭口附近涌动。同样，泥巴山垭口附近也是观看贡嘎群峰的绝佳位置，因为这里时常雨雾迷蒙，人们大都忽略了这一点。

西出折多，回望蜀山之王

二郎山区的古树荒草漫山遍野，让人多少感觉与我国中东部地区的山川并无二致，只有继续向西过康定翻越折多山后才算进入传统意义上的藏区，才能感受到高海拔地区冰与风对大地大刀阔斧的刻画。折多山北起色拉哈，南达康定县城，属于大雪山脉一段，主峰海拔4962米，另有包括扎日朗果等数十座海拔4700—4900米的山峰，公路垭口处海拔4298米。大雪山脉分隔了大渡河水系与雅砻江水系，山脉以东，大渡河中游为深切的高山峡谷，山脉以西则到达雅砻江干流，鲜水河断裂带上的鲜水河至立曲一线，地势起伏较之东侧更缓，但平均海拔更高，多呈丘状高原地貌。地理环境的差异造就了山脉两侧人们不同的生产生活方式，因此折多山自然成了汉藏文明的分界线。折多山气候变化多端，东侧迎风坡更加湿润。有时东南季风带来的暖湿气流即便越过二郎山，也再难冲破折多山这道防线。古人云“不识庐山真面目，只缘身在此山中”，虽紧邻贡嘎山区，垭口却无法看到蜀山之王，不过在向北去往康定机场途中，与贡嘎群峰拉开距离后，就能回头望见海拔7508.9米的木雅贡嘎和他的卫士们。由于太阳角度关系，这一朝向在冬季逆光，难以看清贡嘎北坡冰壁上的纹理，到了夏天，北半球太阳角度升高以后，阳光方可打在贡嘎的“北脸”之上。但高原的夏天为雨季，群峰时常都沐浴在云雨之中。这在整个北半球，由北向南观山都有如此问题。好在整个横断山脉大致呈南北走向，大雪山主脉的走向与此一致，它们还有机会从东西两端来观察贡嘎不同的侧脸。东侧如牛背山、轿顶山、王岗坪等大相岭、飞越岭之上的观景平台为人所知较早，它们是随着青藏高原隆起的古夷平面，后被从高原腹地流向东南平原的河流所侵蚀切割，从这里所见贡嘎群峰东坡形象更早为广大山友所熟知。在西边，随着近年川藏线的改造升级以及雅康高速的通车，人们花更少时间就能越过折多山，到达贡嘎西侧几个后来兴起的网红垭口，去一睹山王的西坡面貌。子梅垭口、雅哈垭口是近距离观看贡嘎的两个地点，在垭口之上与贡嘎群峰对峙有着极强的视觉冲击力。在稍远处，高尔寺山垭口与大雪山脉距离较为适中，附近的黑石城能让摄影者创作出更为壮阔的雪山长卷。

南下九龙，揭开奇峰秘境

翻越大雪山脉后，沿318国道向西挺进，是最传统的进藏路线，若在新都桥分路，向北即进入川藏北线（国道317），向南是人们常常绕到贡嘎西坡几个垭口的方向，而后少有人选择继续向南循立曲河谷到达雅砻江流域腹地。在此方向经过康定市所辖的沙德镇后，力丘河（立曲）被海拔5512米的巨峰布生贡嘎所在山体拦截，向西绕了一个弯后再向南进入雅砻江峡谷。这一带山高谷深，人烟稀少，交通不便，也成为今天康定、雅江、九龙、木里四个县市的交界处。向南的通道在过沙德镇后只好往东南翻越鸡丑山，便进入了九龙县境内。九龙县生活着藏木雅人、里汝人以及彝族人，是康巴地区与攀西地区的过渡带。大雪山脉在贡嘎山以南分成三支，由西向东分别为西支——久鲁祝山（东缘山脉），中支——立次山（滴痴山）以及东支——紫眉山—牦牛山，这三条山脉贯穿九龙县全境。这里的地势虽在向安宁河谷及攀西高原的过渡中逐渐走低，但仍然不乏海拔超过5000米的极

国道108泥巴山垭口高处看贡嘎 （摄影/魏伟）

高山。尤其在雅砻江左岸的东缘山脉，众多冰峰、岩峰林立，是四川境内较晚被人们了解到的山峰热点区域。作为雅砻江与九龙河的分水岭，这里曾是难以逾越之地，要从九龙县城呷尔镇进入“九龙”中的三岩龙、八窝龙来到雅砻江畔，很难过去。随着国家基础设施建设的推进，翻山的公路如今已贯通。在九龙县城以西，穿过康屋梁子垭口的公路通往三岩龙乡，而伍须村西边的夹金梁子垭口可通往八窝龙乡及上团乡。康屋梁子垭口不仅能直面东缘山脉主峰——海拔5256米的久鲁祝，翻上山脊，还能眺望到西北侧包括冒龙上团、易仁贡布等众多遗世独立的奇峰。伍须村以西的夹金梁子同样值得探寻，在两侧不同角度通往垭口的路上，仰望5456米的冒龙上团，其赫然立于群山之巅，时而如通天之塔，时而如破天之剑。如今通往这两个垭口的公路大多数路段路况较好，算是整个横断山脉偏远地区交通条件得到极大改善的一个缩影。

从峡谷到古冰帽，纵贯沙鲁里

回到新都桥，向西经高尔寺山隧道翻越大雪山脉西侧最后一道屏障通达山后，就进入了雅砻江流域。从高尔寺山一路下降到雅砻江河谷后会来到雅江县城，这是康巴腹地为数不多的海拔较低的县城，由于雅砻江穿城而过，且河谷深切，县城没有太多平地，规模、景致与岷江、大渡河流域那些小山城颇为相似。过雅江县城后，随即进入沙鲁里山脉范围，经“天路十八弯”扶摇直上剪子弯山。雅砻江与金沙江之间最宽处达到了200千米，除了雀儿山、素龙山、格聂山、木拉山这些高峻雄奇的山群以外，其间古冰帽、山原、山间盆地等地貌类型广泛存在，所以沙鲁里山与其称之为山脉，不如叫沙鲁里山系。同样，剪子湾山如今已通隧道，不过老垭口公路依然健在，对于观山者来说，上面是个秘密基地，垭口附近的山头是东览贡嘎、西观格聂的形胜之所。过剪子弯山口后，318国道会在扎噶山山顶延伸直至理塘县城，由于几乎是沿着丘状山脊前行，所以在过著名的卡子拉山时并无明显的垭口。扎噶山北接素龙山，南连太阳山，是雅砻江与理塘河的分水岭，其上也无太多能叫得出名称的垭口，但南边的依比嘎山垭口和喜麦拉卡山垭口是长征时期红二方面军翻越过的两座垭口，沉淀着新中国诞生的悲壮记忆。

在到达理塘县城后，如果不是急于进藏，向南驶入，会进入一片新天地，巨大的夷平面海子山古冰帽以南，即香巴拉秘境所在地。其中最主要的一条线路为翻越海子山的理亚路。这条路算是笔者走过的藏区公路中，路况与配套设施最好的公路了。因古冰帽的剥蚀、夷平作用，翻越海子山时的道路坡度比降小，没有太过剧烈的提升。古冰帽中北部有一个西北—东南走向的断裂，将海子山冰帽分成了两个部分，以至于路途中会经过两个高点。第一个为达登纳垭口，即今日大众所称的兔儿山。翻越第二个高点海子山后，即将进入金沙江流域，一路下到桑堆镇，即已身处金沙江支流水洛河畔，再向南过稻城翻越波瓦山即可到达举世闻名的亚丁。从理塘出发，一路向南翻越的海子山古冰帽地区并无太多艰难险阻。也因为是朝着南北走向，依着横断山走向顺势而行之故。在到达桑堆镇时，若非顺势南下，向西可翻越苦鲁可垭口进入硕曲流域，重回川滇边境的高山峡谷地区，再接连翻越大小雪山垭口便可进入云南香格里拉地区。值得一提的是这个苦鲁可垭口，“苦鲁可”在藏语中是“无名”之意，汉语中音译过来，“苦鲁可”也算是有了名字。更有意义的一点，在4700多米的垭口旁边的山头，目光向西，越过沙鲁里山与芒康山，可直抵怒山、梅里雪山，这种还在四川腹地便可清晰地遥望云南最高峰的处所，在四川可算是独一无二。

回到理塘，这里可谓是康巴腹地重要的交通枢纽，向北可翻越查克日垭口进入雅砻江去往新龙县，进而联通川藏北线，向西可继续沿着川藏南线大动脉进藏。往西经过毛垭大草原后翻越巴塘海子山，与南边稻城海子山的巨大古冰帽地形略有不同，巴塘海子山有着典型的冰碛台地景观。山脉的南侧，海拔4600—4700米处发育有良好的冰碛层，那是沙鲁里山脉在第四纪冰期可划分的4个冰期中，由最早的大陆冰盖时期——海子山冰期的间冰期沉积物所构成。后来规整的台地被纵向发育的冰川U形谷分割，但U形谷之间的冰碛台地至今依然保存完好，这样平缓的海子山自然没有明显的垭口景观，不过下山前往巴塘县的路程又是一番深入峡谷之势。经过沙鲁里山系开阔的高原地貌后，重回金沙江的高山峡谷，便是快到西藏境内了。

川藏古道，红军先行

如果不再西行，留在四川，康区南部仍然有出类拔萃的山地景观待人探索。渡过金沙江前在四川境内便有向南的道路直通云南，不过沿江而下进入深邃的金沙江峡谷并非人们通常的选择。巴塘县城夏邛镇历来是附近一带山区的交通枢纽，向东进入巴久曲河谷，曾是川藏古道。如果从理塘县城出发，除了翻越西边与南边两个海子山到达巴塘县与稻城县这两条主要路径之外，还可在格聂山区找到连接理塘与巴塘的孔道。出理塘县城西南翻越4700米以上的铁匠山嘎热拉卡垭口后可进入硕曲流域的热柯地区，在嘎热拉卡垭口处，是著名的康南之王——海拔6174.5米的格聂神山观景点。四川境内的高海拔山峰密集区域，除了贡嘎山与四姑娘山区外，还有格聂山区，这里汇集了二十几座海拔5500米以上高峰。在垭口处西望，“居士”格聂以巨大的山体引领众山由南到北铺展开来，下到热柯地区，今天因为格聂山区的旅游吸引力，这里官方改称为“格聂镇”。个人认为，就像当年“南坪县”这么一个优雅的名字改为了九寨沟县一样，并非一个讨巧之举。硕曲与定曲是金沙江中游左岸两条重要支流，主要覆盖了乡城县与得荣县大部分区域以及理塘县与巴塘县的部分地区。从格聂、向巴、克麦弄、阿萨贡更流下的冰雪融水，大都汇入了这两条河流。沟通它们的主要通道为热地曲上游的劳者龙巴山口。垭口以南的波密乡，因定曲带来的沉积物形成了一些规模较小的河谷台地，利于耕种，是深藏在大山之中的一个小小的世外桃源。从这个深山中的交通枢纽向西南可翻越大溯山垭口进入巴塘县亚日贡地区，向西北通过扎瓦拉山口便可到达巴塘县城旁的巴久曲河谷。扎瓦拉山口海拔超过5000米，即为曾经川藏古道的重要关隘，如今新修公路则绕过了它，从北边的不到5000米的养喜拉垭口通过。站在扎瓦拉山口之上的山头眺望格聂西坡，曾是每一个追峰人的梦想，如今道路从北边绕行，令难度加大。好在还有另一个备选，即从巴塘向南的入滇通路。同样是进入巴久曲后，这一次是顺正源而上，翻越藏巴拉山。在许多资料上可以看到记载，中国工农红军长征中翻越的最高山为巴塘县境内的藏巴拉山，即是指此山口，号称海拔4900多米的垭口，笔者实测接近4900米，这样的海拔，再翻上附近的山头，举目四望绝不会失望。尤

中国熊猫大道巴朗山垭口看婆缪峰　（摄影 / 魏伟）

其是与东边嘎热拉卡垭口相对，这里可以从“理塘之心”5838米的益母贡呷一直眺望到南边的格聂神山的西坡。只是当年的革命先辈们为了革命事业无暇他顾，就着军装内的汗水裹着冰雪咬牙前行，才为我们如今探寻山河创造了那么优越的条件。藏巴拉山口是进入定曲河谷以及去往得荣县城的最重要通道。一路向南，待到与金沙江交汇，便进入到云南了。

高山深峡，沿河寻找“后花园”

与川藏南线丰富的景观成了许多旅人初次进藏的首选不同，穿越阿坝、甘孜向西藏昌都进发，最终到达那曲市的川藏北线，其知名度与被涉足程度低了很多。不过有趣的是，在它两旁的两条世界级景观大道，中国熊猫大道与国道213线，串起了九寨沟、四姑娘山等阿坝州那些为世人所熟知的名胜。

邛崃山脉与大雪山脉的分界线为大渡河。在邛崃山脉主脉的末端与余脉之间，今天的人们找到了从雅安往天全河挺进翻越二郎山的路线，这样一条通道联通了川西平原与大渡河，并很快可以进一步翻越折多山进入高原地区。回头再看成都平原核心地带以西，邛崃山、岷山、龙门山与大雪山脉主脉比较一致的南北走向不同，这里的脉络构成更加错综复杂，连绵起伏的高山让人很难找到一条捷径抵达高原深处，是千峰林立的高山峡谷地带。巨大的谷岭落差使得现代陆上交通于其间自由穿行的愿望难以实现。循河谷走势而行，是人们唯一的选择，然而河谷的尽头依旧是高山，最终还得翻越垭口，才能进一步向高原深处迈进。

成都平原核心区发达的水网，其源流始出西部山区的岷江。岷江发源于岷山西北部，在一路奔腾出山到达都江堰前，先后汇聚了黑水河、杂谷脑河、二河等几条大的支流，凭借着这几条河流的脉络，我们得也得以去往阿坝州深处。岷江在出汶山前，最后的二三十千米内先后接纳了二河与寿江。寿江溯河而上，过了水磨与三江后，其北侧的牛头山与其西侧源头之上的大雪塘隔断了寿江流域与邛崃山腹地的联通，虽属阿坝州地界，实则与成都平原的地缘关系更加紧密。古时人们在过都江堰到达漩口、映秀一带后，往西主要是溯二河而上。二河又称渔子溪，在耿达以上又分为两股重要源流——正河与烧汤河。正河流域即为今日卧龙自然保护区的核心区，植被茂密原始，属无人区，为大熊猫、雪豹等珍稀动植物的家园，最深处的邛崃山脉的心脏地带，幺妹峰、羊满台峰、大黄峰等攀天高峰坐镇，令普通人难以企及。不过在邛崃山脉主脊上，人们还是找到了一个相对容易翻越的山域：沿烧汤河而上，在四姑娘山山脊与大雪塘山脊之间，巴朗山—蜀西营的那些山头都在5000米上下，其间垭口从古至今就是沟通大渡河、青衣江与岷江流域的重要通道。今天的巴朗山已经成为成都人民的后花园，从观花、观鸟、观山、观星到登山徒步，沿着中国熊猫大道不到3个小时的车程即可将成都人民从盆地带上“天庭”。在巴朗山垭口可看到长坪沟与双桥沟之间的日月宝镜峰群，若再登上南面或北面的山头，均可看到从“蜀山王后”幺妹峰到“蜀山之王”贡嘎山在内的数不尽的山峰。

红军翻越的夹金山垭口位于山脉的东北隅

巴朗山以西为大渡河流域，下到发源于色尔登普的达维河（小金川支流）后，中国熊猫大道向西沿河延伸，在河谷中穿过两个县城——小金县与甘孜州境内的丹巴县后，会再次翻越疙瘩梁子垭口进入道孚县八美镇，继而折向北到达炉霍县城汇入川藏北线。疙瘩梁子以西的地貌起伏相对较缓，与东边的峡谷区有一定的区别。在大渡河流域中游的高山深峡之间，还有一些不为大家熟知的山口。南边的夹金山脉属邛崃山脉主要支脉，为青衣江与大渡河的分水岭，其主峰5734峰曾长期不为人知。中国工农红军第一方面军首次翻越的大雪山——夹金山垭口，实则在夹金山山脉东北角与邛崃山主脉相交处，本名王母寨垭口。当年的中央红军正是经此下到达维镇后与翻越夹金山而来的红四方面军会师。由于跳出了夹金山脉的核心区，且西侧无高大的山峰群阻挡，夹金山垭口附近的山头是向西眺望核心区的最佳位置，垭口北侧的大黄棚子山顶除了能观看到夹金山脉诸峰，还能往北看到包括幺妹峰在内的邛崃山脉诸峰，以及索乌山脉众多山峰。在王母寨垭口西侧30千米外，小金县城美兴镇南边，同属夹金山区，还有一道垭口值得人们深入探寻，这便是大洼梁子垭口。这里的美汗路是联通小金县美沃乡到汗牛乡的公路，在通路之前，汗牛乡的老百姓需要经过丹巴绕道才能去到县治所在地美兴镇。如今的垭口赫然立着海拔4900米的石碑，实际上这里海拔在4600米左右，不过即便如此，也是阿坝州海拔最高的公路垭口之一。这里向西可以看到西边大雪山脉神秘的大菩萨山群，如果徒步登上旁边山头，夹金山脉北坡一众利刃般的山峰也可换个角度去欣赏。夹金山垭口与大洼梁子垭口由于位于华西雨屏带边缘，春秋季节比起阿坝州内陆那些山口，降雪偏多，车辆通行更难。

既是古战场，也是最好的观景台

在地貌学上，通常认为河流为山脉的天然界线，横断山的“七脉六江”也是如此划分。据此，我们可知大渡河为大雪山脉与邛崃山脉的界线。不过翻开地图我们把目光放在丹巴县城章谷镇时会看到这样的景象，加上南边向下游发展的大渡河主流，把它上游一带认作大金川的话，共有五条河流在此交汇，除了刚才提到的大渡河主流两段，尚有西北的革什扎河、西边的东谷河以及东边的小金川参与构建大渡河丹巴水网，这种网状水系为山脉的划分带来了一定的困难。在小金川的上游，正源通常被认为是抚边河，这是一条发源于索乌山脉北侧、南北走向的河流，最终在猛固桥与达维河汇流后化身为小金川向西流入大渡河。索乌山脉处在大小金川之间，为大渡河流域内部山脉。但实际上从与大雪山脉的主脉对比来看，索乌山与之还隔着白鹤山、郭宗山等次级山脉，且由于西侧有大渡河切割，显得游离于大雪山山脉之外，地缘上与邛崃山脉更加亲近，所以我个人更倾向于把它单独划分出来。山脉西侧的金川县城位于大金川中段河谷台地，若要去往东边的抚边河流域，绕道小金川显得耗时费力，并且在旧时，沿河谷通行并不会比翻山越岭来得轻松。当年“十全武功”的乾隆皇帝打金川，也不是循着这条道。翻越海拔并非如邛崃山脉那般高的索乌山，自然是可行之径。山脉西侧，金川县万林乡境内的广东沟，与东侧小金县抚边乡境内的万里城，是古今跨越索乌山的必经之路。清军当年也正是在这里修筑城墙，以便与金川土司进行持久战。万里城垭口海拔超过4500米，因邛崃山脉之东的龙门山没有海拔在4000米以上可以通行的公路，人们一般无法在这个方向目睹邛崃山脉的巍峨壮丽。而在邛崃山脉以西的万里城垭口一带，凭借垭口4500米以上的海拔，登上当年清军筑城之处，可东观邛崃山脉，西望大雪山脉，堪称阿坝州头号观景平台。

索乌山两侧山脉通行条件之差异

在索乌山脉东边，邛崃山脉主脉核心部分（大致为梭磨河到达维河之间）巍峨险峻，西侧抚边河与东侧杂谷脑河之间至今无公路可直接翻山而过，即将建成的理小路（理县凉台沟到小金结斯沟公路）也只能通过打隧道穿山而过，不过据说邛崃山中心地带的坚硬花岗岩让开凿工作进展缓慢。大渡河以西，与鲜水河之间由大雪山北段党岭及其支脉郭宗山、磨子山、白鹤山、喇嘛山等构成。这里也是大雪山脉向地质上更加古老的巴颜喀拉山脉的过渡带，因此落差起伏有所变缓，其中支脉上的金龙山、吉里山等垭口可供人们来往，吉里山垭口附近可看到索乌山脉以及邛崃山脉的众多山峰。而在大雪山北部，党岭山才是这里的主角，5470米的夏羌拉以及5500米的玉科雪山是这里的明星山峰。党岭山在东西两侧均有一垭口连通南北，弥勒佛垭口与白日山垭口可从东西向观赏到党岭最高处的几座山峰。到这里，中国熊猫大道及其所辐射的山区、垭口均已悉数登场。

再回到映秀，我们最初介绍了从这里向西进入二河以后所要经历的山区及其上的垭口。川藏北线与兰磨线（国道213）从映秀溯岷江干流而上，抵达汶川县城威州镇。从这里向西进入杂谷脑河后，曾经一路上需要翻越四个山口后抵达川藏边界上的岗托镇，如今有三个垭口已打通隧道，只剩下海拔较低的罗锅梁子需要翻越。

鹧鸪山，也是历史的十字路口

进入杂谷脑河后，这里南面为邛崃山主脉，北边为邛崃山支脉大白山，河流中下游海拔最低处仅有不到2000米，而南北的高山险峻，目前均没有可以供车辆通行的公路，是相对封闭的地理单元，进入河谷后，只能溯河而上翻越鹧鸪山进入相邻的地理板块，所以鹧鸪山自古便成了周边交通的咽喉要道。早在上古时期，古羌向南进入阿坝地界内的高山峡谷寻找适合发展农牧混合生产生活方式时，循梭磨河南下后向西或翻越鹧鸪山便成为一条重要路径，据民族史学家任乃强先生推考，作为嘉绒先祖的虢人便是依此路而来。今天这里还是理县、红原县、黑水县、马尔康市四地的交界，也凸显出它作为交通枢纽的重要性。如今的鹧鸪山不再是天堑，隧道与滑雪场的出现让这里变了模样。虽然已通隧道，盘山老路还健在，不过得首先通过滑雪场的大门。在垭口处，即使不爬山也可欣赏到邛崃山脉1号峰与2号峰同框的胜景，若再登上不算高的鹧鸪山山顶，还可北望羊拱山脉南坡的样貌。

越过鹧鸪山后，北进顺梭磨河而上翻越查真梁子后，便将进入茫茫的若尔盖大草原。除了西北巴颜喀拉山脉的最高处果洛山一带，四川境内的西北角就找不到5000米以上的极高山了，可以观山的垭口也寥寥无几，在去往阿坝县途中需要翻越的阿依拉山口回望羊拱山脉北部，以及果洛山南边的涅日岗垭口近观莲宝叶则群峰，是不可多得的观山体验。在翻越查真梁子前，向东经壤口村可翻越雅克夏山重新回到岷江流域的黑水河，雅克夏山整体海拔略低，最高处也不足5000米，连接着邛崃山脉与其支脉羊拱山脉，又称长坂山，当年红军长征时也曾从刷金寺镇附近翻山进入黑水芦花镇，如今的公路从北侧与希娘山的结合部穿过，本名恰日哥垭口，现在垭口下面也已修通隧道，老垭口只能徒步前往。在上方的垭口可见到深藏在邛崃山脉东北部的一些神秘山峰，包括茂县最高峰——赤布苏河谷深处海拔5230米的乌少略以及三奥雪山的北坡。

大渡河源流贯通川藏北线之东西

大渡河的上源主要由三股源流构成：杜柯河、马柯河与梭磨河。在过鹧鸪山后，川藏北线将沿着梭磨河谷到达马尔康市白湾乡，南边过将来世界最高大坝的双江口水电站后便是大渡河大金川段，之所以叫双江口，正是因为马柯河与杜柯河在这里合流。杜柯河从壤塘出罗科马山后一路向东而来，马柯河自北向南而来，并在东边不远与向西奔流的梭磨河合流。过白湾乡后，川藏北线进入杜柯河流域。在翻越觉洛山前，国道317在梭磨河与杜柯河峡谷中东西穿越约200千米，河谷北边，是邛崃山脉、巴颜喀拉山脉以及松潘高原的结合部，在这里也可找到两个垭口，进而通达观山之高地。在梭磨河流域，它是在马尔康市区北入大郎足沟去往大藏寺所要翻越的卡子垭口（在阿坝州的方言中，卡子意为垭口）；在杜柯河流域，它是壤塘县城壤柯镇东边去往南木达乡所要翻越的尕卡岭。邛崃山脉虽然紧邻成都平原，但曾经的几千年间，人们都不曾把它认清过。尤其是在它的中北部，今天的梭磨河流域曾是四土之地，不为汉地所了解，而那些数不清的雪山，对当地人来说也是一团乱麻。在卡子垭口上，除了索乌山脉北段只有4800多米的雪马山与虎威山，我们本来并不能看到更多的极高山。但索乌山及邛崃山中北部在未入梭磨河前，整体山势逐渐走低，我们便可在梭磨河对岸找到一个高点将河之南的群山收进眼底。卡子垭口是梭磨河北岸为数不多的车行可到之处，到达后，再翻上东北边的几座山头，则可看到包括大黄峰（罗格审柔达）、霸王峰在内的众多高峰。在西边的杜柯河流域，罗科马山是巴颜喀拉山脉走向尽头前最后的隆起。海拔5178米的杜苟拉甲格则是深藏在这里的群山之主，到达尕卡岭后，再经历一定强度的徒步，我们才有机会见到这座曾几何时谜一般的山峰。

格萨尔王国度，雪山之境

川藏北线在出翁达镇后进入甘孜州地界，向西北可去往色达县，这个方向已是丘状高原地貌，没有海拔5000米以上的山峰。从翁达往南将翻越觉洛山，如今这里也修起了隧道，无需翻山，即便是翻山，除了工卡拉山脉的卡瓦洛日，再也看不到第二座雪山。待到过炉霍县向西，由于沙鲁里山脉治南山的浮现，我们才会再次来到一片雪山王国。

罗锅梁子是牟尼芒起山与良哥山之间的通道，越过它后，将下到雅砻江畔的甘孜县城，这个山水环绕的富饶开阔地，在川西高原地区非常难得。南面的治南山，即当地人口中的卓达雪山，从罗锅梁子开始，一直到德格县境，317国道一路上均可望见。笔者认为甘孜县城甘孜镇是川西高原地区头号雪山之城，早在罗锅梁子之上，由东向西人们依次可以看见包括卡瓦洛日神山、卓达拉群峰、然者松多群峰、岗嘎群峰、绒坝岔群峰甚至雀儿山山区的山峰在内的一系列山峰。由于治南山山体多为砂板岩夹煤层，风化侵蚀程度高，以至于这里的山峰重重叠叠、犬牙交错，为山峰的辨识分类造成了相当大的困难。从甘孜县城到德格县马尼干戈镇，一路驰骋在曾经格萨尔王的领地，当年又叫“岭国”，想必沙鲁里山北段主脉对该国名的创造功劳不小。览遍治南山后，最后将来到雀儿山，这座沙鲁里山系北段的巨大屏障，藏语名为“错拉”，以形如巨鸟羽翼而得名，主峰的绒麦俄扎的“俄扎”意为“像我”，传说一位山神称此地有像自己一样的八兄弟，绒麦俄扎首当其冲。

每年11月中旬，川西高原地区的中高山以上，大都下过一两次秋雪，雨季已经远去，此时的高原天气晴朗，但昼夜温差极大。刚过马尼干戈镇，我的车头便向南一头扎进错曲河谷，迎面而来的是一座敦实巨大的山体，上面宽阔悬谷铺展而下的是一层层的冰川，这是著名的雀儿山1号峰——海拔6168米的绒麦俄扎和它北侧的悬谷冰川。在它西边，还有2号峰——海拔6119米的多浦额扎，它们组成雀儿山的双翼。当经过玉龙拉错（新路海），顺着沿错曲向上的国道317行驶20千米左右的路程中，南面一路都是巨大的雪峰悬在路人们头顶，然后就来到了雀儿山山口脚下。曾经，山上的雀儿山垭口是川藏北线进藏的重要孔道，不过海拔4916米的垭口一年中很多时候都有冰雪覆盖，如今山下海拔4300多米处修起了隧道，大大缩短了翻山所需时间。

不过我此行的目的并非一睹大家所熟悉的雀儿山北坡。驾车驶过长达12千米的隧道后，已进入金沙江色曲流域，不一会就来到了德格县城，过县城更庆镇，在到达金沙江入藏前，转而向东进入哲曲，来到一个叫血嘎村的地方。先前做攻略时我发现在血嘎村上面有一个垭口，后来得知叫俄塞拉，是德格县龚垭乡去往八邦乡的通路。那时西北边川藏北线矮拉山在通隧道以后，据说老垭口已不能行车，所以俄塞拉垭口就成了最容易到达的观看雀儿山南坡的地方。我到达血嘎村时天色渐晚，加之经过村庄后路面变得难以行驶，从经验判断我的普通SUV是无法开到垭口的，但还是忍不住一股脑往前尝试，就在打算放弃时，遇到骑摩托下山的村民朱嘎，交谈过后他愿意骑摩托送我上去。到达垭口时天色逐渐暗下来，日照金山刚好过去，不过我总算是在余晖中找到了雀儿山南坡的身影，了却一桩心愿。血嘎村是个大山深处的贫困村，朱嘎为人厚道，交谈中得知他30岁尚无婚配。对我们这些对山野充满热情的人，大概他也不太容易理解吧。

川藏线国道318折多山垭口上方看贡嘎 （摄影 / 魏伟）

马尔康卡子垭口高处看邛崃山脉　（摄影 / 三晋与嘉绒）

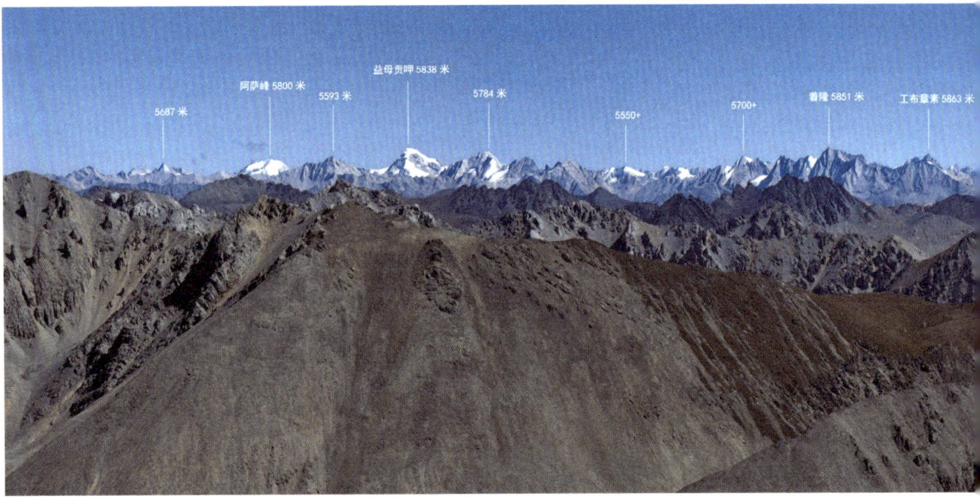

藏巴拉山口高处看格聂西坡群峰　（摄影 / 三晋与嘉绒）

孟古雪山
鱼海子山
5301米
霸王山
5551米
邛崃山
5275米
道沟山
5200米
5260峰
5280+

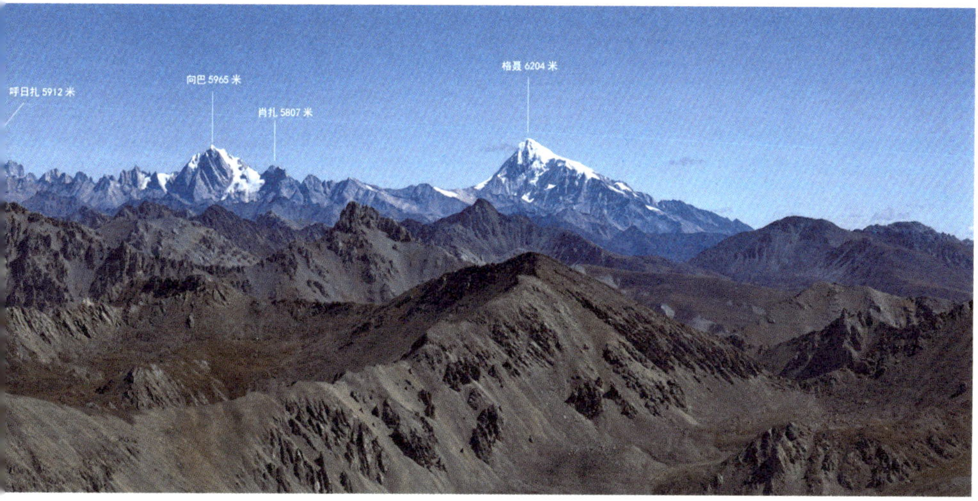

呼日扎 5912 米
向巴 5965 米
肖扎 5807 米
格聂 6204 米

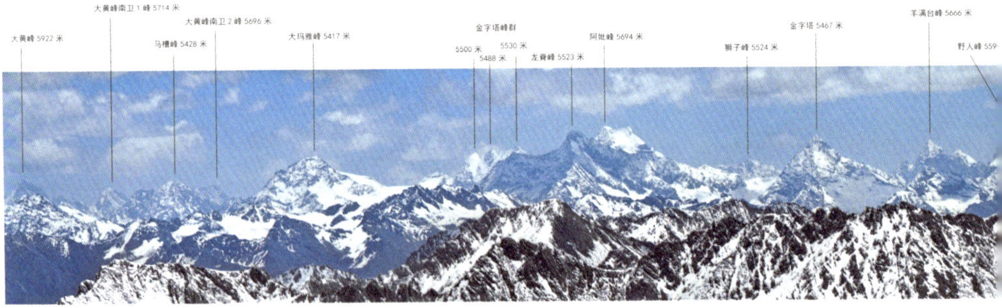

万里城垭口观邛崃山脉核心区　（摄影 / 魏伟）

川藏北线国道 317 鹧鸪山垭口高处看邛崃山脉　（摄影 / 魏伟）

布达拉峰 5428 米
鹰嘴岩 5300 米
大长白 5300 米
大仰天窝 5240 米
5310 峰
倒沟山西峰 5422 米
5373 峰
5400 峰
幺妹峰 6247.8米
双峰山 5582 米
日月宝镜 5609 米

峰5580米
5506峰
5057峰
阿妣峰5694米
4890峰
5094峰
5033峰
5183峰
5201峰
猛古雪山（嘎卓）5441米
5260峰

四川甘孜州省道217库鲁可垭口上方眺望云南怒山山脉主峰卡瓦格博 （摄影/魏伟）

九龙县久鲁祝垭口上方看易仁贡布群峰 （摄影 / 魏伟）

高尔寺山垭口，往东眺望，可以见到一列雪山，这就是亚拉雪山 （摄影/温钧浩）

作者简介

刘乾坤，《中国国家地理》资深编辑，四川师范大学旅游发展研究所研究员，四川省青少年文学艺术联合会副主席。出版有《走遍中国·重庆》《成都美食地理》《中国荥经·四川盆地的锦绣花园》《神龙峡》《走遍中国·四川》(与人合著)等著作、摄影集；曾主持“寻找四川100个最美观景拍摄点”大型科考摄影活动，并与李小波博士共同主编《发现四川》一书；策划主编《镜头下的经典之旅》等多种图书。现为“中国国家地理·美食地理”总经理。